编委会

ROCK ART RESEARCH 2024

岩画研究

|2024|

宁夏文物保护中心（岩画研究中心）· 编

黄河出版传媒集团
宁夏人民出版社

图书在版编目（CIP）数据

岩画研究2024/宁夏文物保护中心（岩画研究中心）编. -- 银川：宁夏人民出版社，2024.12.
ISBN 978-7-227-08103-6

Ⅰ.K 879.424

中国国家版本馆CIP数据核字2025QU1046号

岩画研究 2024　　宁夏文物保护中心（岩画研究中心）编

责任编辑　姚小云
责任校对　闫金萍
封面设计　晨　皓
责任印制　侯　俊

黄河出版传媒集团 宁夏人民出版社 出版发行

出 版 人　薛文斌
地　　址　宁夏银川市北京东路139号出版大厦（750001）
网　　址　http://www.yrpubm.com
网上书店　http：//www.hh-book.com
电子信箱　nxrmcbs@126.com
邮购电话　0951-5052106
经　　销　全国新华书店
印刷装订　宁夏雅昌彩色印务有限公司
印刷委托书号　（宁）0031477

开　　本　787 mm × 1092 mm　1/16
印　　张　13.75
字　　数　300 千字
版　　次　2024年12月第1版
印　　次　2024年12月第1次印刷
书　　号　ISBN 978-7-227-08103-6
定　　价　148.00元

目录

Contents

探索与研究　Exploration and Research

保护与利用　Conservation and Utilization

发现　Discovery

钩沉　History

视野　Overseas

信息　Information

探索与研究

Exploration and Research

西南岩画中的苗瑶族系人物图像研究

牟孝梅　汪　雪

摘　要： 西南岩画是不同历史时期居于该区域内的各民族共同创作的、具有多方面史料价值的文化遗产，其中苗瑶族系的人物岩画，其羽衣、牛角饰等民族特色明显的服饰绘制精美，体现了创作者高超的艺术表现能力和审美能力。

关键词： 西南岩画；苗瑶族系；人物图像

概　况

分布在中国西南地区的岩画，以红色涂绘方式为主，岩画内容丰富，艺术手法多样，表现人物、动物居多。西南几省岩画遗存图像与历史上不同时期生活在该区域内的各民族密不可分，其中岩画人物具有明显的西南古代民族特色，体现在人物的服饰和伴随的民俗活动场景中，在当今西南地区各民族生活中还可以找到与岩画记载图像对应的服饰实物和民俗活动。由此可见，西南岩画与古代生活在此的各民族息息相关，这些文化习俗至今仍传承在当今各民族的生活中，它们是古代西南各民族共同创作的民族志图像。岩画记录了各民族的民俗、追求、思想等文化现象，参考史籍记载、田野调查绘制的各种类型图像，从人物服饰特征和民俗生活的图像中可清晰地推断出

本文系贵州省教育厅高等学校科学研究项目“乡村振兴背景下遵义乡村旅游规划与国土空间规划的衔接策略研究”（黔教报〔2022〕320号）阶段性成果。

作者简介：
牟孝梅，女，博士，贵州遵义师范学院教授。研究方向：民族艺术、岩画、视觉传达设计。
汪雪，女，贵州遵义师范学院讲师。研究方向：乡村规划。

西南各民族皆参与了岩画的创作。结合考古资料、民族史料、田野调查，比较现存的人物图像特征，西南岩画中的氐羌、濮僚、百越族系特征的人物出现多，苗瑶族系的人物出现较少。具有明显苗瑶族系特征的图像出现在贵州贞丰红岩岩画中，贵州是当今苗瑶族系居住最多的省份，苗瑶族系先民在该区域留下的相关的人物图像，是西南古代各民族皆参与岩画创作的有力证明。

苗瑶族系岩画人物图像出现在贵州省贞丰县石柱村①的红岩岩画点，笔者田野调查时村民称绘有岩画的山为“红岩”，所以本文尊重当地民众的习惯，把岩画点命名为“红岩岩画”。同时根据研究需要，把红岩岩画从岩壁自左向右地分为22幅，依次命名为Y1至Y22②，其中苗瑶族系人物图像的排序为第16幅（Y16），位置位于岩画岩壁的中段（图1）。

图1　贵州贞丰石柱村红岩岩画（牟孝梅摄）

一、图像艺术风格

红岩岩画中苗瑶族系人物图像艺术风格包含图像画面内容、图像叠压关系、造型特征、色彩特征、构图（图像选择的位置）等元素。

（一）图像画面内容

画面内容分为上下两部分，上半部分是四个不同方向的阴手印，下半部分是两位穿着具有苗瑶族系特征的民族服饰相对而坐的人物，两人身后有十字形的田畴状图像和类似篱笆墙的图形。

（二）图像叠压关系

苗瑶族系人物图像存在清晰的叠压关系，画面上半部分最底层的颜色是被阴手印覆盖的深紫红色，下半部分最底层的颜色是上半部分延伸下来的深紫红色，其上又被下半部分图像的米红色覆盖。米红色之上绘制了似篱笆墙的图形，在这些图形之上画有十字形的田畴和苗瑶族系人物图像，人物处于

①石柱村是笔者田野调查时尊重村民对“石柱村”村名的习惯和情感，所以在文章中采用。
②牟孝梅：《贞丰红岩岩画研究》，博士学位论文，中央民族大学，2015 年。

Y16所有图像的最上层。本幅画面从下至上的顺序为深紫红色、米红色、阴手印、似篱笆墙的图形、十字形的田畴、两个苗瑶族系特征的人物。

（三）造型特征

整幅图像的造型有上下两部分不同的艺术表现风格，上半部分为镂空手印，外围有拓印、喷绘痕迹，本幅岩画的手印与岩壁其他画幅的阴手印表现方法一致，属于红岩岩画早期的作品。下半部分人物上方有似篱笆墙的图形，粗线条勾绘，柔软饱满。苗瑶族系人物形象以线造型为主，人物的面部、牛角饰与四肢涂色，服装、羽饰勾线，线条细匀流畅，富有节奏感，身后的十字形的田畴状图形，线条细劲有力。

（四）色彩特征

画幅色彩使用红色系，整体协调，上半部分用色深，下半部分用色浅。上半部分手印和底色颜色为紫红色系，底色深紫红色，手印是比底色明度、纯度高的紫红色。下半部分米红色，其上描绘番茄红色的人物和戈亚红色的田畴①，属于纯度相近的类似色。上下部分底色和图形的用色特征，显示了无论是早期还是后期的图像，都采用了深浅不同的红色系进行涂色和勾线。

（五）创作顺序、构图

对比红岩岩壁所有岩画图像的造型特征、色彩规律、图形和颜色的叠压关系、图像的选择高度可推断，本幅苗瑶族系人物岩画作品的创作顺序，整幅图的上半部分手印创作时间明显早于下半部分人物图像。上半部分手印为阴手印，与岩壁早期阴手印表现方式、所用深紫红色底色及手印用色和色彩叠压关系一致，选择作画的高度亦与岩壁早期作品接近，综合早期作品特征，推断此幅画中的阴手印属于早期作品。下半部分的人物图像把握形体准确，选择作画高度离岩壁台地很近，画面最下方离台地约0.6米，红岩后期图像特征皆是选择离台地很近的高度。塑造人物的线条流畅，造型能力娴熟，能够熟练驾驭人物的比例、特征，线条的粗细把控及细节的描绘、明度高的同类红色的变化等多种艺术表现能力很强，因此，综合本幅岩画的绘制高度、技法掌握的纯熟度、色彩的使用规律等特征，人物图像部分是本幅画的后期的作品，也是整个岩壁的后期创作的作品。

本幅图像的构图彰显了先民因势造型的巧思，分布在山崖上的这些作品，每一幅图像在布局上都融入整体的环境中，既美化了环境，让后来的观者近距离观赏时依然能够感受先民鲜活的生活和对美的表达方式，又体现了与自然和谐统一。在处理具体情节方面，后期人物图像作品明显地考虑到了保护前期手印作品的理念，两者相互衔接，显示出先民对前期作品的保护和继承。在构图布局上，前期手印疏朗开阔，后期人物安排紧密细腻，在同一个空间的两个不同时期的作品巧妙地形成了疏密、动静的和谐对比，把不同时期先民的创作活动和审美意识完美地呈现出来。

① 图像色彩笔者采用国际通用的颜色编码“德国劳尔色卡”对比命名。

二、苗瑶族系人物图像特征与解读

岩画是西南古代各民族记录生产、生活和表现美的一种方式，更是他们对美好生活向往和追求心中理想的体现。在西南多个岩画点皆发现了与百濮、百越、氐羌族系相关的人物、生产、生活场景等图像信息，而描绘苗瑶族系特征的人物岩画非常少，目前只在贞丰红岩岩画中发现，因此此图像的出现无疑是证明西南古代各大族系都参与了岩画创作的图像史证。

苗瑶族系人物图像是两个对坐的人物，伴生图像是身边的田畴状和篱笆状图形。造型采用勾线与平涂色彩相结合的方式。人物坐姿比例勾绘准确，有确切的五官特征描写，面部的鼻子、嘴、下颌等部位比例和结构刻画精准，整体和细节生动协调。尤其是人物的特征展现了先民扎实的造型能力和整体把控画面的实力。右侧人物坐姿，长羽饰羽衣戴在头部并延伸拖至身后，头部羽饰上有喙部、圆眼、羽饰绘眼状斑。人物鼻梁挺直，手臂和腿结实有力。头部和服装上的羽饰、羽衣用中国传统的以线造型的装饰手法，线条婉转流畅，有行云流水、一气呵成之感，表现出了羽饰灵动飘逸的质感，整体柔和圆润，人物面部、四肢涂色效果沉稳，与飘动的羽饰形成对比。

图2　苗瑶系岩画人物图像

左侧人物高于右方，坐姿，上衣勾线无袖留白，头上有包头，戴长牛角状的饰品，手里持一个椭圆形羽毛状的器物，线条硬朗又有弹性。人物勾线涂绘结合，面部、四肢涂色，色彩均匀饱满，边缘完整干净。与右侧人物相比，整体造型坚韧，两个人物的不同艺术手法之间产生一种律动的节奏感，刚柔相济，创作苗瑶族系人物图像的先民，此时已经娴熟地驾驭了线条、色彩、对比、节奏等艺术表现方式（图2）。

图像中的人物装束具有明显的苗瑶族系的服饰特色，有细腻的细节刻画。左侧人物戴牛角，右侧人物披长羽衣，与当今苗族服饰中的鸟纹装饰相近，尤其是与黔东南苗族支系的羽饰、牛角饰高度一致。

图像中戴牛角、穿羽衣的人物是西南少数民族传承至今的习俗，与岩画图像人物羽饰最为一致的是今黔东南自称仡弄的苗族支系服饰中的鸟纹，两者鸟纹造型都包含圆眼、长羽，以及穗状或眼状斑纹饰。杨正文先生在《苗族服饰文化》一书中指出，黔东南自称“仡弄”的苗族支系大量使用鸟纹，鸟纹顶有冠，中间有圆、椭圆形穗状鸟羽。“仡弄”至少分为两大支系，他们都大量使用鸟纹饰。①研究显示，黔东南自称“仡弄”的苗族支系有使用鸟纹装饰服饰的习俗。杨源先生在《中国民族服饰文化图典》对当今黔东南苗族穿鸟羽衣情况进行详细的调研：“苗族羽毛衣裙，原为古代祭祀时吹跳芦笙时的穿戴，后作节日盛装。

①杨正文：《苗族服饰文化》，贵阳：贵州民族出版社，1998年，第180页。

图3　榕江苗族羽衣

图4　台江苗族牛角银饰

衣式宽大，无领对襟，前胸和后背刺绣鸟、龙纹样，下为绣花帘裙，色彩绚丽，由七至十一条花带组成，带端装饰白色鸡毛。当今黔东南榕江县苗族男子的牯脏节踩牛堂仪式中身着百鸟衣（图3）。”[①]上述学者研究显示，黔东南苗族支系今鸟纹服饰的造型，与岩画图像头戴的羽饰、身穿的羽衣的人物形式接近，两者鸟纹造型都有圆形眼睛、长羽饰和眼状斑的纹饰。

笔者访谈位于红岩的石柱村、尼罗村及周边村寨，村民认为戴牛角头饰的苗瑶族系人物岩画，是黔东南的苗族。时任尼罗村支书的岑仕清先生看了笔者拍摄的苗瑶族系人物时说，在黔东南见过戴牛角饰的苗族。笔者在2008年农历三月台江县姊妹节中见到头戴牛角银饰的苗族支系女子（图4），还在苗族学生家体验了穿戴牛角银饰苗服的过程，戴牛角银饰前，先要用长布包好头发，最后戴上牛角银饰。其样式与本文苗瑶族系人物的包头、牛角饰非常接近。

学者对苗族牛角饰的研究资料颇丰，杨源先生《中国民族服饰文化图典》调查资料中指出形同水牛角的银头饰是现今黔东南的台江、凯里、丹寨、三都、都匀等地苗族女子盛装时最重要的装饰[②]。杨正文先生在《苗族服饰文化》一书中考证苗族角纹造型以水牛角为主，还有羊角和鹿角等，其他动物角极少出现。在黔东南地区，仿水牛角银首饰十分普遍，台江、雷山一带出现在银饰、器物、发型等方面的角造型是以水牛角为范本。施洞、凯里、丹寨、榕江等处的银角、银冠，也是从水牛角演化而来的[③]。从以上学者的研究资料可得出，头戴牛角形的装饰是黔东南苗族支系的服饰特征。本文苗瑶族系岩画人物头戴牛角饰的造型特征，与当今黔东南的苗族支系头戴牛角的节日服饰一致。

三、苗瑶族系人物图像创作年代

红岩岩画位于黔西南贞丰县，地理上与黔东南毗邻，学者们研究黔东南苗族来源于“武溪蛮”，秦汉时苗族西迁至武陵被称为“武陵蛮”。东汉马援伐武溪，苗族被迫沿清水江、苗岭迁入贵州腹地，遍布山谷[④]。杨汉先先生在

①杨源：《中国民族服饰文化图典》，北京：大众文艺出版社，成都：四川纺织集团出版总公司，1999年，第7页。
②杨源：《中国民族服饰文化图典》，北京：大众文艺出版社，成都：四川纺织集团出版总公司，1999年，第142页。
③杨正文：《苗族服饰文化》，贵阳：贵州民族出版社，1998年，第186–187页。
④侯绍庄，史继忠，翁家烈：《贵州古代民族关系史》，贵阳：贵州民族出版社，1991年，第17页。

《贵州省威宁县苗族古史传说》一文中推断，苗族往西南迁移的时间大约为唐末宋初①。学者研究认为，黔东南向黔西南大规模迁徙的时间，是在清乾隆至嘉庆年间。“在清乾隆年间，黔东南的苗族有一部分被清军强迫迁往关岭、贞丰、兴仁、安龙、平坝等县。”②杨世章先生在《黔西南苗族服饰文化概论》一文指出黔西南州操黔东方言的苗族，自称“dail Hm ub”（他称黑苗），主要分布于龙头大山山麓周围，横跨兴仁、贞丰、安龙三县，人口8万多人，是黔西南州内苗族中一支较大的支系③。杨文俊先生在《黔西南州黔东方言苗族迁徙初探》一文认为首批定居黔西南的操黔东方言苗族定居的时间是嘉庆二年（1797年）。黔东方言的苗族主要聚居在贞丰、兴仁、安龙和册亨四县④。

以上学者的研究已明确聚集在黔西南贞丰的操黔东南方言的苗族，有戴牛角、穿羽饰的习俗。红岩苗瑶族系岩画人物图像可谓是一个有力的图像史证，可与史料记载和学者研究互相印证，因此可推断苗瑶族系人物岩画的创作与黔东南苗族支系关系紧密。学者研究资料提出黔东南苗族支系在历史上有向黔西南迁徙的习惯，学者们研究，大规模迁徙的时间是在清乾隆至嘉庆年间。笔者在田野调查时访谈石柱村及周边村寨村民时得知，石柱村最早到现今的居民已有7代人，迁徙来村中最早的居民是在清代中期的嘉庆年间。老人告知村中从祖辈流传至今与岩画相关的“红人”的故事，其中有个关键信息透出当时最早的居民与经过本地的“红人”产生过交际和冲突，讲述的相关的内容为“有一帮红人，从广西被撵到册亨，又从册亨过来红岩，这些红人与当地居民产生了冲突”⑤，故事中提到“砂人、砂鸭、砂猪”与岩画图像中的人物、飞禽、似猪的动物图像一致，表明村中最早居民已知岩壁上的岩画，故事内容也涉及岩画中的人物，因此岩画的最晚创作下限应在清中期。综合学者研究与笔者的田野调查，苗瑶族系岩画的创作时间与黔东南苗族支系迁徙至黔西南的时间相对应。黔西南是黔东南苗族支系迁徙或迁徙途经的地方，根据笔者田野调查和上述学者研究黔东南苗族迁徙的资料，黔东南苗族支系迁徙至黔西南时途经石柱村是可能性较大的路线，因此在红岩绘出穿戴本民族服饰的人物有很大的可能性。

四、结 语

西南岩画系统中具有明显苗瑶族系特征的人物岩画，至今只在贵州贞丰红岩岩画一处发现。西南古代四大族系中的氐羌、濮僚、百越族系人物形象在贵州、云南、广西、重庆、四川等地岩画点均有发现，苗瑶族系人物图像的发现，为西南古代四大族系都参与岩画的创作提供了有力的图像史证，因此，苗瑶族系人物图像具有图像学、艺术学、历史学、民族学等多学科的研究价值。

①杨汉先：《贵州省威宁县苗族古史传说》，《贵州民族研究》，1980 年第 1 期。
②顾永昌：《古代苗族迁徙问题初探》，《贵州民族研究》，1980 年第 1 期。
③杨世章：《黔西南苗族服饰文化概论》，《贵州民族研究》，1992 年第 1 期。
④杨文俊：《黔西南州黔东方言苗族迁徙初探》，《贵州民族研究》，1988 年第 4 期。
⑤故事是笔者田野调查时石柱村老人讲述的。

Research on the Character Images of Miao Yao Ethnic Group in Southwest Rock Paintings

Mu Xiaomei, Wang Xue

Abstract: The rock paintings in Southwest China are a cultural heritage jointly created by various ethnic groups living in the area during historical periods, possessing significant historical value, the Miao–Yao ethnic group's figure paintings in the southwestern rock paintings are expressed in a beautiful and delicate manner. The characters' ethnic costumes, such as their feathered robes and ox–horn accessories, are exquisitely drawn. It reflects the creators' superb artistic expression ability and aesthetic ability.

Key words: Rock paintings in Southwest China; Miao and Yao ethnic groups; Character image

中国岩画学科发展的回顾与展望

——兼论《岩画学报》当前的任务

肖 波 车 静

本文系“广西高等学校千名中青年骨干教师培育计划”人文社会科学类立项课题“中国北方与中亚地区车辆岩画比较研究”（2023QGRW018）；内蒙古自治区高校人文社会科学重点研究基地北方岩画研究基地2023年度项目“西辽河流域人面像岩画与中华文明多元一体化研究”（编号：2023YH03）；教育部哲学社会科学重大研究项目“中国岩画学研究”（批准号：22JZD032）阶段性成果。

作者简介：
肖波，男，广西民族大学民族研究中心研究馆员、博士。研究方向：艺术考古学、岩画。
车静，女，广西民族大学民族学与社会学学院在读硕士研究生。研究方向：艺术考古学、岩画。

摘 要： 科学的中国岩画研究历史已逾百年，但对其发展历程进行系统梳理的文章较少，学术界对其整体的发展过程及各个阶段的特点还不是太清楚。本文通过对中国岩画研究历史的回顾，初步厘清了每个阶段的基本特点，并对其取得的成就和面临的问题进行了探讨；同时，对《岩画学报》杂志的宗旨及其创办目的进行了介绍，并对该杂志在中国岩画学科建设中的作用进行了展望，以期构建起中国自己的岩画学科体系，并增加国际学术界对中国岩画研究进展的了解，进而寻找出中国岩画与周边地区岩画之间的联系，从而推动中国岩画研究事业不断向前发展。

关键词： 中国岩画；学术史；回顾；展望；岩画学报

岩画学是一个比较晚近的概念。在中国，最早提出岩画学概念的是盖山林先生。他在1983年《潜科学》第6期上发表了《岩画学刍议》一文，首次提出了“岩画学”的概念，并对其特性、定义、研究对象及研究方法等问题进行了探讨[①]。随后，在1995年出版的《中国岩画学》一书中，他进一步对岩画学的概念、研究方法、研究历史以及与其他学科的关系等进行了深入讨论。1988年8月，在澳大利亚达尔文市召开的国际岩画组织联合会暨国际岩画学术研讨会上，学者们首次提出了“岩画学”的概念，第一次将岩画从其他学科中独立出来。罗伯特·G.贝德纳里克在《岩画研究史上的里程碑——记澳大

①盖山林：《岩画学刍议》，《潜科学》，1986年第6期。

利亚国际岩画学术研讨会》一文中指出："达尔文会议的意义，简而言之，就是说岩画研究现在已作为一个独立的学科出现于学术界了。岩画学，人们可以这样称呼它，即使它与史前学有着某种联系，但它不再只是考古学的一个分支了。"[①]尽管如此，在中国学术界，绝大多数学者尚不承认存在着这样一门岩画学，岩画学本身的学科体系还没有建立。而在讨论中国岩画学相关问题时，有必要对其研究历史进行简单介绍。

一、中国岩画研究历史回顾

中国是世界上最早用文字记录岩画的国家，南北朝时期的地理学家郦道元在《水经注》一书中就曾经记载了今中国境内13个省的20多个岩画点，涵盖到半个中国的范围。[②]此后，关于岩画的记载散见于各类史籍中。尤其值得注意的是，一些国外的使团也曾关注过中国岩画。例如，在现存的32份越南文献里，记录了越南使臣在不同时期途经广西左江流域时对花山岩画的描述，其年代从万历二十五年（1597年）一直持续到光绪八年（1882年）。[③]

中国岩画的科学研究始于1915年黄仲琴先生对福建华安仙字潭岩画的调查。但此后相当长的时间内，岩画研究进程几近中断。1949年，中华人民共和国成立之后，中国学者陆续开展过一些调查研究，并发表过相关研究成果，但主要是一些简短的介绍性文章，而系统性的研究还非常少见。比较重要的有1963年出版的《花山崖壁画资料集》[④]，不过这仅是一本画册。另外，1976年，香港基督教中国宗教文化研究社出版了由秦维廉（W. Meacham）所著的《香港古石刻——源起及意义》[⑤]（*Rock Carvings in Hong Kong-an Illustrated and Interpretive Study*）一书，这是我国早期岩画研究的重要著作。

进入20世纪80年代，中国岩画的调查研究开始在全国范围内展开，而一些综合性的研究专著也开始出现。代表性的成果有陈兆复、蒋振明编的《中国岩画的发现：古代少数民族岩画资料选编（上、下）》[⑥]（1985年），该书选取了28篇介绍中国各地区岩画点的文章，是一本论文集；此外，还有汪宁生的《云南沧源崖画的发现与研究》[⑦]（1985年）和盖山林的《阴山岩画》[⑧]（1986年）。规模最大的当数广西左江岩画的调查和研究。1985年，广西壮族自治区人民政府组织了由历史、民族、民俗、考古、美术、舞蹈、宗教、民间文学、水文、地质、地貌、岩溶、化学、碳素年代学等十四个学科的80多位专家学者组成的考察团，对左江岩画展开了一场中国历史上规模最大、学科最多的一次综合性考察。随后，分别于1987年出版了由覃圣敏、覃彩銮等人著的《广西左江流域崖壁画考察与研究》[⑨]和1988年出版了王克荣等著的《广西左江岩画》[⑩]。上述著作均是对某个地区岩画的研究，而陈兆复1989年

①盖山林：《中国岩画学》，北京：书目文献出版社，1995年，第5页。
②陈兆复：《中国岩画发现史》，上海：上海人民出版社，1991年，第27页。
③张惠鲜，王晓军，张冬梅：《浅论越南使臣与花山岩画》，《广西民族研究》，2016年第4期。
④广西少数民族社会历史调查组：《花山崖壁画资料集》，南宁：广西民族出版社，1963年。
⑤秦维廉：《香港古石刻——源起及意义》，香港：基督教中国宗教文化研究社，1976年。
⑥陈兆复，蒋振明：《中国岩画的发现：古代少数民族岩画资料选编（上、下）》，北京：中央民族学院少数民族文学艺术研究所，1985年。
⑦汪宁生：《云南沧源崖画的发现与研究》，北京：文物出版社，1985年。
⑧盖山林：《阴山岩画》，北京：文物出版社，1986年。
⑨覃圣敏，覃彩銮，卢敏飞，喻如玉：《广西左江流域崖壁画考察与研究》，南宁：广西民族出版社，1987年。
⑩王克荣，邱钟仑，陈远璋：《广西左江岩画》，北京：文物出版社，1988年。

所著的《中国岩画》[①]一书，则对整个中国的岩画进行了分区研究，这也是关于中国岩画的首部综合性研究著作。

进入20世纪90年代之后，岩画的研究范围进一步扩大。一方面，新的岩画资料不断得到刊布，另一方面，岩画研究对象从国内扩展到国外，此外，一些专题性的研究也开始出现。代表性的著作有陈兆复的《中国岩画发现史》[②]（1991年），李祥石、朱存世的《贺兰山与北山岩画》[③]（1993年），许成，卫忠的《贺兰山岩画》（1993年）[④]、苏北海的《新疆岩画》[⑤]（1994年），西藏自治区文物管理委员会主编的《西藏岩画艺术》[⑥]（1994年）以及盖山林的《巴丹吉林沙漠岩画》[⑦]（1997年）等。除了中国岩画本身的发现和研究之外，国外的岩画也开始得到学术界的关注。代表性的著作有陈兆复、邢琏所著的《外国岩画发现史》[⑧]（1993年）以及李洪甫所著的《太平洋岩画——人类最古老的民俗文化遗迹》[⑨]（1997年）。此外，另有两部著作需要着重指出，一部是由宋耀良所著的《中国史前神格人面岩画》，这是关于我国人面像岩画研究的一部专题性著作，其最大贡献是提出了我国人面像岩画的三大分布带，且各分布带上的中国人面岩画系一种同源文化传播所致，并大致勾画出了传播的方向、传播的过程、传播的阶段以及传播源[⑩]。另一部是盖山林的《中国岩画学》，如前所述，该书首次将中国岩画作为一个学科进行了系统性的论述，对中国岩画研究的长远发展具有深远的意义。

进入21世纪后，中国的岩画研究向广度和深度两个方面发展。首先，随着新的岩画点不断被发现，岩画研究的地域范围不断扩大，相关的论著不断涌现。据不完全统计，这一阶段发表的著作约250部，涉及中国所有主要的岩画分布区，远远超过之前已发表的著作数量（60余部），与岩画相关的论文更是有数千篇之多。在此期间，出现了以中央民族大学中国岩画研究中心和宁夏岩画研究中心为代表的专门的岩画研究机构，多次组织开展相关的岩画调查活动，并出版了一系列成果。其次，在新材料、新理论、新方法的支撑下，学者们试图突破以往的框架，将岩画研究推进到一个新的高度。在岩画的解释理论方面，突破了以往占统治地位的“巫术论”和“宗教论”，出现了“二元对立理论”[⑪]和“中程理论”[⑫]等新的解释理论。最后，中外合作开展岩画研究逐步提上了日程。其中，最具有代表性的是由汤惠生教授组织的中国、澳大利亚、印度学者联合开展的中国岩画断代工程。该工程依托于河北师范大学国际岩画断代中心，在我国多个省区开展了以微腐蚀测年为中心的岩画断代工作，取得了显著的成果。另一个是内蒙古的中国河套文化博物院、中国人民大学北方民族考古研究所与俄罗斯、蒙古国相关单位联合开展的岩画科考工作，并于2020年出版了由魏坚教授主编的《中蒙俄联合岩画科考与论坛论文集（2015—2017）》[⑬]。

---

①陈兆复：《中国岩画》，杭州：浙江摄影出版社，1989年。

②陈兆复：《中国岩画发现史》，上海：上海人民出版社，1991年。

③李祥石，朱存世：《贺兰山与北山岩画》，银川：宁夏人民出版社，1993年。

④许成，卫忠：《贺兰山岩画》，北京：文物出版社，1993年。

⑤苏北海：《新疆岩画》，乌鲁木齐：新疆美术摄影出版社，1994年。

⑥西藏自治区文物管理委员会：《西藏岩画艺术》，成都：四川人民出版社，1994年。

⑦盖山林：《巴丹吉林沙漠岩画》，北京：北京图书馆出版社，1997年。

⑧陈兆复，邢琏：《外国岩画发现史》，上海：上海人民出版社，1993年。

⑨李洪甫：《太平洋岩画——人类最古老的民俗文化遗迹》，上海：上海文化出版社，1997年。

⑩宋耀良：《中国史前神格人面岩画》，三联书店上海分店，1992年，第6页。

⑪汤惠生：《青海岩画：史前艺术中二元对立思维及其观念的研究》，北京：科学出版社，2001年。

⑫汤惠生：《岩画学科的研究范式及相关问题》，《南方文物》，2014年第4期；张嘉馨：《“中程理论”在岩画研究中的方法论价值》，《艺术探索》，2020年第1期。

⑬魏坚：《中蒙俄联合岩画科考与论坛论文集（2015—2017）》，北京：中国言实出版社，2020年。

二、中国岩画研究的主要成就

（一）研究成果数量众多

经过半个多世纪的研究，中国岩画取得了诸多成就，具体表现在发表、出版的岩画论著数量众多，几乎涉及人文社会科学的各主要学科，并部分触及自然科学的相关学科。

从地域上来看，基本上涵盖了中国所有的岩画分布区。根据中国知网统计数据，截至2024年1月14日，共发表岩画类文章5707篇，涵盖了中国境内的24个省（自治区）、直辖市和特别行政区（图1）。其中，综合类文章最多，共计2054篇，约占总数的35.99%，这些文章通常涵盖了两个及两个以上的地区。对单个地区介绍最多的文章主要集中于内蒙古，共计703篇文章，约占总数的12.32%；其次是广西，共计690篇，约占12.09%。从总体上来看，内蒙古岩画的研究文章要略多于广西，但考虑到内蒙古岩画的数量要多于广西，而且分布范围更加广泛，所以二者的差别其实并不大。甚至可以说，对广西岩画研究的强度要略高于内蒙古地区。这种情况与岩画本身的特点密切相关。首先，内蒙古是中国岩画数量最多的省区之一，并且分布范围广泛、类型多样，与中国新石器时代以来的考古学文化及诸多草原民族关系密切，很早就引起了学术界的注意。以盖山林为代表的内蒙古学者很早就注意到岩画的重要性并开展了系统的研究，进而形成了良好的研究传统。而广西有着世界最大的单体岩画——宁明花山岩画，该岩画点与周邻的其他三十几个岩画点以“左江花山岩画文化景观”于2016年被列入《世界遗产名录》，因此，引起

地区	文章数量
总计	5707
综合	2054
国外	172
内蒙古	703
广西	690
新疆	457
宁夏	433
西藏	208
云南	155
甘肃	118
黑龙江	117
青海	109
江苏	99
四川	95
贵州	89
河南	51
浙江	40
广东	33
福建	29
山西	20
辽宁	12
台湾	7
陕西	6
重庆	5
香港	3
北京	1
江西	1

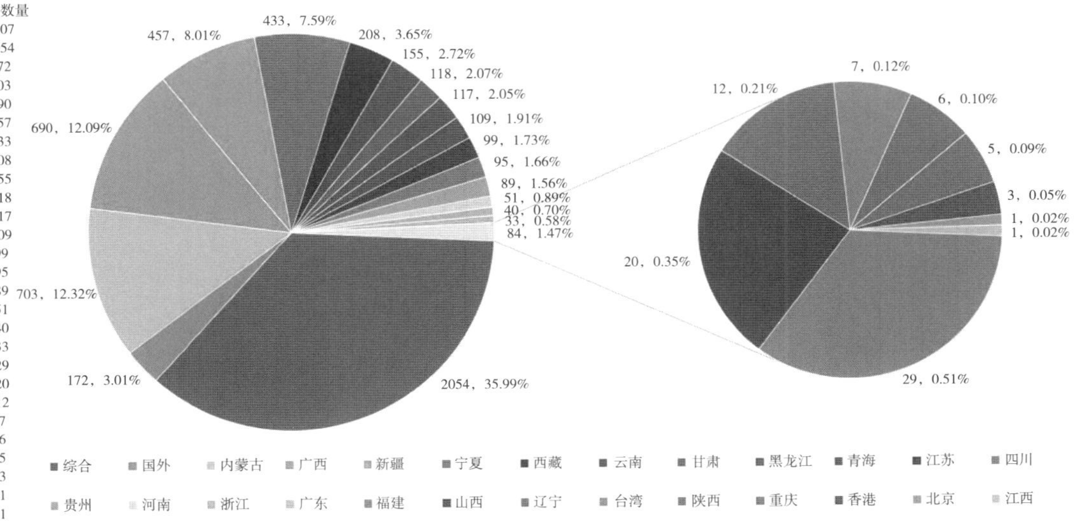

图1　按地区分类的岩画论文统计图

了学术界的广泛注意，并对其开展了大量的研究。此外，研究文章超过100篇的地区还有7个，分别为新疆、宁夏、西藏、云南、甘肃、黑龙江、青海。其中，新疆和宁夏的研究文章均超过400篇。新疆共计457篇，约占总数的8.01%；宁夏共计433篇，约占总数的7.59%。这两个地区均是中国北方岩画系统的杰出代表，故而深受学术界的关注。此外，还有172篇文章是关于国外岩画的相关研究，约占总数的3.01%。

截至2024年1月17日，中国学者共出版岩画类著作374部，涉及19个地区（图2）。其中，综合类的著作155部，约占总数的41.44%。这部分著作中，仅有少部分为图录，其中以《中国岩画全集》为代表，其余绝大多数为研究型的学术专著。研究专著中以内蒙古地区的数量最多，共计49部，约占总数的13.10%；宁夏地区次之，共计44部，约占总数的11.76%。接下来的分别是广西和新疆。广西共计26部，约占总数的6.95%；新疆共计16部，约占总数的4.28%。需要指出的是，广西岩画的研究专著有部分是配合申遗工作开展的相关研究，与遗产价值的阐释关系比较密切。此外，还有关于其他地区岩画研究的著作，在此不一一赘述。需要指出的是，除了中国境内的岩画研究之外，部分学者还对国外岩画展开了研究，此类著作共计22部，约占总数的5.88%。

地区	书籍数量
总计	374
综合	155
国外	22
内蒙古	49
宁夏	44
广西	26
新疆	16
云南	8
青海	9
甘肃	8
贵州	6
台湾	4
河南	4
福建	5
西藏	4
黑龙江	3
四川	2
江苏	4
广东	1
浙江	1
香港	2
辽宁	1

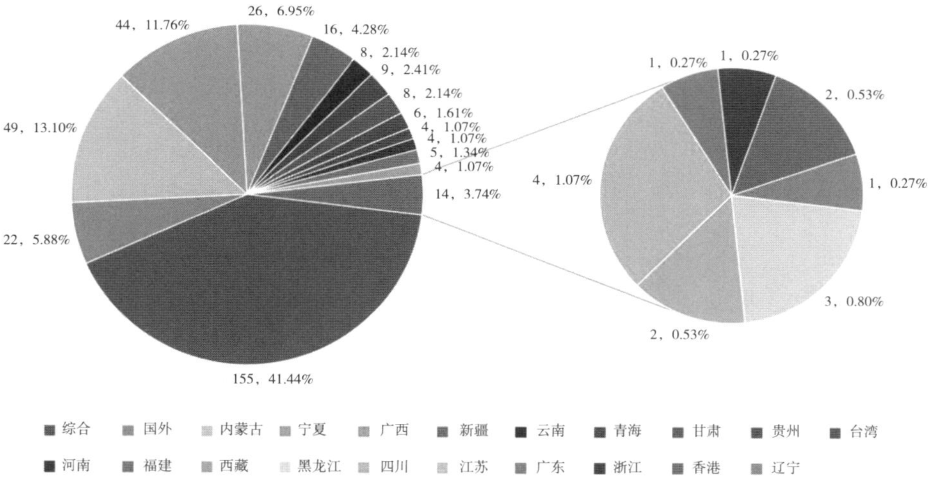

图2　按地区分类的岩画著作统计图

从岩画研究所涉及的学科来看，几乎涉及人文学科的各种方法。从截至2024年1月14日中国知网统计的5707篇①文章来看，岩画研究中占据前10位的学科分别是考古学、旅游、美术书法雕塑与摄影、文化、文艺理论、宗教、

①按学科分类的论文共计5863篇，这是因为部分岩画涉及多个学科，因此，知网统计时存在着部分重复现象，但并不影响本文的总体分析。

音乐舞蹈、体育、中国民族与地方史志、地理等（图3）。此外，还有其他一些学科，因为所占比例不大，因此，本文没有列入分析。其中，考古学类的文章共计2443篇，约占总数的41.67%。接下来是与旅游相关的文章，共计1116篇，约占总数的19.03%。其次是美术书法雕塑与摄影相关的文章，共计1114篇，约占总数的19.00%。而文化类的文章约有258篇，约占总数的4.40%。文艺理论类的文章与前者相差不大，共计204篇，约占总数的3.48%。与学术界普遍的认知不同，宗教类的文章仅有188篇，仅占总数的约3.21%。至于音乐舞蹈类的则有165篇，约占总数的2.81%。此外，还有一些文章是关于体育、中国民族与地方史志、地理的，这类文章数量不多，均为百余篇。

总体来看，中国岩画研究主要与考古学关系密切。此前，部分学者认为，中国的岩画研究主要是一种基于艺术史的研究方法，具体说来："21世纪以前，中国的岩画研究一直以艺术史范式为主，而近二十年来，利用类型学、地层学等考古方法的新趋势出现并不断发展，考古学家也步入了岩石艺术研究领域。"①这与中国岩画研究的实际情况是不相符的。纵观中国岩画研究的整个学术史，考古学的方法始终是岩画研究最为重要的方法。这一点不仅反映在发表的岩画论文中，从出版的岩画著作中同样可以看出。中国早期的岩画研究专家，如盖山林、汪宁生、覃圣敏、覃彩銮等人均为考古学出身，其建立的岩画研究范式也是中国学术界普遍遵循的范式。即便是其他学科的学者参与到岩画研究中来，也会大量借鉴考古学者的研究成果。所以，那种认为21世纪以前，中国的岩画研究一直以艺术史范式为主的观点是毫无科学依据的。

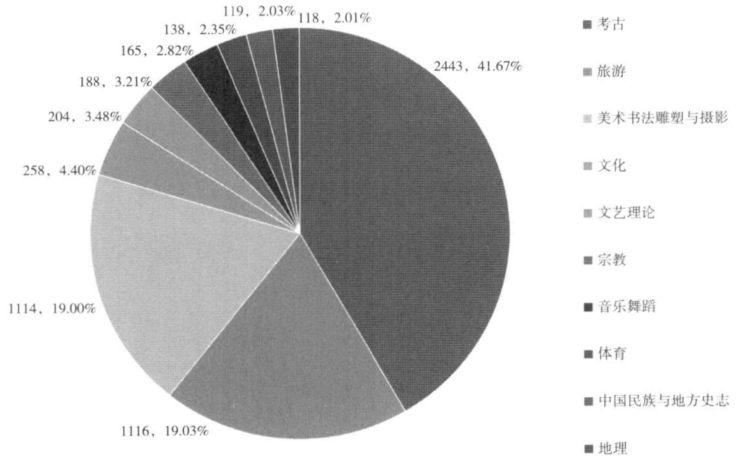

图3 按学科分类的论文统计图

（二）岩画区、系、类型的初步建立

1989年，陈兆复在《中国岩画》一书中初步将中国岩画分为南北两大

① Chao Ge. *Is Rock Art Science Regional or Universal? A Discussion Based on the Development of the Discipline in China.* Rock art research 2022，Volume 39，Number 1，pp. 22–31.

系统。同时，他指出，除了南北两大系统，东南沿海地区的江苏连云港、福建华安仙字潭、台湾万山以及香港等几个岩画点自成体系，它们都有着抽象性、想象性和符号性的共同特征。南方的岩画是用红色涂绘的，北方的岩画则都是磨刻的，东南沿海的岩画也都是磨刻的。[①]随后，在1991年出版的《中国岩画发现史》一书中，他进一步将南方系统划分为西南系统和东南系统，进而将整个中国岩画分为3个系统："我国的岩画，根据分布的地区、作品的内容与风格，大致可划为北方、西南、东南三个系统。北方系统的岩画主要分布在内蒙古、新疆、宁夏、甘肃、青海，内容以动物为主，风格较写实，技法大都是岩刻。西南系统的岩画，主要分布在云南、广西、贵州、四川，内容以人物的活动为主，如云南的沧源崖画中，人物的图像就占全部崖画图形的70%以上，作品技法以涂绘为主。东南岩画地区的岩画，分布在江苏、福建、广东、台湾和港、澳等地，内容以抽象的图案为主，都采用凿刻的技法。"[②]1995年，盖山林在《中国岩画学》一书中，将中国岩画分为4个系统："1.黑龙江、内蒙古、山西和宁夏；2.甘肃、青海、新疆、西藏；3.云南、贵州、四川、广西；4.江苏、福建、台湾、广东、香港。"[③]分别对应着"东北农林区、北方草原区、西南山地区、东南海滨区"等不同的自然地理环境。[④]

此外，对中国岩画进行系统分区的还有龚田夫和张亚莎等学者。此二位作者最初采用了陈兆复的观点，并将中国岩画划分为3个系统。[⑤]但随着新材料的出现以及研究的逐步深入，近年来，张亚莎对该观点做了进一步深化，并将中国岩画划分为4个系统。主要是增加了"青藏岩画系统"和"中国东部岩画系统"这两个岩画区。作者认为，这种岩画区的划分，不仅考虑到了岩画类型的划分与地域的关系，同时也充分考虑到岩画与中国古代四大族系的形成以及历史文化演进的密切关系。[⑥]进入21世纪，随着越来越多岩画的发现，对其分区与分类也越来越精确和细致。汤惠生教授认为，中国岩画目前可以根据其地域、时代、制作技术以及风格特征分为七个体系：（1）云南金沙江流域晚更新世岩画；（2）以中原地区为中心的凹穴岩画；（3）北方草原动物岩刻画；（4）北方青铜时代彩绘岩画；（5）以河套地区为中心的人面像岩画；（6）以广西左江花山为中心的蹲踞式人形；（7）西南地区历史时期的彩绘岩画。[⑦]

上述作者的分区是正确的，充分考虑到了中国岩画的分布特点，但需要指出的是，不同学者在细节的把握上仍有不同。此外，还有一些岩画点可能需要单独分区。例如，大兴安岭岩画位于中国东北地区，跨越内蒙古和黑龙江两个省区。按照类型学划分，大兴安岭岩画可以归入彩绘岩画系统，但实际上，中国北方地区绝大多数为敲凿类岩画。从数量上看，大兴安岭岩画无法单独归入一个系统。但如果我们将眼光扩展到周边国家和地区，将会发现，这种类型的赭色岩画在西伯利亚东部以及蒙古国同样有所分布，并且包

①陈兆复：《中国岩画》，杭州：浙江摄影出版社，1989年，第8–10页。
②陈兆复：《中国岩画发现史》，上海：上海人民出版社，1991年，第79页。
③盖山林：《中国岩画学》，北京：书目文献出版社，1995年，第35–81页。
④盖山林：《中国岩画学》，北京：书目文献出版社，1995年，第81–84页。
⑤龚田夫，张亚莎：《中国岩画的文化坐标》，《黑龙江民族丛刊》，2006年第1期。
⑥张亚莎：《中国岩画四大区域系统与古代四大族系》，《中国岩画》，2021年第1期。
⑦该分类方法由汤惠生教授提供。

括森林和草原两种自然环境类型，其西部边界越过蒙古的库苏古尔省和布尔干省，一直到大湖盆地，东部在阿穆尔河下游沿岸和大兴安岭的森林地带合拢。除了作画方式相同之外，岩画题材上也有大量的相似之处，因此，可以单独列为一个系统。但是，在上述作者的分区中，大兴安岭地区的岩画并未单独列出。因此，关于中国岩画的类型学划分仍有继续探讨的空间。

（三）科学精神逐步贯穿到岩画研究的过程中

岩画科学的内容非常广泛，为岩画研究提供了一种全新的视角，罗伯特·G.贝德纳里克在《岩画科学——远古艺术的科学研究》一书中，对其内涵和外延进行了全面的介绍。[①]汤惠生教授是最早将岩画科学介绍到中国的学者，而岩画科学在中国的应用则主要体现在三个方面：岩画的科技测年、岩画的数字化记录及岩画的科技保护。其中，主要成果集中在科技测年方面。岩画的科技测年包括岩绘画和岩刻画两种应用场景，现分别对其进行介绍。

1. 岩绘画的科技测年

岩绘画的科技测年方法主要有两种，即^{14}C测年和铀系测年，这两种方法在广西和云南均有使用。

（1）^{14}C测年方法的应用

左江花山岩画的^{14}C测年主要有3次，其中两次都是在1983年，另一次是在1985年，测年对象主要是木质和钟乳石标本。1983年，北京大学考古系^{14}C实验室对宁明花山岩画附近崖壁洞穴中的一截木桩进行测定，测定结果为距今2680±80年。如果减掉该木的生长年龄，大致相当于春秋晚期（春秋：公元前770年~公元前476年）或战国早期。据判断，该木桩是用来帮助绘制岩画的，因此，木桩的年代可以作为推断岩画时代的参考。[②]木桩的^{14}C年代是完全可以信赖的，只是木桩与岩画的关系需要进一步证明。同年，北京大学考古系等部门对宁明花山岩画采集的钟乳石样品进行^{14}C测年。结果表明，其年代在距今4200~1680年这段时间内，即战国至东汉时期。[③]1985年，北京大学考古系年代测定实验室再次对宁明花山的12个钟乳石样品进行^{14}C测年，测定其年代大致在战国至西汉期间。但考虑到各种误差等因素，不排除岩画年代的上下限有波动的可能性，波动的幅度，上限可到春秋，下限可到东汉。[④]

此外，这种方法在云南沧源岩画的研究中也有应用。中国科学院古脊椎动物与古人类研究所对覆盖在沧源岩画上的钟乳石进行^{14}C测年，结果表明，其年代在距今3030±70年至距今2300±70年之间。[⑤]

必须注意到，钟乳石类样品并非理想的^{14}C测年物质，因为沉积时“死碳”的加入，会使测年结果偏老，即便经过校正，仍会产生一定的误差。

（2）铀系测年方法的应用

铀系断代法是近年来发展较为迅速的一种直接断代法，这种方法主要是对覆盖在岩画上面的碳酸盐以及岩画下的碳酸盐年代进行测定。这种断代方

①Robert G. Bednarik. *Rock Art Science：The Scientific Study Of Palaeoart*. Second Edition. Aryan Books，International，New Delhi，2007.

②覃圣敏，覃彩銮，卢敏飞，喻如玉：《广西左江流域崖壁画考察与研究》，南宁：广西民族出版社，1987年，第136–137页。

③王克荣，邱钟仑，陈远璋：《广西左江岩画》，北京：文物出版社，1988年，第208页。

④原思训，陈铁梅，胡艳秋：《广西宁明花山崖壁画的^{14}C年代研究》，《广西民族研究》，1986年第4期。

⑤Wu Yun，Ji Xueping. *New thematic study. Rock Art in East Asia // Thematic Study on Rock Art in East Asia*，ICOMOS，2019. pp110.

法在我国的云南和广西都有具体运用。2012年，澳大利亚学者保罗·S.C.塔森（Paul S. C. Taçon）等人与云南考古所合作，对金沙江白云湾彩绘岩画进行了铀系测年。通过对一幅巨大的红色的鹿上的石压画和画压石进行测定，其时代在距今5738~2050年间[①]。随后，焦亚诺（Yanuo Jiao）等人使用铀系法，进一步将其年代提前到距今8930~7090年。[②]

2021年，云南省文物考古研究所与南京师范大学地理科学学院合作，对云南沧源岩画中的8个代表性地点进行了铀系测年。经对63份样品的测年数据进行综合分析，确定沧源崖画群绝对年代为距今3800至2700年之间，属于新石器时代文化晚期。[③]2022年2月，云南省文物考古研究所与南京师范大学、武汉大学等多家单位合作，采用铀系测年法对位于青藏高原东南缘丽江市境内的金沙江中段虎跳峡万人洞岩画进行了测年，研究人员发现万人洞至少可以包括3个创作时期：距今13580~13000年、距今10830~10540年和距今8700~8370年，处于晚更新世至全新世过渡阶段，显示出这些岩画大体上由该地区旧石器时代的狩猎或采集人群创作。[④]这也是目前我国发现的最早的岩画点。

广西左江岩画的铀系法测年主要有两次。2013年，中央民族大学中国岩画研究中心与澳大利亚西澳大学的史密斯教授（Benjamin Smith）和卧龙宫大学的奥博特教授（Maxime Aubert）合作对花山岩画进行铀系法测年。取样集中在宁明花山岩画，总计取样24例，其中21例通过铀系法进行测年。据分析，宁明花山岩画可能绘制于距今1920年至940年（约95年至1075年）。[⑤]2014年，南京师范大学地理科学学院的学者通过对龙州县沉香角和棉江花山，以及宁明花山等地进行采样测年，共采集到与岩画有明确层位关系的次生碳酸盐沉积样品56份。为了确定花山岩画的确切年代，对其上下56层次生碳酸盐岩的矿物学、氧和碳同位素组成进行了研究，并用^{230}Th/U方法进行了测年。结果表明，岩画的年代在1856±16~1728±41BP，相当于东汉中晚期（25年至220年）。[⑥]

2. 岩刻画的科技测年

必须指出的是，上述方法均对岩绘画有效，而对于岩刻画还没有太好的解决方法。国际上目前使用最多的是澳大利亚学者贝德纳里克总结的微腐蚀断代法。这种方法于20世纪90年代初在俄罗斯奥涅加湖岩画测年工作中得到初步应用，随后，在世界多个国家得到推广。20世纪90年代末，青海省考古所在我国率先用微腐蚀法对青海岩画进行直接测年；2005年，汤惠生教授又对江苏连云港将军崖岩画进行微腐蚀测年，也取得了比较理想的效果。根据微腐蚀断代法，他认为：“（将军崖岩画）基岩凹穴岩画的年代在距今11000年前左右；刻以凹穴岩画的石棚为距今6000年前；史前人面像岩画时代为距今4500~4300年左右。”[⑦]需要指出的是，汤惠生教授微腐蚀的测年结果是建立在考古学以及古环境学等多学科的综合研究基础之上，因此，研究成果也

① Paul S.C.Taçon, et al., *Uranium-series Age Estimates for Rock Art in Southwest China*. Journal of Archaeological Science, 2012, 39 (2).
② Yanuo Jiao et al. *New evidence of early Holocene naturalistic rock art in Jinsha River valley, southwestern China*. Journal of Archaeological Science: Reports, 2023(50).
③ Qingfeng Shao et al. *U-series dating of carbonate accretions reveals late Neolithic age for the rock paintings in Cangyuan, southwestern China*. Quaternary Geochronology, 2021 (61).
④ Yun Wu et al. *High-precision U-series dating of the late Pleistocene-early Holocene rock paintings at Tiger Leaping Gorge, Jinsha River valley, southwestern China*. Journal of Archaeological Science, 2022 (138).
⑤ Benjamin Smith and Maxime Aubert. *Uranium-Series Dating of the Huashan Rock Paintings Guangxi Autonomous Region, China*. Unpublished.
⑥ Qing-Feng Shao et al. *High precision U/Th dating of the rock paintings at Mt. Huashan, Guangxi, southern China*. Quaternary Research, 2017 (88), pp. 1-13.
⑦汤惠生，梅亚文：《将军崖史前岩画遗址的断代及相关问题的讨论》，《东南文化》，2008年第2期。

被中国学术界普遍接受。近年来，贝德纳里克与中国学者合作，在河南、连云港以及宁夏等地进一步开展了大规模的岩刻画微腐蚀测年工作，不仅对前述研究成果进行了验证，同时还有了新的收获。[①]此外，金安妮等学者近年来也用微腐蚀法对中国部分岩画进行了测年，但测年结果与中国学者普遍的认识还有一定差距，还需要多重方法进一步检验。[②]

除了科技测年之外，中国岩画的数字化记录和科技保护也日益受到关注，并取得了一些成果。在岩画的数字化记录方面，广西文物保护与考古研究所和广东财经大学合作，对左江岩画的部分岩画点采用倾斜摄影技术、贴近摄影测量技术、全景技术、高光谱技术在不同环境和不同参数的基础上进行了数据采集实验研究，对比分析表明，贴近摄影测量技术是目前最适合左江花山岩画的数据采集技术。[③]而岩画的科技保护同样应用于广西左江岩画。以著名的宁明花山岩画为例，因长期暴露在自然环境中，遭受危岩体、裂隙、溶蚀、风化、片状剥落、钟乳石沉积、动植物和微生物病害等多种病害影响。其中，岩石裂隙和剥落是最为严重的两种病害，随时都有可能发生。经中国文化遗产研究院主理，由地质岩溶学、地质测绘学、环境学、文物保护学、化学、工程学等多个学科的专家协作，通过多次试验，最终选择选择天然水硬石灰NHL（Natural Hydraulic Lime）作为花山岩画加固保护修复试验材料，取得了较好的保护效果。[④]

三、中国岩画学科发展面临的主要问题

第一，研究手段比较单一。总体上看，有关中国岩画研究的论著很多，但方法上显得比较单一。主要是艺术学、考古学、民族学的研究方法，而基于新技术、新方法的研究成果较少。例如，国外学者的研究中通常会使用到大量的数理统计分析，这在中国学者的研究成果中较少体现。另外，同样是考古学的研究方法，国内外学者之间也有一些差异。例如，中国学者使用考古学的方法，多集中于类型学的分析，以便于通过交叉断代来分析同一类型岩画的年代。而在国外学者的近期研究中，已经开始尝试将岩画置于考古学文化的动态演变中来考察其发展演变问题。[⑤]此外，国内缺乏具有国际化视野的岩画学者，对国际上的新技术、新方法不熟悉。例如，国际上对彩绘岩画的分析普遍使用DStretch软件来增强图像的颜色，从而区分出不同层次的岩画，但这种软件在中国仅有个别学者使用。缺乏国际化视野的另一后果就是国际化参与度比较低。以阿尔泰岩画研究为例，环阿尔泰地区岩画数量众多，在中、俄、蒙、哈均有大量分布。其中，以蒙古阿尔泰岩画研究成果最为显著。这主要得益于持续了十数年的俄、美、蒙、法、日、韩等多国学者共同参与的蒙古阿尔泰岩画研究项目。但是，紧邻蒙古国的中国学者参与者

① Tang Huisheng，Jiriraj Kumar，Liu Wuyi，Xiao Bo，et al.，*The 2014 Microerosion Dating Project in China*，Rock Art Research，2017（1）.

②金安妮：《中国凹穴岩画初步调查研究》，博士学位论文，南京师范大学，2019年。

③ Qingping Yang，Yihan Zhang，Qiuyan Jiao.*Experimental study on data collection techniques for rock art in Huashan，Zuojiang，Guangxi*. Journal of Rock Art，2023（1）.

④ Wang Jinhua，Guo Hong，Li Li. *The Study for Huashan Rock Paintings Conservation Chinese Academy of Cultural Heritage*. Glendale & Arizona：American Rock Art Research Association，2013.

⑤ Irina A. Ponomareva. *Change and Continuity in the Prehistoric Rock Art of East Siberia*. BAR Publishing，Oxford，2021.

非常少。近年来，这种情况有所改观。如内蒙古博物院的特日根巴彦尔在蒙古国立大学读博，选择阿尔泰地区的岩画从事研究，并取得了若干成果。但是这种尝试还是非常初步的。至于如何参与到周边国家和地区的岩画研究中来，宋耀良先生曾提出了建议。他将中国岩画研究过程归纳为三个阶段："1.对中国岩画进行全方位的实地考察；2.对中国岩画中的某一具体符式系统做深入研究；3.将中国岩画的某一具体符式系统，融入世界岩画的大范畴中，做国际区域性的考察研究。"[①]这对我们今天的岩画研究来说仍然具有重要的指导意义。

第二，中国岩画学科定位不清楚，在中国的学术界处于边缘地位。中国的考古界对岩画年代学部分成果有所质疑，主要是因为岩画没有明确且可靠的地层学证据，不符合传统考古学研究的范式。在艺术学界，部分艺术史家认为岩画不属于艺术研究的范畴，而属于古代文化的范畴，甚至部分高校的艺术类博士生将岩画作为选题而很难通过。这就是因为学科归属不明确而产生的认识混乱。坦率地说，在中国学术界，对岩画感兴趣的人很多，但知道如何去研究的人却较少。学术文章无法在高级别的刊物上发表，导致大量的岩画学科的青年学者转向一些更为容易的研究领域，这就造成了岩画研究人才的断层问题比较严重，同时也使得中国岩画缺少持续性的、长期的研究计划。

第三，自然科学的优势并未充分发挥。自然科学的参与，对中国岩画的测年、记录和保护均起到了不可替代的作用，但局限性也很明显。有些学者关注科技测年手段在岩画研究中的应用，主要是想弄清楚岩画的年代，但岩画学科本身的发展并不是其关注的重点。作为测年专家，对岩画本身的问题并不感兴趣。比如铀系采样，采了几十个样品，告诉我们岩画有了这样一个年代范围，但这个变化究竟是怎样发生的，我们并不清楚。因为没有岩画学家的参与，我们很难对其采样点的情况进行全面分析，进而在此基础上讨论岩画的制作技术、风格特征、文化内涵等的发展演变情况，从而归纳出本地区岩画发展的一些规律。目前的情况是，测年结束后，很难有下一步深入的分析，导致岩画研究工作发展缓慢。因此，测年专家必须和岩画学者组成团队，共同开展工作，制订长期的研究计划。测年专家负责采样和测年，岩画专家要在此基础上跟进分析，将测年成果的效益最大化。

四、《岩画学报》的办刊宗旨及其当前任务

《岩画学报》作为*Rock Art Research*的子刊，严格遵循母刊的办刊宗旨，将岩画科学的原则贯彻到岩画研究的始终。罗伯特在*Rock Art Science*一书中提出了一整套的岩画研究原则，规范了岩画研究的方方面面，对世界范围内的岩画研究均产生了重要影响。[②]但在中国，这些知识还很零散，掌握相关知

①宋耀良：《关于中国岩画研究的思考——〈中国岩画考察记〉自跋》，《文艺理论研究》，1993年第5期。
②Robert G. Bednarik. Rock Art Science：The Scientific Study of Palaeoart. Aryan Books，International，New Delhi，2007.

识的岩画学者更是少之又少。如若建立统一的岩画学科体系，则必须由专门的理论、技术和方法来统领多学科的交叉。《岩画学报》的创办，很大程度上就是想解决这样一个问题，通过导向性，吸引学者们将关注点集中在岩画的科学方面；同时，兼顾其他人文社会科学方面的研究，从而提高整体的研究水平。

我们认为，岩画研究的目的并非培养岩画科学家，而是培养具有科学思维的岩画学家，最终目的是要从千变万化的岩画图像中寻找其自身的发展逻辑以及图像之间的关联性。作为一名岩画科学家，可能比较关注岩画的年代、颜料成分、科技保护等方面，但很大程度上会忽略岩画背后的文化信息。实际上，岩画是一种文化现象，包含着丰富的文化信息。在解决其年代问题之后，我们必然会关注人们究竟为什么会制作它们，反映了时人怎样的一种观念。这是纯粹的自然科学家无法做到的。因此，岩画需要用科学的方式去研究，但岩画绝不简单地等同于科学。在我们看来，各种学科在岩画研究中均占据同样重要的地位，但是要注意不同学科层次的划分。以左江岩画为例，考古学更多的是建立岩画生存的社会环境，岩画可能与其中的某种考古学文化相关，但需要进一步论证。艺术史的研究方法同样重要，对具有相同风格岩画的分类研究、对一幅大型画面的分组研究均具有重要意义。左江岩画有4种画法，画法的不同不仅表明了不同的作画传统，可能也暗示了年代的不同。另外，从建筑学的角度看，岩画均绘制在向江面倾斜的岩面上。而从声学的角度看，这些地方具有良好的聚音效果，结合岩画中众多的铜鼓图像（包括人击鼓图像），参考战国到东汉时期相关的文献记载，我们就有可能梳理出这些场景的文化意义；结合考古学、民族学、文献学的材料，我们甚至可以进一步梳理出这些图像在今天的传承。从语言学的角度来看，广西、云南以及泰国和老挝不同地区的岩画名称和含义相似，似乎表明这些岩画是同一个族群遗留下来的文化遗产。诸如此类的工作，同样非常重要。

总体来说，《岩画学报》重点关注中国岩画研究的进展，同时也接受周边国家和地区关于岩画的研究，增进本地区不同文化之间的了解。期刊不仅要坚持严格的学术性，还要具备一定的引领力。这就意味着刊物的主编要具备前沿的学术眼光，明确办刊宗旨，通过设置相关的栏目，吸引作者采用科学的方法开展岩画研究。此前，中国学者和研究机构大多孤军奋战，对他国甚至对本国同行的工作缺乏了解，结果造就了各种不同的研究方法与术语体系，对岩画学科体系的建设非常不利。本刊成立的一个重要目标首先是规范术语系统，将中国岩画置于世界岩画研究的话语体系中进行研究和讨论。目前，岩画学科还处于发展之中，缺乏统一的标准，我们既要满足共同的标准，又要根据中国岩画自身的情况发展出自己的标准体系。

结 论

从1915年黄仲琴教授考察福建华安仙字潭岩画算起，中国岩画研究的历史已经超过了百年。经过数代岩画学者的努力，已经基本完成了中国境内主要岩画点基础资料的调查和登记，并在此基础上开展了一系列研究，初步建立起了中国岩画的区、系、类型。与此同时，“岩画学”的概念越来越受到学术界关注。作为史前研究的一项重要内容，岩画处于多种学科交叉的中心位置。如何将各学科有机和逻辑地融合在一起，共同为岩画研究事业服务，这是一个非常重要的问题，需要各学科专家共同努力，起核心作用的当数岩画学家。总体上看，“岩画学”这一概念既强调了岩画与其他相关学科的密切关系，又强调了它本身的独立性。“岩画学”的跨学科属性，决定了必须构建专门的理论、技术和方法来统领多学科的交叉，这也是《岩画学报》这样一本刊物得以创办的最主要目的。

注：原文发表于英文刊物 *Journal of Rock Art*，2024年第1期，中文发表时有修改。

On the Development of Chinese Rock Art Discipline

——Also on the Current Tasks of the Journal of Rock Art

Xiao Bo，Che Jing

Abstract：With a scholarly lineage spanning over a century，Chinese rock art research has witnessed significant progress yet lacks comprehensive retrospectives. This paper systematically examines the developmental trajectory of Chinese rock art studies，delineating distinct phases，achievements，and persistent challenges. Additionally，it elucidates the objectives of the Journal of Rock Art，underscoring its pivotal role in shaping the Chinese rock art discipline. By illuminating the evolution of this discipline，the paper aims to foster both domestic scholarly coherence and international engagement，facilitating deeper exploration of interconnected rock art traditions across China and neighboring regions.

Key words：Chinese rock art；Academic historiography；Critical appraisal；Prospective analysis；Journal of rock art

大漠寻“真” 叩问“石”诗

——解读内蒙古博物院藏“曼德拉山狩猎图岩画”

特日根巴彦尔 白 羽

摘 要：曼德拉山狩猎图岩画不仅刻绘精美、内容丰富，更重要的是其背后的文化内涵极其丰富，集中体现了曼德拉山岩画，乃至阿拉善高原地区岩画在中国北方系统岩画中的重要地位。阿拉善地区的狩猎岩画中既有单人狩猎，也有多人围猎的场景，且多为步猎，骑猎略少，少数岩画表现为携鸟狩猎场景。此幅“曼德拉山狩猎图岩画”为阿拉善高原岩画的典型代表，表明阿拉善地区在青铜时代至早期铁器时代是中原与欧亚草原不同文明交流的文化桥梁，对亚欧大陆早期丝绸之路的贯通有着不可替代的地域价值。

关键词：曼德拉山岩画；狩猎图；东西文化交流

一、曼德拉山岩画

阿拉善盟位于内蒙古自治区的最西端，幅员辽阔，岩画资源从数量和内容上看都极为丰富。阿拉善盟的3个旗均发现有岩画，岩画遗存虽然分布全境，但总体上看明显有着一定的分布规律。阿拉善岩画大体可分以下五个分布区域：一、贺兰山西麓地区岩画，包括骆驼山、科学井、折腰山、哈喇乌沟口等岩画点；二、阴山山脉西段岩画，包括乌日图乌兰、买很特罗盖等岩画点；三、龙首山一带岩画，包括乌登哈布其拉、青井子、其克塔克等岩画

作者简介：
特日根巴彦尔，男，内蒙古博物院副研究馆员。研究方向：蒙古高原岩画研究。
白羽，男，内蒙古博物院助理馆员。研究方向：石器研究、钱币研究。

点；四、雅布赖山一带岩画，包括布布、额勒森呼特勒、曼德拉山、苏海赛等岩画点；五、北部戈壁丘陵地区岩画，包括许特耐阿贵、布德日根、布勒古特等岩画点。其中，彩绘岩画仅分布于雅布赖山地区，岩刻画则遍布全境。

曼德拉山岩画群位于内蒙古自治区阿拉善盟阿拉善右旗曼德拉苏木呼德呼都格嘎查西南约13.6公里处的曼德拉山中，东南距曼德拉苏木政府所在地约14公里，西南距旗政府所在地约200公里。从曼德拉苏木西行不远，便可在草原的尽头遥遥望见一座黛青色的孤山——曼德拉山。1986年秋，阿拉善右旗文物站的巴音达来和阿拉善盟文物站的巴格那在第二次全国文物普查中便发现了曼德拉山岩画。该岩画群1996年被公布为内蒙古自治区文物保护单位，2013年被国务院公布为全国重点文物保护单位。

曼德拉山属雅布赖山系东南段，山体呈西北—东南走向，南望戈壁草滩，北倚雅布赖山余脉。据不完全统计，曼德拉山中分布着6000余幅形态各异的岩画遗存，是中国目前发现的岩画遗存中分布密集度最大的地区之一。其中，在东西宽约3公里、南北长约6公里，面积约18平方公里的岩画核心保护区内普查建档的岩画有4234幅。曼德拉山岩画被刻绘在马鬃般延续的黑色玄武岩脉之上，采用凿刻、磨刻和划刻等手法制作而成。岩画内容包括北山羊、盘羊、黄羊、马、野驴、骆驼、牦牛、鹿、狗、狼、虎、狐狸、蛇、鹰、大雁等动物，以及造型各异的人物形象等，有宏大的狩猎、放牧、迁徙、舞蹈、战斗等场景，也有表现日月星辰、草木、聚落等场景，还有一些古文字图像。曼德拉山岩画数量多、分布密集、内容丰富、题材多样、画面清晰、艺术造诣精湛，具有很高的艺术观赏价值和历史研究价值，堪称世界岩画宝库中的稀世珍品，被誉为“曼德拉山岩画走廊”“美术世界的活化石”等。

图1　曼德拉山远眺
（内蒙古阿拉善盟文物保护研究中心供图）

二、曼德拉山狩猎图岩画

阿拉善博物馆、包头博物馆和内蒙古博物院等均收藏有一些曼德拉山岩画的采集品。其中，内蒙古博物院收藏的为数不多的几件岩画采集品中就包括一件“曼德拉山狩猎图岩画”。曼德拉山的西段有一个叫敖包图的地方。这里不仅地势高、岩画密集，且代表性的精美岩画也多发现于此。“曼德拉山狩猎图岩画”原先就位于山的阳坡处。光滑平整的岩面迎南而置，历经千百年的风雨侵蚀，刻绘图像仍然清晰可辨。

岩画所在石板略呈矩形，黑褐色玄武岩质，表面光滑平整，石料坚硬而致密，尺寸宽108厘米、高83厘米、厚9厘米。岩面上刻满鹿、北山羊、盘羊、马、鸟、人形、小圆点及划刻线条等图像。从构图上看，所刻绘图像多而密集，各个形体具象性较强，基本都单独存在，共有一百多个单体图像。整个画面，表现了当地古代先民们放牧和狩猎生活的场景。岩画的各种动物、人物及其他图像情况如下。

图2　曼德拉山狩猎图岩画[1]

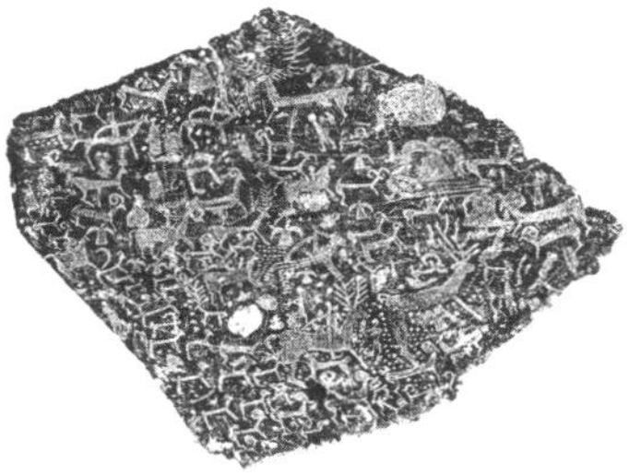

图3　曼德拉山狩猎图岩画拓片[2]

图4　曼德拉山狩猎图岩画在山中的原始照片[3]

1. 动物

动物是中国北方系统岩画，乃至世界岩画的主要表现内容。该岩画中就刻绘有很多鹿、北山羊、盘羊、马等食草类动物，以及似为鹰隼类的飞鸟形象。

（1）鹿：鹿是画面中最引人注目的形象。岩面上有6只鹿，体型较大，看似像梅花鹿或麋鹿的3只鹿占据画面主要位置，体型较小的3只鹿则散刻于各处。其中，岩面上端1只大鹿的犄角中部弯曲，顶端相连略呈圆形，每个犄角上各有20余条分叉，显得格外醒目。另外，画面右下部2只前后排列，体形硕大的鹿均表现有2只多叉的大犄角。此外，其他3只鹿则体型略小，且仅刻绘一条向上竖立的多叉犄角。

（2）盘羊：除了鹿，画面中刻绘的更多的是羊的形象，可以辨识清楚的有60只。这些羊的犄角都不是很大，向后弯曲，有的略呈涡状，特征有别于

①孔群拍摄，摘自于宝东编著：《内蒙古珍宝·玉石器》，呼和浩特：内蒙古大学出版社，2007年，第173页。
②李勤、郭祖榕、通格勒格等拓制。
③摘自盖山林：《巴丹吉林沙漠岩画》，北京：北京图书馆出版社，1998年，图版三上图。

北山羊，更像是盘羊。虽然，从表现特征和整个构图上难以准确区分这些羊是野生的盘羊，还是家畜中的绵羊，但从岩面上面两只羊的后侧均有手持弓箭的人对准射猎的场景可以推断，这些羊更可能是野生的盘羊形象。

（3）鹰隼

画面中共有13只展翅的飞鸟形象。其中，岩面上端的1只和岩面右边的2只飞鸟体型较大，其他9只则刻绘得略小一些。曼德拉山岩画中有很多飞鸟形象，岩画学者们通常称这些类飞鸟为“草原鹰”。[①]需要特别关注的是岩面的左上部还有一只用划刻线条将羽毛表现得栩栩如生的飞鸟形象，同类鸟形象在曼德拉岩画中还另有发现。[②]从整幅画面的内容和构图来看，这些鸟的形象与狩猎场面融为一体，伴随在猎人的左右或盘旋于鹿和羊群的上方，似为鸟猎场景中的鹰隼的形象。从鸟的尾部略呈方形的特征上看，更像是猎隼的形象。（图5）

图5 羽翅刻绘精美的飞鸟形象
（特日根巴彦尔拍摄）

2. 人形

岩面上刻绘有20个人形，其中包括8个骑者和12个步行者。步行者中8个人明显手持弓箭，另外4个虽然看不到弓箭，但从肘部的弯曲情况看也应该是持弓射猎者形象。骑者中1个似骑鹿者，另外7个均为骑马者。

（1）骑者：岩面的中部有一用连续的圆点表现的骑马者形象，显得格外独特，其他骑者均为通体刻绘。岩面右侧中部一骑者看似手持马鞭，其马背上（人的身体两侧）用短线条表现出的马鞍的前后鞍桥。另外，岩面中部用小圆点表现的骑马者，图像中也表现有马鞍的前后鞍桥部分，岩面左侧一手持弓箭的骑者图像中也同样刻绘出了马鞍。可见当时马鞍已经较为普遍，只是个别骑者形象中并未刻绘出马鞍而已。骑马或骑鹿者图像中均不见鞍镫，由此推测，该岩画刻绘的时候还未出现鞍镫。当然，毕竟是石刻艺术，所以也不排除古代艺术匠人在刻绘岩画的时候用了“省略”手法，未将鞍镫部分

①盖山林：《巴丹吉林沙漠岩画》，北京：北京图书馆出版社，1998年，第19页。

②盖山林：《巴丹吉林沙漠岩画》，北京：北京图书馆出版社，1998年，第14页，图154。盖山林先生认为是两只大雁，一前一后，前者做张嘴长鸣状，还用尖利的金属器划刻出一条条细线条，表现出了大雁的翅膀，栩栩如生。

表现出来。例如，上面所说画面右侧中部手持马鞭的骑者的腿部就没有刻绘出来，可能是未刻绘完整，或采用了“省略”的手法。骑者图像中虽然看不出刻绘的笼头、缰绳等，但从很多岩画中骑者两臂一前一后伸展，向前伸展的臂膀贴近马头，后伸的臂膀贴近马的后背或臀部，甚至手持马棒或马鞭，由此可以推测笼头、缰绳及策马器具等都已经较为完备。画面下部一只大鹿的背上有双臂伸展，腿部自然下垂，呈骣骑状的人形。

（2）弓箭手

画面中的弓箭大都明显为尖锐的金属工具划刻的图像，且弓箭较短，造型上看明显为有弓弥的弓箭。射猎的对象有鹿和羊等。[①]在骑鹿者图像中，鹿的腹下看似幼崽，但鹿的前方却是一个持弓射猎的人形。画面表现内容有所矛盾，狩猎者不可能射猎自己乘骑的鹿。由此可见，该岩画上的图像可能是在漫长的岁月里由不同的人刻绘完成的。而且，后来者在刻绘岩画时特意在图像的间隙内作画，并未打破原有的图像。

3. 其他

岩面的左上部像穹庐式建筑的图像，为通体刻绘。此类像蒙古包的建筑在蒙古高原岩画上偶有发现，通常会刻绘出轮廓，甚至还表现有门、天窗细节。但此类通体刻绘的未曾见过。所以是否是穹庐式建筑，还需要进一步考证。有很多排列有序或无规律敲打的小圆点或凹痕。此外，画面中还有很多细的划刻线条，部分划刻线条似为弓箭射出的轨迹。这些小圆点和划刻线条将画面的空白位置填充，基本没有空隙，形成了独特的画面构图风格。

三、古代东西文化交流十字路口上的艺术瑰宝

曼德拉山狩猎图岩画自“入住”内蒙古博物院以来，一直得到我院文博工作者们无微不至的重点保护，并被定为内蒙古博物院馆藏国家一级文物。该岩画不仅刻绘精美、内容丰富，更重要的是其背后的文化内涵极其丰富，集中体现了曼德拉山岩画，乃至阿拉善高原地区岩画在中国北方系统岩画中的重要地位。

众所周知，阿拉善高原地处东西南北文化交流的十字路口上，自旧石器时代以来，各种文化在此相互影响、相互交融，并向邻近的地区进行着文化的传播。阿拉善高原雅布赖山地区发现的早期岩厦彩绘手印岩画，分布地域集中，遗存数量可观，手印图像众多，与新近发现于青海湖北岸及阿尔泰山地区的同类遗存极为相似。而阿拉善高原发现的青铜时代至历史时期的大量刻绘岩画也在内容上与南西伯利亚、阿尔泰山、天山及青藏高原地区的岩画在各种文化内涵上明显有不少内在联系，例如人面像岩画、车辆岩画、有独特帽发式的人形岩画、装饰风格纹饰的动物和人形、独特形态特征和组合关

①盖山林：《巴丹吉林沙漠岩画》，北京：北京图书馆出版社，1998年，第19页。

系的动物图像、牦牛等特有动物形象、马鞍及马饰件等图像都是很有价值的比对材料，对运用图像断代、风格断代、制作工艺断代等传统断代法都有参考价值。其中曼德拉山中发现的岩画尤为重要。阿拉善地区岩画遗存点附近有很多或许相互关联的遗存和墓葬，对这些文化现象的进一步研究，都可以为岩画的断代、邻近遗存断代有所裨益。此外，对阿拉善境内某些岩画也可依据图像之间的叠压关系断代，对雅布赖山中的彩绘岩画还可进行矿物沉积的放射性碳分析、附着物的放射性碳分析等直接断代方法的尝试。这些传统的文化解读方法与科学断代方法的结合将对解读阿拉善地区岩画的文化交流问题更有帮助。

狩猎和畜牧是阿拉善高原岩画的主要题材之一，也是中国北方岩画系统，乃至世界岩画的核心内容，生动形象地反映了岩画所在地区古代先民的生业模式。阿拉善地区的狩猎岩画中既有单人狩猎也有多人围猎的场景，且多为步猎，骑猎略少，少数岩画可能为携鸟狩猎场景。此幅“曼德拉山狩猎图岩画”为阿拉善高原岩画的典型代表。岩画中的狩猎对象以鹿、北山羊、盘羊等为主。畜牧岩画的数量也占据着阿拉善地区岩画的一定比例，主要放牧对象为牛羊马驼等草原传统家畜，也有看似像乘骑使鹿的生活场景。岩画中经常见到的牵马、牵驼或骑着马、驼等牧畜、迁徙的图像，都生动再现了当时的畜牧生活景象。阿拉善高原地区的狩猎与畜牧场景不仅与所在蒙古高原中南部地区其他岩画相近，狩猎和畜牧场景中经常出现的牦牛形象也同时体现了阿拉善高原地区岩画与青藏高原、阿尔泰和天山地区岩画的文化关联。

据现阶段研究考证，阿拉善高原地区刻绘岩画中的绝大多数属于青铜时代至早期铁器时代。例如，阿拉善左旗南部贺兰山西麓地区的骆驼山和哈拉乌沟口岩画，以及北部阴山山脉西段地区的乌日图乌兰山中的大部分岩画均为典型的青铜时代至早期铁器时代的岩画，阿拉善右旗龙首山地区的依克尔布日岩画、雅布赖山南部的曼德拉山岩画中的大部分岩画明显为青铜时代至早期铁器时代的作品。上述岩画中出现的部分蘑菇形帽发饰人群、车辆图像及具有该时期典型特征的动物纹艺术，对研究阿拉善地区青铜至早期铁器时代岩画具有至关重要的意义。这些岩画的存在表明，阿拉善地区在青铜时代至早期铁器时代时期是中原与欧亚草原不同文明的文化桥梁，对亚欧大陆早期丝绸之路的贯通有着不可替代的地域价值。

Seeking True History from Rock Art

——Interpretation of the "Mandal Mountain Hunting Rock Art" at the Inner Mongolia Museum

Terguunbayar, Bai Yu

Abstract: The Mandal Mountain Hunting Rock Art Collection is a national first-class cultural relic in the collection of Inner Mongolia Museum. This rock art is not only exquisitely carved and rich in content, but more importantly, its cultural connotations and richness reflect the important position of the Mandal Mountain rock art, and even the rock painting of the Alshaa Plateau region in the northern Chinese rock art system. In the hunting rock art of the Alshaa region, there are both single person hunting and multi person hunting scenes, and most of them are foot hunting, with slightly less riding hunting. A few rock art depict hunting scenes with birds. This "Mandal Mountain Hunting Rock Art" is a typical representative of rock art in the Alshaa Plateau. The existence of Mandal Mountain rock art indicates that the Alshaa region served as a cultural bridge for the exchange of different civilizations between the Central Plains and the Eurasian grasslands during the Bronze Age to the early Iron Age, and had irreplaceable regional value for the connection of the early Silk Road on the Eurasian continent.

Key words: Rock art in the Mandal Mountain; Hunting pattern; East west Cultural exchange

伊犁岩画研究概述

邓　丽

摘　要：20世纪以来，伊犁哈萨克自治州的岩画陆续被发现调查，迄今为止，已统计出伊犁哈萨克自治州存在岩画市县19个、岩画点110余处，数量十分可观。大批岩画资料的发现也吸引了学界的关注，新疆岩画的科学研究于20世纪80年代开始，发展到现在已有了丰富的研究成果。本文将根据前辈学者对于伊犁岩画的研究成果，从伊犁岩画内容整理分析、伊犁岩画的专题性研究两个方面进行文献综述。

关键词：综述；伊犁；岩画

作者简介：
邓丽，女，新疆伊犁哈萨克自治州博物馆副研究馆员。研究方向：伊犁历史与文化。

一、引言

新疆维吾尔自治区是我国发现岩画最丰富、集中的地区之一，地处北疆的伊犁哈萨克自治州（包括伊犁地区、阿勒泰地区以及塔城地区）因分布着山川草场，有着大量保存完好的岩画遗存。

针对伊犁哈萨克自治州岩画的科学调查始于20世纪初，较早的为1928年瑞典人F. Bergman在伊犁地区展开的岩画调查。此后的几十年中，虽然没有针对伊犁哈萨克自治州岩画的专门性研究，但1956年王子云的《新疆的石刻艺术》[①]、1960年黄文弼的《新疆考古的发现——伊犁的调查》[②]、1962年克由木、马立克的《新疆北部的岩画》[③]中，均对尼勒克、干沟、卡拉伊米里等地

①王子云：《新疆的石刻艺术》，《文物参考资料》，1956年第8期。
②黄文弼：《新疆考古的发现——伊犁的调查》，《考古》，1960年第2期。
③克由木，马立克：《新疆北部的岩画》，《文物》，1962年第2期。

的岩画进行了简略的介绍，可以说是伊犁岩画研究的先声。

20世纪80年代后，学界对于新疆岩画的关注日益增长，伊犁哈萨克自治州的岩画普查也完善了起来。目前为止，阿勒泰地区有7个县发现岩画遗存，共计50余处岩画点；塔城地区共有5个县发现岩画遗存，共计20余处岩画点；伊犁地区共有7个县发现了岩画遗存，共计30余处岩画点（表1）。

表1　伊犁哈萨克自治州岩画点汇总表

阿勒泰地区	阿勒泰市	莫库尔沟、别列根、依塔斯、克尔木齐、云塔斯、圣塔斯、蛇川、乌拉斯特、汗达尕特乡的多阿特沟、雀儿沟、切木尔切克乡、喀拉塔斯、阿克塔斯、将军山、夹西哈拉海、乌吐不拉克、杜拉特、沙尔布和、科曲塔斯、墩德布拉克岩画
	青河县	塔斯特沟、喇嘛布拉克、达巴斯、将巴塔斯、金斯克赛依沟、三海子（花海子）、头海子（贾巴尔库勒）、水库、大土木特、朝夏
	富蕴县	唐巴勒塔斯、阿克赛阿克加拉、沙依拉克、布拉特、吐尔洪乡、阑沙伊拉克、哈勒赫哈勒、杜热乡岩画、徐云恰耳、喀拉通克乡博塔毛音
	布尔津县	伊其塔斯、马拉塔斯、俄罗斯喀拉
	福海县	红山嘴
	吉木乃县	唐巴尔塔斯、卡克巴克特、哈尔交山（克孜尔库拉）、卡尔麦斯干唐巴勒冬季牧场岩画
	哈巴河县	加那阿什、唐巴勒塔斯、阿克毕特、杜阿特、喀拉塔斯、翁古尔、沙拉乌俊、玛依玛托别、松哈尔洞窟彩绘岩画
塔城地区	塔城县	塔尔巴哈台山口（唐不拉山口）
	额敏县	喀拉也木勒、卡拉伊米里
	和布克赛尔县	斜米思台山阿拉巴思、铁皮克山于思根、阿拉巴斯冬牧场
	托里县	玛依勒山的唐巴勒霍拉、扎衣尔山的哈图山、玛依勒山喀拉曲克、尔角克（禾角克）、哈因沟、庙儿沟、怒勒思拉克斯陶岩画、唐巴勒塔斯岩画、玛依山岩画、喀拉曲克牧场岩画
	裕民县	撒尔乔湖山坡上的红石头泉、巴山达库尔山、奴尔斯拉冬牧场岩画、乌什德特沟

续表

州直	伊宁县	卡约鲁克沟
	巩留县	铁克阿拉克乡布角特、萨尔布津、库勒萨伊岩画、喀拉沟岩画
	昭苏县	科尔布特、阿克亚孜、科塔雷特、夏塔乡马拉尔特沟
	特克斯县	唐姆洛克塔什、库克苏河红功嘴水电站岩画科克苏（阔克苏）、阿克塔什
	尼勒克县	塔特郎、都米克拜（却米克拜）、穷科克
	新源县	喀拉旱德沟、喇叭村杜斯别尔沟、克孜勒塔斯沟、铁木尔勒克村洞买勒、阿克塞衣、阿吾热勒山岩画、洪沙尔沟、则克台镇岩画
	霍城县	昆带山、小大东沟、格根沟、干沟、华土尔空拐沟、库鲁斯台

随着大批资料的发布，关于伊犁岩画的研究文章也大量涌现。从搜集到的资料来看，伊犁岩画的研究主要可以分为两个方面，一是对于岩画内容的整理介绍与分析，研究范围大到中国全境，小到具体的岩画点；二是针对岩画的多领域专题性研究，包括但不限于宗教文化、考古学、艺术史、体育史等各个角度。下文将就这两个方面的文献进行总结。

二、伊犁岩画内容整理分析研究成果概述

《新疆天山以北岩画述略》（成振国、张玉忠，1984）[①]是早期新疆岩画研究的重要成果，其研究范围包括了塔城地区与阿勒泰地区。研究将岩画分为动物图像、行猎图像、放牧图像、原始文字符号或族徽符号和舞蹈图像等五类，并进行概括分析，最后结合岩画附近的古代遗迹推测天山以北岩画的创作年代不晚于8世纪，作者则可能是突厥人到达之前在此区域活动的古代游牧民族。

在这之后，有三部研究阿勒泰地区岩画的文献，并且各有侧重。较早发表的是《新发现的阿勒泰岩刻画考述》（王明哲，1986）[②]，考察范围为阿勒泰市的莫库尔沟、汗达尕特乡、切木尔切克乡、富蕴县等岩画点。该研究认识到阿勒泰地区岩画凿刻面多半在岩石或崖壁向东或向南的一面，分析是因为向阳面可以避开草原冬季的西北风与飞雪，岩面较光滑易凿刻；也可能与游牧民族的太阳崇拜有关。对于创作该批岩画的人群，作者认为可能是公元前1000年中叶或稍早些的塞种人以及公元前后的呼揭人。此后有《阿尔泰山岩画浅析》（赵养锋，1988）[③]，文章对阿尔泰山的岩画进行整体介绍，认为阿尔泰山最早期的岩画并不是纯粹的艺术创作，而是服务于狩猎、巫术以及

①成振国，张玉忠：《新疆天山以北岩画述略》，《文物》，1984 年第 2 期。
②王明哲 .《新发现的阿勒泰岩刻画考述》，《新疆社会科学》，1986 年第 5 期。
③赵养锋：《阿尔泰山岩画浅析》，《史前研究》，1988 年。

对生殖崇拜的需要。首次提出阿尔泰山岩画具有三种风格，即写实、自由和夸张、图案化和装饰化形式。作者还进行了实验考古，得出阿尔泰山岩画的制作工艺是当地所产的硬度较高的蛋白石和石英石，之后被铜铁工具替代；岩绘的画笔则大概率是用柔软纤维制成的。赵养锋在其专著《中国阿尔泰山岩画》[①]中又创见性地提出，从阿尔泰山岩画的表现手法和艺术风格上来看，它融合了我国北方草原文化和中原秦文化。

1991年，陈兆复《中国岩画发现史》[②]出版，该书介绍了尼勒克、干沟、阿克亚孜、塔尔巴哈台山口、唐不拉山口、昆带山和卡拉伊米里等地的岩画。认为阿尔泰山早期的岩画作品作者为先秦时期的塞人，晚期则为唐代以后的突厥、契丹等人。阿尔泰岩画与内蒙古阴山、西伯利亚、蒙古共和国等地岩画在内容上有很多相似之处，反映出古代亚洲北部草原游牧民族文化的广泛交流。

1992年，王颉的《新疆昭苏县境内的几处岩画与石人》[③]发表，属于对特定地点的岩画资料整理研究。文章主要对阿克亚孜地区的两处岩画与一处石人进行介绍。作者认为，喀拉龙古岩画中山羊的绘制年代可能在旧石器时代晚期；阔甫尔特岩画中的野生动物绘制年代不明确，但其中的佛像图样及周围的藏文、蒙文可能是清朝所作，推测该地区曾是蒙古族牧民礼佛场所。

1994年，苏北海的《新疆岩画》[④]出版，这是新疆岩画研究的集大成之作。《新疆岩画》对当时已发表的岩画材料进行整理，并对各个岩画点的特点进行分析。该书对于伊犁哈萨克自治州范围内的各岩画点，提取出了不同的特征进行分析，在富蕴县岩画分析中强调其猎牧文化；阿勒泰市岩画则反映宗教性的文字与画面在阶级社会中的体现，并提出在狩猎文明中动物将首先成为崇拜对象；哈巴河县主要为彩绘岩画，体现出父系氏族社会时期的男性生殖崇拜，认为阿尔泰山同时存在着突厥语族和伊兰语族；吉木乃县的岩画主要为生动的、以马形象居多的放牧场景，说明古代这里是良马产区；裕民县岩画体现了以男性生殖崇拜为中心的人体艺术，出现以牛为主体的图腾崇拜；等等。该书下编的岩画综合研究则采用了比较研究的方法，对岩画中出现的人面像进行溯源研究、总结出新疆古代动物的分布特点等，在多个领域对岩画进行理论分析。

同年，苏北海的《托里县玛依勒山唐巴勒霍拉岩画特色》[⑤]发表，这实际上是对《新疆岩画》[⑥]的补充。文章根据唐巴勒霍拉岩画的内容，提出远古父系社会时期，游牧于当地牧场之上的亲缘氏族以圆太阳为专属印记。

1998年，刘青砚、刘宏编著的《阿尔泰岩画艺术》[⑦]出版。本书同样对阿尔泰地区的岩画内容进行介绍，而后对岩画内容进行动物物种及描绘场景的图式分类；对于阿尔泰山岩画的艺术风格与创作的目的功能研究则延续了赵养锋的观点[⑧]，另外，提出岩画的造型方法为线面结合；将阿尔泰区域的岩画

①赵养锋：《中国阿尔泰山岩画》，西安：陕西人民美术出版社，1987年。
②陈兆复：《中国岩画发现史》，上海：上海人民出版社，1991年。
③王颉：《新疆昭苏县境内的几处岩画与石人》，《蒙古学信息》，1992年第2期。
④苏北海：《新疆岩画》，乌鲁木齐：新疆美术摄影出版社，1994年。
⑤苏北海.《托里县玛依勒山唐巴勒霍拉岩画特色》，《丝路学刊》，1994年第3期。
⑥苏北海.《新疆岩画》，乌鲁木齐：新疆美术摄影出版社，1994年。
⑦刘青砚，刘宏.《阿尔泰岩画艺术》，济南：山东美术出版社，1998年。
⑧赵养锋：《阿尔泰山岩画浅析》，《史前研究》，1988年。

与各地进行对比，认为该地区岩画更为严谨，注重思辨；在岩画的创作环境方面，总结出岩画大多在山沟向阳的坡上，周围也往往有水源；将阿尔泰地区的岩画创作分为3个时限，第一期在新石器时代（距今约4000年）—青铜时代（公元前21世纪），第二期为铁器时代（秦汉时期—魏晋南北朝时期），第三期为隋唐之后的历史时期。

之后又有《阿勒泰山旧石器时代洞窟彩绘》（王炳华，2002）[①]，对阿勒泰市阿克塔斯、富蕴县唐巴勒塔斯、哈巴河县沙尔布拉克彩绘洞窟群、多尕特沟内等彩绘进行介绍；后对洞窟彩绘中多以抽象符号表现的内容进行剖析，认为主要体现了女性生殖器崇拜、萨满崇拜与围猎景象；另外指出洞窟岩画体现了以巫通神的原始思维法则，认为洞窟就是巫师作法之处，而巫师施法需要借头戴尖顶帽的“萨满”通达神灵；最后对洞窟彩绘进行断代，根据彩绘内容中不用亦不知弓箭等线索，认为阿勒泰地区的洞窟彩绘属于旧石器时代晚期或稍晚的遗存。

在这之后，则是何军锋发表于2005年的《新疆尼勒克穷科克岩画研究》[②]和2006年的《新疆尼勒克穷科克岩画调查》[③]。何军锋首次提出岩画研究中“幅”的概念，即岩画内容的相关性，岩画制作方法的相似性，岩画颜色、造型风格的一致性等因素，将一块岩面分为若干幅岩画，对每幅岩画进行详细的介绍。后将穷科克岩画分出两种类型：粗线条式与剪影式，以此为依据研究了穷科克岩画创作的年代与族属。穷科克岩画大致的时代框架与族属为：第一期岩画从公元前800年左右到公元前后；第二期岩画从公元前后延续到魏晋时期；第一期可能是塞种人作品，第二期则可能为乌孙人所作。在研究穷科克岩画与其他考古学文化的关系时，何军锋提出了“三位一体”法，即通过岩画、居址以及居址周围的墓葬进行综合考虑判断，最终得出穷科克第一期岩画与该地区出土的石圈墓属于同一考古学文化。

时间较近的研究论文则为《新疆阿尔泰山和天山地区岩画调查与研究》（魏佳，2014）[④]，文章使用“幅”的概念进行分组分期分析，对阿尔泰山与天山地区各期岩画的风格进行总结，认为阿尔泰山和天山地区年代最早的凿刻作品年代上限大致在公元前2000年左右，后来的岩画群分期大概从西周中期至春秋时期延续到隋唐以后，并推测魏晋时期的岩画可能是突厥人的作品。另外，对“三位一体”[⑤]理论质疑，认为游牧民族地区政权更迭频繁、文献资料匮乏，游牧民族生活不定导致考古遗存缺少，很难在实践中运用三位一体的方法。

①王炳华：《阿勒泰山旧石器时代洞窟彩绘》，《考古与文物》，2002年第3期。
②何军锋：《新疆尼勒克穷科克岩画研究》，硕士学位论文，西北大学，2005年。
③何军锋，陈新儒，王建新：《新疆尼勒克穷科克岩画调查》，《考古与文物》，2006年第5期。
④魏佳：《新疆阿尔泰山和天山地区岩画调查与研究》，博士学位论文，西北大学，2014年。
⑤何军锋.《新疆尼勒克穷科克岩画研究》，硕士学位论文，西北大学，2005年。

三、伊犁岩画专题性研究成果概述

（一）伊犁岩画美术考古学研究

2010年，刘青砚的《巫术影响下的岩画创作——阿尔泰岩画浅析》[①]发表，其主要观点并没有超越他的专著《阿尔泰岩画艺术》[②]，只是对巫术形式下的岩画创作再做强调：1. 岩画是巫术施法的形式，是功利性的创作而非单纯出于审美的目的；2. 岩画的创作过程本身就是巫术的序列动作；3. 岩画还承担了相应施法活动的巫术用具的功能。

《新疆阿勒泰地区多尕特洞穴岩画群美术考古初探》（李政，2019）[③]，从文化类型学的角度认为多尕特洞穴岩画属于旧石器时代晚期；认为洞穴岩画群的绘画方法是用工具蘸颜料涂绘，也或用手指直接涂抹作画；颜料的选择最普遍的是用朱砂或赤铁矿质的红色粉末；根据洞窟岩画推测当时人类族群以较为大型的食草动物为猎食对象、有强烈的领地意识、对交配权非常重视并存在争夺行为。

《墩德布拉克岩画画面中牛的文化特征与绘制工艺分析》（王倩，2019）[④]对位于阿尔泰山中段西南麓的墩德布拉克岩画进行研究。确定墩德布拉克1号岩画中牛种属为欧洲野牛或瘤牛，4号岩画中牛的种属为原牛，推断它们有可能是狩猎巫术的体现，并对墩德布拉克岩画中牛的艺术特征进行分析总结，可见新疆岩画的动物形象随时间趋于简化。另外认为岩画岩石为变质岩，颜料材料为赭石，推测原始人类在绘画前选择因自然风蚀现象“打磨”而形成的较平整岩石岩壁作为绘制载体，且存在用中软性材料进行岩石打磨、擦拭的可能性，颜料经过研磨、调和绘画于岩石之上。经过模拟实验总结出，研磨颜料的方式为先粗碎再细磨，水和动物胶是能绘画出相似画面效果的颜料调和材料，绘画工具则极有可能是树枝。

（二）伊犁岩画断代研究

何军锋在《穷科克岩画的分类及分期研究》中采用了类型学与地层学方法，依据岩画间的打破关系、刻画技法、颜色、表现形式对穷科克岩画进行分组来具体判断岩画与周围考古学文化的关系、各岩画体之间的相对年代。

另外还有《新疆巴尔达库尔岩画断代问题》（沙特巴尔的·阿合买提克仁，2018）[⑤]，文章首先介绍了巴尔达库尔山周围的地理环境与气候，对居住在此地的各人群进行介绍。描述巴尔达库尔山的岩画情况并对其内容进行分析。根据该地区岩画题材以放牧为主、岩画中动物主要以家畜为主、出现明显的男性生殖崇拜景象以及车，再结合类型学基础上的鹿的形象分析，提出巴尔达库尔山岩画的创作者已经进入了青铜时代。

①刘青砚.《巫术影响下的岩画创作》，《中国社会科学报》，2010年第12期。
②刘青砚，刘宏：《阿尔泰岩画艺术》，济南：山东美术出版社，1998年。
③李政：《新疆阿勒泰地区多尕特洞穴岩画群美术考古初探》，《新疆艺术学院学报》，2019年第4期。
④王倩：《墩德布拉克岩画画面中牛的文化特征与绘制工艺分析》，硕士学位论文，西北大学，2019年。
⑤沙特巴尔的·阿合买提克仁：《新疆巴尔达库尔岩画断代问题》，《文物鉴定与鉴赏》，2018年第13期。

（三）伊犁岩画宗教学研究

对岩画内容展开宗教学研究的文章有张芳的《新疆阿尔泰山系岩画的宗教象征性初探》[①]，全文围绕三个主要观点展开：1. 认为阿尔泰山系岩画中的写实性动物是一种概念的反映而非单纯的写实性描摹，其中羊是反映丰产崇拜的符号，鹿与通天信仰有关，马与大地的信仰有关。2. 场景式的岩画可被视为符号的组合。岩画中出现人物、弓箭、动物的岩画常被视为狩猎场景，实则是反映丰产崇拜的符号组合。岩画中的对兽符号、对马符号出现得最早，可能与雅利安、吐火罗等文明体系中的“对马神”有关。3. 岩画符号的刻绘要素、组合要素反映出宗教象征性。以岩画符号的刻绘要素来说，符号的重叠刻绘是出于宗教活动的需要；刻绘点的选择也有其内在规律，皆依山靠水，这与人类宗教信仰中根深蒂固的“山父河母”之观念相关。另外，本篇文章的研究方法是从符号的视角出发而不是将岩画视作“幅”，有别于从前的岩画研究论文。

（四）关于伊犁岩画体育史、动物分布等研究

新疆岩画的体育史研究主要集中在滑雪运动方面。《阿勒泰岩画与滑雪文化研究》（彭金城，2012）[②]研究了阿尔泰山南坡梳状山梁上端发现的由10个不同姿态的滑雪动作组成的巨石岩画，凭借岩画中的太阳图案等特征与绘画技巧，推测岩画的创作者为塞人，推断岩画可能创作于距今5500 ~ 2300年前。岩画中较清晰的人物滑雪动作与现代滑雪技术动作基本相同，体现阿勒泰地区少数民族滑雪的历史和传承。

1987年，苏北海的《新疆北部牧区古代动物分布特点》[③]发表，该文章提到的问题在几年后出版的《新疆岩画》中也有涉及。作者通过对各地岩画的深入考察，得出古时阿勒泰哈巴河县杜阿特地区老虎较多、夹西哈拉海古代出产骏马、吉木乃古代一度盛行过单峰驼、塔城地区分布着较多的牛等结论。

四、结语

新疆地区的岩画以分布广、岩画点多著称，是中国乃至世界岩画史中重要的研究课题。新疆由于自然地理条件特殊，沟谷、戈壁密布，且岩画点之间相隔距离往往较远，对于伊犁岩画的整理研究是一项繁重的任务。

近四十年来，伊犁岩画研究随着学界对新疆岩画的日益重视蓬勃发展，目前为止已发表许多重要研究成果，2013年更是成立了中国岩画学会，相信在专业的学科组织下，伊犁哈萨克自治州乃至整个新疆的岩画研究将持续地焕发学科生机，为世界岩画研究提供宝贵的材料与观点。

①张芳：《新疆阿尔泰山系岩画的宗教象征性初探》，硕士学位论文，新疆师范大学，2015年。
②彭金城：《阿勒泰岩画与滑雪文化研究》，《新乡学院学报》（自然科学版），2012年第1期。
③苏北海：《新疆北部牧区古代动物分布特点》，《干旱区地理》，1987年第1期。

Overview of Yili Rock Art Research

Deng Li

Abstract: Since the 20th century, rock art have been found and investigated in Yili Prefecture. So far, there are 19 rock art and more than 110 rock art in Yili Prefecture, which is a considerable number. The discovery of a large number of rock art data has also attracted the attention of the academic community. The scientific research of rock art in Xinjiang began in the 1980s, and has developed with rich research results. Based on the research results of older scholars on Yili rock art, this paper will review the literature from two aspects: the content arrangement and analysis of Yili rock art and the special research of Yili rock art.

Key words: Overview; Yili; Rock art

科学史视阈下中国岩画学发展路径探析

宋紫欣　夏亮亮

摘　要：科学史作为历史学的重要组成部分，其理论、方法、范式尤其适用于交叉学科学术史的研究。中国岩画学是典型的交叉学科，目前较少有专家学者从科学史角度开展相关研究工作，对中国岩画学的学科建设、学术史研究则更少。文章从科学史视角出发，在系统回顾中国岩画学所取得成果的基础上，探析中国岩画学发展路径，包括学术体系建设和学科体系，以期推动中国岩画学的深入发展。

关键词：科学史；中国岩画学；研究路径

本文系国家民委西北少数民族社会发展研究基地2024年研究成果之一。

作者简介：
宋紫欣，女，西北大学科学史高等研究院在读硕士研究生。研究方向：数字人文。
夏亮亮，男，西北大学科学史高等研究院在读博士研究生，北方民族大学中华民族共同体学院教师，馆员。研究方向：岩画学。

中国岩画自发现以来，国内学界在岩画调查、保护、研究方面取得了令人瞩目的成绩，极大地推动了中国岩画学的发展。回顾这一历程，可以看到以往的研究大多从考古学、历史学、文献学、艺术学等学科视角出发，就岩画田野调查、档案建设、内涵挖掘、保护措施、开发利用等开展相关工作，推动了我国岩画保护研究的全面进步。科学史是历史学的重要组成部分，其研究理论、研究方法、研究范式与传统史学、考古学研究存在差异，不仅注重历史文献、考古材料的挖掘与运用，更注重运用跨学科方法对某一学科、某种技术、某项理论的历史进行深入研究。因而，将科学史相关理论、方法引入到中国岩画学的研究之中，并进一步借鉴科学史学科起源、发展、形成过程中的经验教训，不仅是对中国岩画学研究路径的创新性探索，而且能够以更为广阔的视野推动中国岩画学发展。

一、什么是科学史

刘兵教授在《克里奥眼中的科学——科学编史学初论》中对科学史进行了较为系统、明确的论述，他指出科学史的概念首先涉及对“历史”概念的理解，作为一个多义的概念，“在英语中，history（历史）一词至少可以在两种层次上理解，在最常见的用法中，它泛指人类的过去，而在专业性的用法中，它或是指人类的过去，即所谓的‘历史I’，或是指对人类过去的本质的探索，即所谓的‘历史II’”。其次，“科学”也同样是一个多重含义的概念，“其一，科学被看作是关于自然的经验陈述和形式陈述的集合，是在某一给定时刻构成公认的科学知识的理论与数据，是典型的已完成的产品，即所谓的‘科学I’；另一层含义中，科学是由科学家的活动或行为所构成的，它是作为人类的一类行动，即所谓的‘科学II’，而不论这种行动是否带来了关于自然的真实的、客观的认识”[①]。上述只是对历史、科学基本概念的阐释，在该书第一章中，刘兵教授对科学史的起源、早期发展、从学科史到综合科学史直至独立科学史学科的形成进行了系统的论述，并介绍了撒克里所总结的科学史研究的核心领域，即1. 科学的社会根源与社会史；2. 科学革命；3. 古代与中世纪的科学；4. 在非西方文化中的科学；5. 国别研究；6. 学科史；7. 科学与宗教；8. 科学、医学与技术；9. 科学哲学、科学心理学和科学社会学；10.“伟人”研究。[②]

从研究领域可以看出，科学史是一门研究科学知识体系的形成、逐渐演变及其与社会文化互动的学科。科学知识并非静止不变，而是随着时代的发展经历了复杂的演进过程。从古代中国和希腊的哲学自然观，到近现代科学革命中的科学范式转变，科学史致力于揭示科学知识如何演变与重构。正如美国哲学家和科学史家库恩所称：“科学史作为一门独立的专门学科，至今仍然是正在从漫长和多变的史前阶段突现出来的新领域。”[③]

二、中国岩画学

中国岩画自发现以来，其调查、保护、研究经过百余年的发展而取得的成果蔚为大观，但在很长的一个时期内，从事中国岩画研究的人员并非岩画学专业出身，大部分研究者的专业背景是历史学、考古学、艺术学、文献学及文博相关专业等等，所进行的研究也多是从自身专业、学科角度出发，较少论及中国岩画学研究的基础理论、方法论，以及学术体系建设、学科体系

①②刘兵：《克里奥眼中的科学——科学编史学初论》，上海：上海科技教育出版社，2009年，第3页。
③（美）库恩（T.S.Kuhn）：《科学革命的结构》，上海：上海科学技术出版社，1980年，第19页。

建设，这导致国内岩画界虽不断提及岩画学，但在国内学科体系中并没有岩画学，无论是在科研项目申报还是在专业人才培养方面，岩画学大多依附于民族学、文献学、图书馆与情报学之后，这对中国岩画学整体的发展是极为不利的。

关于中国岩画学，盖山林先生早在1995年出版的《中国岩画学》一书中就对岩画学的提出、岩画学及其研究对象、岩画学研究的方法、岩画学与相关学科的关系、岩画的学术价值、中国岩画学的起步、中国岩画学现状进行了阐释，并提出1991年在宁夏银川召开的“’91国际岩画委员会年会暨宁夏国际岩画研讨会”“标志着我国岩画学已经形成，并已走向世界”①。贺吉德先生著、丁玉芳女士整理，于2012年出版的《贺兰山岩画百题》中对“岩画学及其研究的对象和目的”进行了论述，系统总结了岩画学研究的15个方面，包括岩画断代研究、岩画调查方法研究、科学记录方法的研究、作者研究、制作方法的研究、空间布局及分布状况研究、表现形式研究、内容分类研究、文化内涵的研究、历史价值研究、美学研究、创作心理学研究、成因及创作目的研究、社会功能研究、保护及开发研究。②

此外，国内关于中国岩画学学术发展、学科建设的论著较少，仅2006年李仰松的《岩画学是多学科综合研究的一门新兴学科——对中国岩画研究的反思》、2010年朱媛的《论岩画艺术研究的学科合理性》、2014年汤惠生的《岩画学科的研究范式及相关问题》、2016年杨超的《浅谈岩画学学科建设与人才培养模式》、2024年童永生的《中国岩画学的概念、内涵、使命与展望》。其中又以汤惠生、杨超、童永生三位专家的文章最为切中中国岩画学发展的要害。

汤惠生先生在文章中首先提出“中国岩画研究发展到21世纪，已俨然成为一门独立的学科了，然而来自国内学术界质疑的声音和疑惑的目光仍羁绊着这门学科的发展，情况一如一个世纪前的欧美。”③而这种质疑的原因与“中国岩画学研究范式的阙如有关”。针对这一问题，汤惠生先生在后文对中国史学、考古学进行了全面、系统的梳理，在对托马斯·库恩（Thomas Kuhn）所提出的“范式”（paradigm）概念进行详尽阐释的基础上，提出“（中国岩画学）要从这些邻近学科中学习和借鉴理论和方法论，用以建立自己的研究范式，从而确立自己的学科地位。岩画研究范式的建立，必须要有自己适用的理论和方法论”④。杨超先生在文中认为“岩画学作为一门学科，由于现实的情况，存在着诸多的不足，在学科建设和专业人才培养方面，还需要进一步加强”。进一步提出中国岩画研究存在“中国岩画学的学科体系尚不完善、人的因素也是导致岩画学学科发展的障碍”等问题，但这些问题“正好给我们提供了重新完善中国岩画学学科体系和思考岩画学人才培养模式的契机，岩画学学科体系不但要借鉴前人的研究成果，更重要的是

①盖山林：《中国岩画学》，北京：书目文献出版社，1995年，第33页。
②贺吉德著，丁玉芳整理：《贺兰山岩画百题》，银川：阳光出版社，2012年，第34页。
③④汤惠生：《岩画学科的研究范式及相关问题》，《南方文物》，2014年第4期。

要学习西方好的经验，为中国岩画学学科体系提供新的给养”[①]。童永生先生在文章中从“岩画的定义”“中国岩画学的提出”对中国岩画学的概念进行了阐释，并进一步从“中国岩画学的学科内涵、研究对象、学术研究机构”对中国岩画学的内涵进行了阐述，最终从“中国岩画的整体研究、中国岩画的理论体系研究、中国岩画的文化内涵与文化谱系研究、中国岩画的艺术图像学阐释研究、中国岩画的数字化保护与再生设计研究”等几方面提出了中国岩画学的使命，并对中国岩画学的研究进行了展望。[②]

三位学者对中国岩画学学术体系建设、学科体系建设的论述使我们看到中国岩画学虽已成为一门独立的学科，但还存在一些问题，有学科之实，无学科之名，尚需从更广视角、更深层次探寻其发展路径，这在历年所立项岩画类国家社科项目的学科归属上能够明显看出。

通过检索国家社科基金项目数据库，项目名称中包含“岩画”二字的项目共22项，这些项目最早可追溯至冯军胜教授2006年获批的西部项目《中国北方岩画与草原文化建构》，最近则是2023年黄亚琪教授的一般项目《中国南方岩画与南岛语族人群早期文化交流研究》，在项目类别上仅有一项重大项目，为束锡红教授2018年获批的《中国北方岩画文化遗产资料集成及数据库建设》；一项重点项目，为郭玉成教授2017年获批的《中国武艺岩画的历史文化研究》；其余项目类别则一般项目最多、西部项目次之、青年项目最少。从总体上看，近年来岩画类国家社科项目数量较少，学科分类较为庞杂，分属于考古学、民族学、哲学、图书馆、情报与文献学、体育学、民族问题研究等，而仅有的重大项目属于图书馆、情报与文献学，重点项目属于体育学。由此可以看出，中国岩画学在取得大量研究成果的同时，其学科分类尚不明确，虽凸显出岩画学这一交叉学科的特点，但并不利于学术体系建设、学科体系建设的长远发展，还需探索更为有效的发展路径。

三、科学史视阈下的中国岩画研究路径

刘兵教授在《克里奥眼中的科学——科学编史学初论》一书中，从科学史的起源、科学史的早期发展、从学科史到综合科学史、独立的科学史学科的行程、库恩的重要性等方面对科学史的历史进行了概述，从中我们可以看到科学史学科的最终形成经历了漫长的过程，而这个过程对中国岩画学有着重要的借鉴意义。对此，应该从学术体系构建、学科体系构建两方面探寻中国岩画学的发展路径，使中国岩画学真正成为名实相符的学科。

（一）构建完善、系统的中国岩画学学术体系

完善、系统的学术体系是推动学术研究不断创新发展的重要保障，多年来中国岩画学学术体系构建已取得一定成果，但仍需进一步完善，可从以下

①杨超：《浅谈岩画学学科建设与人才培养模式》，《三峡论坛》，2016 年第 4 期。
②童永生，周麟子：《中国岩画学的概念、内涵、使命与展望》，《创意与设计》，2024 年第 2 期。

几方面着手。

1. 加强基础理论、方法论研究

任何一门学科的发展都需要全面、系统的基础理论，这是学科研究的重要基础，而方法论是进行相关研究的重要工具。中国岩画学已经具备了一定的基础理论和方法论，但尚未总结、提炼出具有中国岩画研究特色的基础理论与方法论，大部分专家学者进行岩画研究所采用的基础理论与方法论仍是其所学学科的理论，因而需要进一步加强中国岩画学基础理论、方法论的研究工作，形成具有中国岩画研究特色的基础理论、方法论体系，为今后岩画研究工作奠定坚实的基础。

2. 开展学术史研究

学术史研究是全面回顾、总结乃至反思某一学科发展历程的重要工作，对推动学术体系构建具有重要作用。结合科学史发展历程可以看到，科学史学科的最终形成与其学术史研究有着密切的关系。中国岩画学研究自1915年黄仲琴先生《汰溪古文》发表至今，关于岩画学学术史的论著较少，这其实是中国岩画学界对中国岩画学发展总体状况的回顾、反思不够的表现，也与大部分岩画学者缺少学术史研究背景有关。对此，应回顾、总结中国岩画学100余年的发展历史，汲取好的经验，反思存在的不足，填补学术史研究的空白。

3. 充分发挥岩画学术组织的作用

学术组织是促进学术研究及学术体系建设的重要平台。中国岩画学术组织的建立应始于2013年成立的中国岩画学会，之前成立的中央民族大学中国岩画研究中心、北方民族大学岩画与西夏文献中心及宁夏岩画研究中心是学术研究机构，并非岩画学术组织。中国岩画学会吸收国内高校、科研机构、岩画管理机构、保护机构的中国专家学者作为理事、会员，基本涵盖了国内所有从事岩画保护、研究的人员，其作为中国岩画学界唯一的学术组织，应在学术体系构建上发挥更大的作用，通过组织国际会议、发行岩画专刊、出版岩画专著等推动中国岩画学学术体系的构建。在这个过程中，中国岩画学会不仅要成为中国岩画学界的组织者，更要成为中国岩画学研究的引领者。

4. 创办高质量岩画学术出版物

正如综合性科学史杂志ISIS的创办极大地推动了科学史的发展，并且这份杂志仍然是科学史领域最权威的杂志之一。中国岩画学同样需要属于岩画学科的高质量出版物，但在这方面，尚有极大提升空间。早年中央民族大学中国岩画研究中心所编撰的《岩画》仅两期，目前国内岩画类出版物则仅有宁夏文物保护中心（岩画研究中心）编纂的《岩画研究》、中国岩画学会主办《中国岩画》（双月刊）及肖波主编的*Journal Rock Art*（季刊），这三种学术出版物多年来为中国岩画学的发展提供了重要的平台与载体，刊布了大量的岩画学研究成果，推动了中国岩画学的发展。虽成果显著，但由于种种原因均未进入CSSCI来源期刊目录，成为岩画学高水平专业期刊仍有很长的路要走。

（二）构建规范、健全的中国岩画学学科体系

学科体系与学术体系互为补充、相互促进，在构建中国岩画学学术体系的同时，还要重视构建学科体系。我国学科分类体系中没有岩画学，这对中国岩画学的整体发展阻碍较大，因此需要构建规范、健全的中国岩画学学科体系。

1. 建立中国岩画学教学体系

再次以科学史学科的形成为例，萨顿对科学史成为一门独立学科做出了重大贡献。其中之一是建立了科学史的教学体系，不仅开设了系统的科学史课程，为科学史课程的建设和科学史学位研究生的培养提供了开创性建议，还就科学史教学的目的、意义、要求及技术性问题进行了大量论述。以此对照中国岩画学教学体系的发展，国内高校尚无岩画学专业的本科生，中央民族大学等高校所培养的岩画学专业硕士、博士是在民族学与社会学学院所设人类学方向之下，大部分课程与其他人类学专业一致，有少部分岩画类专业课程。总体上看，似乎并没有建立中国岩画学教学体系，这就需要中国岩画学界重视相关课程的建设，在以往培养岩画学专业硕士、博士的基础上，继续就岩画学课程建设、教材编写、培养方案制定等开展相应的工作，以建立中国岩画学教学体系。

2. 加大岩画专业人才培养力度

专业性学术人才是推动学科建设的重要力量，早些年培养的岩画学专业的硕士、博士毕业后从事岩画专业工作的较少，这虽然与国内大的就业环境有关，也是岩画学整体发展不足的体现，而且进一步造成了专业人才的流失。值得一提的是，目前国内以西北大学科学史高等研究院为代表的一些高校仍在培养不同学科下岩画学方向的研究生，北方民族大学、广西民族大学等高校在开设岩画类通识选修课，这必将对我国岩画学专业人才的培养起到积极作用，但仍需加大岩画专业人才的培养力度。

3. 整合国内岩画学术力量

中国岩画学学科体系建设不仅是高校、研究机构的责任，广大岩画管理、保护机构也有参与学科体系建设的义务。岩画的研究、保护、管理应为一体性工作，但作为一种特殊的文化遗产，我国岩画的研究以高校及研究机构为主，而保护、管理以各地相关机构为主，这种研究与保护、管理的割裂对于岩画学学科体系的建设是不利的，应进一步加强研究机构与保护管理机构的合作，可以聘请相关机构的岩画专业人员到高校或研究机构担任客座教授，不仅能够解决岩画学专业教师缺少的问题，还能将大量的岩画资源用于教学科研之中；同时聘任高校、研究机构的专家学者到岩画保护管理机构兼职，对岩画的保护管理及旅游开发规划从岩画专业角度提出对策建议，这不但对中国岩画学学科体系建设具有重要意义，而且对推动中国岩画学整体的发展更是影响深远。

4. 加强国际交流合作

国外岩画学在学术体系和学科体系建设上有较多经验，并且岩画学整体发展较好，这方面需要国内岩画学界进一步加强同国际岩画学界之间的沟通、交流，通过召开学术会议、举办学术讲座、互派访问学者、共同培养研究生、合作开展项目研究等方式，学习、交流国内外岩画学发展的经验，并结合中国岩画学发展的实际探索出一条适合自身发展的道路，最终实现中国岩画学的创新性发展。

四、结语

中国岩画学的发展虽然存在诸多困难，但从科学史视阈出发，不仅能够将科学史相关理论、方法运用到中国岩画学的研究之中，扩大研究视野，而且可以借鉴科学史学科起源、发展到最终形成这一历程中的经验教训，以中国岩画学100余年所取得的成果为基础，构建具有中国特色的岩画学术体系、学科体系，探索出一条与中国岩画实际相符合的发展道路，进而实现中国岩画学的全面发展。

An Analysis of the Development Path of Chinese Rock Art Studies from the Perspective of the History of Science

Song Zixin，Xia Liangliang

Abstract：As an important part of history，the theory，methods and paradigms of scientific history are especially suitable for the study of interdisciplinary academic history. Chinese rock art Studies is a typical interdisciplinary discipline. At present，few experts and scholars carry out relevant research from the perspective of scientific history，and there is less research on the discipline construction and academic history of Chinese rock art. Starting from the perspective of the history of science，on the basis of systematically reviewing the achievements of Chinese rock art，the article analyses the development path of Chinese rock art，and explores from the construction of academic system and discipline system construction，in order to promote the in-depth development of Chinese rock art.

Key words：History of science；Chinese rock art studies；Research path

内蒙古赤峰地区岩画研究综述

马玉雯　张文静

摘　要： 本文以赤峰地区岩画自发现之初到现今的相关文献为基础，梳理赤峰地区岩画的调查、发现过程和研究历程。对赤峰地区岩画的研究成果、主要学术观点等进行总结，综合分析赤峰岩画研究发展脉络，并尝试探讨赤峰岩画研究的未来发展趋势。

关键词： 赤峰；岩画研究；综述

赤峰岩画是赤峰地区古代人类在长期的劳动实践过程中创造的文化遗产，是赤峰地区不可多得的文化瑰宝，也是当代人类研究古代原始先民生活图景以及精神面貌的重要依据。岩画本身不仅与考古学息息相关，还与民族学、社会学、人类学以及艺术学有着联系。对于赤峰地区岩画的研究，可以让我们了解古代原始先民的社会经济、生活图景、宗教信仰以及他们的审美观念等。

一、赤峰地区岩画的调查与发现

赤峰地区的岩画的文字记载最早见于1929年的《热河经棚县志》[①]，在这篇县志中对百岔河广义村附近和裕顺广附近所发现的岩画进行记载。1981年，昭乌达盟文物工作站与克什克腾旗文化馆的张松柏、刘志一，对百岔河流域和砧子山地区岩画开展调查，此次调查共发现9个岩画点，岩画48组，内

本文系国家社会科学基金后期资助项目“内蒙古高原岩画研究”（批准号：23FKGB005）阶段性成果；红山文化暨契丹辽文化研究基地研究成果。

作者简介：
马玉雯，女，内蒙古赤峰学院历史文化学院2022级在读硕士研究生。研究方向：岩画考古。
张文静，女，考古学博士，艺术学博士后，内蒙古赤峰学院历史文化学院副教授。

①康清源编：《热河经棚县志》，1929年（民国十八年）出版。

容主要包括动物、人面、天体星象图案等[①]。1992年昭乌达蒙古族师范专科学校（今赤峰学院前身）北方民族文化研究所田广林、任爱军、肖爱民等，对阴河中下游北岸上起孤山子、下至关家营的近30公里范围内，进行考古调查，发现岩画150余幅。1994~2000年间，田广林先生又多次在阴河北岸上起大庙、下至赤峰红山的地段进行复查，新发现岩画十余处[②]。1992年赤峰市博物馆的赵国栋发表文章，将克什克腾旗和阿鲁科尔沁旗发现的两处岩画公布出来[③]。1998年赤峰市博物馆的张松柏将文物普查中发现的9幅岩画进行整理发表[④]。2010年，赤峰地区首次发现红山文化时期“猪首龙”石刻岩画[⑤]。克旗博物馆之后又对克旗境内的岩画进行了持久的调查，通过十几年的努力，先后在克旗境内的白岔河流域、砧子山、西拉木伦河两岸调查记录岩画14处，岩画59组，共计250余个岩画单体[⑥]。此外还有，赤峰文史工作者吴甲才对该地区岩画做了十余年的调查，之后鸿德学院的周玉树和吴甲才继续调查赤峰岩画；2011年，中央民族大学中国岩画研究中心张亚莎教授组建的考察队，对赤峰岩画进行考察；2024年，赤峰学院历史文化学院的张文静博士带队，对克什克腾旗岩画进行调查。总之，赤峰岩画的调查与发现将会持续下去。

二、赤峰地区岩画的研究历程

近年来，对赤峰地区岩画的研究越发深入，其相关的成果也越来越丰富。根据对研究成果的整理与分析，本文把赤峰岩画的研究分为两个阶段，第一阶段为20世纪70年代到90年代，这一时期的研究内容主要在于对岩画发现、岩画内容及岩画分布情况的介绍；第二阶段为21世纪初至今，这一阶段对赤峰地区岩画的研究的内容开始多样化，对赤峰岩画的内容从各方面进行以分析，精神内涵的研究愈发多，岩画保护问题也越来越多的被提及。

（一）20世纪70年代到90年代

1. 学术论文成果

20世纪70年代，盖山林先生在内蒙古发现了阴山岩画，从20世纪80年代开始，赤峰地区陆续发现了岩画的踪迹。有关赤峰地区岩画的论文与著作数量总体呈上升趋势，自80年代以来，岩画研究迎来黄金时期[⑦]，许多学者发表了有关赤峰地区岩画研究的论文。

1984年，张松柏、刘志一发表《内蒙古白岔河流域岩画调查报告》[⑧]，其中记录了1981年昭盟文物工作站以及克旗文化馆对白岔河流域进行的岩画专题调查，共发现9处48组岩画内容，并指出，白岔河流域岩画数量众多，但是绘画技法与构图不甚相同，可能反映了各个时期游牧民族的艺术创作特点。同时，调查所发现的岩画与内蒙古西部以及西伯利亚地区发现的岩画截然不同，例如在颜料使用上，此地岩画多是用白色颜料平涂动物身体，少量的

①张松柏，刘志一：《内蒙古白岔河流域岩画调查报告》，《文物》，1984年第2期。
②田广林：《内蒙古赤峰市阴河中下游古代岩画的调查》，《考古》，2004年第12期。
③赵国栋：《赤峰地区又发现两处岩画》，《内蒙古文物考古》，1992年第12期。
④张松柏：《赤峰市新发现的古代岩画》，《内蒙古文物考古》，1998年第2期。
⑤李云平：《内蒙古自治区赤峰市翁牛特旗首次发现“猪首龙”岩画》，新华社每日电讯，2010年11月30日。
⑥韩立新：《内蒙古克什克腾旗岩画》，《内蒙古文物考古》，2004年第1期。
⑦参见以周玉树，吴甲才：《赤峰岩画》，2022年；李丹阳：《试论赤峰地区岩画分布与特点》，《赤峰学院学报（汉文哲学社会科学版）》，2022年第9期；童永生，隋安：《中国岩画研究综述》，《创意与设计》，2023年第3期。
⑧张松柏，刘志一：《内蒙古白岔河流域岩画调查报告》，《文物》，1984年第2期。

线条勾勒，与内蒙古西部、西伯利亚地区多用褐色颜料，以凿刻为主的手法不同，并且此次发现的岩画多为写实岩画，与内蒙古西部多为写意的岩画不同。白岔河流域岩画所体现的地区特色，表现了曾活跃在这片土地的古代游牧民族特有的文化；1992年，赵国栋发表《赤峰地区又发现两处岩画》，继克什克腾旗白岔河流域岩画发现之后，又先后在赤峰克什克腾旗和阿鲁科尔沁旗发现两处岩画，一处为位于克什克腾旗新井乡黑山头岩画，一处为阿鲁科尔沁旗的半拉山岩画，经对比作者发现岩画作画的方法，与宁城县南山根夏家店上层文化古墓中出土的青铜刀等动物纹饰的作画手法是一致的，而且这样构图的岩画在阴山夏勒口匈奴时期的岩画中也有发现①；孙继民于1994年在《克什克腾旗岩画述略》②一文中，介绍了当时该地区的岩画详细内容，并强调了这些岩画在文化和历史研究中的重要性；1998年张松柏发表《赤峰市新发现的古代岩画》，文中描述了在赤峰市下属四个旗县发现的九幅岩画，他认为，“在赤峰红山以及阿鲁科尔沁旗三龙山发现的三幅岩画，应同属于新石器时期，并且刻磨岩画应该是新石器时代磨制技术在岩画方面的具体应用”③。位于巴林右旗岗根瞪瞪山的四幅岩画均用红色颜料绘制，内容以描绘腾云驾雾为主，他认为“这几幅岩画应属于辽代时期的佛教题材岩画”；同年，张松柏在《赤峰市白岔河两岸的人物岩画》一文中，对1998年前后关于百岔河流域两岸有关人类活动的六幅人物岩画做了整理。他在文中指出，尽管当时在白岔河流域发现的人物岩画数量不多，但是六幅岩画的制作技法与特点各异，明显不是同一时期，他认为“岩画主要以骑乘和狩猎为主要内容，这与当时人们的生产和生活方式有着密切关系”④。自此，20世纪八九十年代对于赤峰岩画的探索成果告一段落，可以看出，在这一阶段，对于赤峰地区岩画的探索与研究主要集中在发现、描述、记录岩画上面，并未形成完整的研究系统。对于岩画年代的判断方面，依据则是岩画的内容与出土文物的对比研究。

2. 专著成果

这个阶段关于岩画的著作并不多。1991年，学者宋耀良先生在《中国史前神格人面岩画》⑤中分析了赤峰岩画起源与传播途径；1993年，刘志一先生在《克什克腾旗文物志》⑥中记载了赤峰市克什克腾地区的岩画，对岩画地点以及岩画图像进行了标注；1999年，项春松在《赤峰古代艺术》⑦介绍了赤峰地区岩画情况，并对已发表的研究资料进行介绍。

（二）21世纪初至今

1. 学术论文成果

2003年，任晓辉发表《赤峰百岔河岩画初探》一文，与此前对岩画研究的记录描述不同，作者没有局限于考古学领域，从民族学、历史学等多个角度对百岔河岩画群进行研究。充分肯定了该地区岩画的科学、艺术价值，并结

①参见盖山林：《夏勒口岩画》,《内蒙古文物考古》，1984年第3期；赵国栋：《赤峰地区又发现两处岩画》，《内蒙古文物考古》，1992年第1–2期。
②孙继民：《克什克腾旗岩画述略》，《草原文物》，1994年第1期。
③张松柏：《赤峰市新发现的古代岩画》，《内蒙古文物考古》，1998年第2期。
④张松柏：《赤峰市白岔河两岸的人物岩画》，《内蒙古文物考古》，1998年第2期。
⑤宋耀良：《中国史前神格人面岩画》，上海：上海三联书店，1992年。
⑥克什克腾旗地方志编纂委员会：《克什克腾旗文物志》，呼和浩特：内蒙古人民出版社，1993年。
⑦项春松：《赤峰古代艺术》，呼和浩特：内蒙古出版社，1999年。

合赤峰地区具体情况，提出了岩画旅游价值的设想①。2004年，鲍凤林在《古老的童话：试谈赤峰地区先民岩画创作心理感知与造型能力的局限性》②一文中，探讨了赤峰地区岩画在艺术形式和表现内容方面的特点。该研究不仅关注了赤峰地区先民岩画的造型能力和心理感知的局限性，而且通过与其他资料的对比，指出中国原始岩画在艺术表现、象征意义和文化内涵方面的丰富性和深度。2004年，田广林在《内蒙古赤峰市阴河中下游古代岩画的调查》③一文中，对于自1992年6月到8月在阴河中下游地区发现的岩画做了整理与分析，这是一项关于阴河岩画的详细研究，不仅涵盖了阴河岩画的分布、年代、题材和文化内涵等多个方面，而且提出“阴河岩画与巫术或宗教活动密切相关，反映了从萨满教或群体宗教向早期礼仪体系过渡的信仰形式”的观点。2005 年，张洪亮在《赤峰地区史前岩画表现内容与形式的艺术发展历程》④一文中，描述了赤峰史前岩画艺术的发展历程及其艺术特征。他认为“通过对赤峰地区岩画的研究分析，不仅可以看出古代原始宗教的演变过程，而且可以研究史前人类社会的生产生活，意识审美以及宗教信仰等”。2007年，吴甲才在《内蒙古翁牛特旗白庙子山发现新石器时代早期北斗七星岩画》⑤一文中，分析了岩画的年代判定方法，以及岩画的文化功能，如宗教功能、记录功能以及社会教育功能。2010年，赵建国在《傩趣——中国北方古代雕塑人面像欣赏》⑥提到赤峰地区阴河流域的一些岩画作品，达到了炉火纯青的艺术境界，其风格多种多样。他认为这说明北方古代雕塑人面像在艺术表现上，具有高度的成就和多样性。2010年，李云平在《内蒙古自治区赤峰市翁牛特旗首次发现“猪首龙”岩画 》⑦中，介绍在近期开展的文物专项保护活动中，赤峰地区当地文物部门发现一幅罕见史前“猪首龙”形石刻岩画，这是考古界首次发现红山文化时期的“猪首龙”形石刻岩画。2012年，刘瑛在《内蒙古区域岩画图像造型及文化寓意》⑧一文中，系统地对内蒙古地区的岩画做了研究，介绍了至2012年为止岩画遗存的研究现状，作者认为，学者大多以现代视角探讨岩画遗存，忽视了岩画本身的情景相关性，因此，希望通过考古学、艺术学、人类学以及艺术人类学的方法，探讨岩画图像本身。文中，作者对岩画图像文化寓意所体现的蒙古族文化精神内涵等方面进行阐述，对内蒙古地区的岩画之间的延续及传播关系进行了讨论，发表了关于此方面的看法。张文静2012年在《中国北方地带岩画分布的特征分析》⑨与2021年《内蒙古岩画的分布与特征》⑩两篇文章中，在分别介绍不同地区岩画特征的同时，特别对赤峰地区岩画情况进行分析举例，总结了该地区岩画分布特点。2013年，孙晓勇等发表《东北西辽河流域人面岩画初探》一文，作者结合东北地区萨满教中太阳是“天之眼”的看法，结合眼睛和太阳的圆形的特点，得出结论：圆形是人类最早认识的图形之一，随着史前人类自然神人格化意识的产生，使得太阳神岩画与眼睛人面像

①任晓辉：《赤峰百岔河岩画初探》，《赤峰教育学院学报》，2003年第2期。
②鲍凤林：《古老的童话：试谈赤峰地区先民岩画创作心理感知与造型能力的局限性》，《昭乌达蒙族师专学报（汉文哲学社会科学版）》，2004年第3期。
③田广林：《内蒙古赤峰市阴河中下游古代岩画的调查》，《考古》，2004年第12期。
④张洪亮：《赤峰地区史前岩画表现内容与形式的艺术发展历程》，《赤峰学院学报（汉文哲学社会科学版）》，2005年2期。
⑤吴甲才：《内蒙古翁牛特旗白庙子山发现新石器时代早期北斗七星岩画》，《北方文物》，2007年第4期。
⑥赵建国：《傩趣——中国北方古代雕塑人面像欣赏》，《赤峰学院学报（哲学社会科学版）》，2010年11期。
⑦李云平：《内蒙古自治区赤峰市翁牛特旗首次发现“猪首龙”岩画 》，《新华社每日电讯》，2010年11月30日。
⑧刘瑛：《内蒙古区域岩画的图像造型及文化寓意》，博士学位论文，复旦大学，2012年。
⑨张文静：《中国北方地带岩画分布的特征分析》，《中原文物》，2012年第6期。
⑩张文静：《内蒙古岩画的分布与特征》，《北方文物》，2021年第2期。

岩画相结合，用眼睛形象来代表太阳崇拜[①]。2013年，阮晋逸在《赤峰地区人面岩画研究》[②]一文中，对赤峰地区人面岩画进行了较为全面的梳理研究，在阐述赤峰岩画独特性的同时，借鉴图像学比较分析法以及考古类型学方法，分析了这些岩画的年代框架，艺术特点以及文化特征等，并与其他地区岩画比较了异同。2013年，李东风在《赤峰市阴河人面形岩画研究》[③]中，利用考古学等多学科研究方法，对阴河人面岩画的特征风格、功能与文化内涵做了分析，并且提出了阴河人面岩画是古代原始先民宗教信仰的产物，其中所体现的是“对邪恶力量的恐惧以及对眼睛强大力量的崇拜”，他认为，“当时人面岩画的制作是原始先民试图抑制山川精怪的一种手段”。2014年孙晓勇在《西辽河流域人面岩画考古年代分析研究》[④]中，主要探讨了西辽河流域人面岩画的考古年代及其文化内涵，运用图像比较学方法，将岩画与史前其他文化器物进行对比来判断岩画年代。不仅如此，还对同心圆纹的年代进行探析。2014年到2016年间，孙晓勇又陆续发表了《西辽河流域同心圆纹眼睛人面岩画文化内涵探析》[⑤]《西辽河流域“[illegible]”图像结构人面岩画文化内涵探析》[⑥]《赤峰翁牛特旗人面岩画考古年代探究》[⑦]，以及《西辽河流域的“鸮面”岩画——兼谈先商文明鸮崇拜》[⑧]等4篇文章，对西辽河流域人面岩画进行了深度研究和剖析。2014年，王晓琨、张文静在《中国人面像岩画传播路线探析——以将军崖和赤峰人面像岩画为例》[⑨]一文中，对于赤峰地区与将军崖地区人面像进行了收集、分类，利用考古类型学方法进行对比分析，得出结论：两个区域的人面像在造型特点方面各具特色，但是并不能说明人面像岩画分布是传播的结果。2016年，金永田与李建奎发表《巴林左旗索贝山岩画调查简报》[⑩]，详细记录了索贝山地区岩画的地理位置、分布状况、调查过程以及新发现的岩画点。2017年，高伟、徐砾莹、王欣在《赤峰地区几处红山文化遗址现状调查》[⑪]一文中，对红山文化的几处遗址的现状进行调查研究。同年，周玉鹏发表《西辽河上游地区动物岩画的作画技巧与形象分析》[⑫]一文，主要探讨西辽河上游地区的动物岩画，对动物岩画的造型技巧、艺术价值与成就做了分析。2019年，赵虹雪的《内蒙古翁牛特旗岩画初步研究》[⑬]，主要探讨了该地区岩画的分布特征以及文化价值，分析了该地区岩画的类型与特点，并指出该地区岩画与内蒙古其他地区岩画在造型特点上的不同。同年，赵虹雪与高旭共同发表了《内蒙古赤峰翁牛特旗岩画的调查与研究》[⑭]，以2016年9月和2018年5月两次对翁牛特旗4个主要岩画点实地考察所获得的资料，对岩画的内容、年代、功能以及文化内涵上进行分析研究。2018年至今，由中国北方岩画研究所研究团队的周玉树、吴甲才带领，对赤峰地区岩画展开研究，发表了《内蒙古老哈河上

①孙晓勇，黄彦震：《东北西辽河流域人面岩画初探》，《东北史地》，2013年第2期。

②阮晋逸：《赤峰地区人面岩画研究》，硕士论文学位，中央民族大学，2013年。

③李东风：《赤峰市阴河人面形岩画研究》，硕士学位论文，中央民族大学，2013年。

④孙晓勇：《西辽河流域人面岩画考古年代分析研究》，《南京艺术学院学报（美术与设计版）》，2014年。

⑤孙晓勇：《西辽河流域同心圆纹眼睛人面岩画文化内涵探析》，《民族艺术》，2015年第2期。

⑥孙晓勇：《西辽河流域“[illegible]”图像结构人面岩画文化内涵探析》，《南京艺术学院学报（美术与设计）》，2015年第3期

⑦孙晓勇：《赤峰翁牛特旗人面岩画考古年代探究》，《西北大学学报（哲学社会科学版）》，2015年第3期。

⑧孙晓勇：《西辽河流域的“鸮面”岩画——兼谈先商文明鸮崇拜》，《民族艺术》，2016年第5期。

⑨王晓琨，张文静：《中国人面像岩画传播路线探析——以将军崖和赤峰人面像岩画为例》，《东南文化》，2014年第4期。

⑩金永田，李建奎：《巴林左旗索贝山岩画调查简报》，《草原文物》，2016年第1期。

⑪高伟，徐砾莹，王欣：《赤峰地区几处红山文化遗址现状调查》，《赤峰学院学报（汉文哲学社会科版）》，2017年第2期。

⑫周玉鹏：《西辽河上游地区动物岩画的作画技巧与形象分析》，《赤峰学院学报（汉文哲学社会科版）》，2017年第10期。

⑬赵虹雪：《内蒙古翁牛特旗岩画初步研究》，硕士学位论文，内蒙古师范大学，2019年。

⑭赵虹雪，高旭：《内蒙古赤峰翁牛特旗岩画的调查与研究》，《知识经济》，2019年12期。

游云水纹人面像岩画的断代研究》[①]《西辽河上游彩绘岩画的田野考察及研究》[②]《西辽河上游乌尔吉伦河流域索贝山脉古代岩画调查》[③]等文章。2022年李丹阳在《试论赤峰地区岩画分布与特点》[④]提到，赤峰因其特殊的地理位置，处于多个岩画圈的交界处，岩画数量多、范围广、种类繁多，对岩画的研究现状、分布特点进行综合论述。2023年张亚莎等在《中国北方涡旋纹岩画的图像学研究》[⑤]一文中提到赤峰岩画，其中涡旋纹与同心圆重圈纹，虽然在岩画符号系统中常被相提并论，但它们在造型概念和图像原型上有所区别，因此在研究上应当区别对待。涡旋纹岩画主要集中在内蒙古东部的赤峰和宁夏中部黄河东岸的灵武，其中宁夏灵武的涡旋纹岩画尤为集中与发达。通过以上的文献内容可以看出，从21世纪初至今，对于赤峰地区岩画的研究已经完全不同于20世纪70年代到90年代，岩画研究的主要内容与方向开始由岩画的发现与描述，转变为更加侧重岩画造型特点、文化内涵以及其精神价值的探讨。

2. 专著成果

2002年，盖山林先生等的《内蒙古岩画的文化解读》[⑥]，对阴山岩画与赤峰地区西辽河流域的岩画进行考察与研究探索。2008年吴甲才的《红山岩画》[⑦]着重介绍了红山文化时期的岩画遗存。2013年韩立新在《克什克腾岩画》[⑧]一书中，介绍了岩画的分布状况，并分析克什克腾岩画的成因以及其特点。2019年，孙晓勇在《西辽河流域人面研究》一书中表明，西辽河流域人面岩画不仅是史前人类对眼睛崇拜的艺术实践，而且可能与太阳崇拜有关。此外，作者认为西辽河流域的鸮面岩画与史前鸮崇拜是一脉相承的文化现象。[⑨]周玉树、吴甲才在《赤峰岩画》[⑩]一书中，对赤峰地区岩画的分布地点做了详细的记录，对岩画内容做了介绍，并且公布大量的岩画图片，是研究赤峰岩画的宝贵资料。

三、赤峰地区岩画研究总结

赤峰地区岩画数量众多，类型繁多，对于赤峰岩画的研究近年来不胜枚举。从研究内容来看，20世纪70年代到90年代对赤峰岩画的研究主要集中在岩画发现、岩画内容以及岩画分布情况等方面的介绍。赤峰地区岩画分布零散，在赤峰地区多个旗县均有发现，但主要集中在白岔河流域以及西辽河流域上游地区。20世纪初至今，对于赤峰岩画的研究聚焦在岩画的内容分析、文化内涵、精神信仰、艺术特色等方面。

从岩画类型来看，赤峰地区岩画的类型繁多，其中以动物岩画与人面岩画为最多，动物岩画中动物种类主要包括马、鹿（图1）等；从岩画内容的记录功能来看，赤峰地区岩画记录的主要是古代先民的生活场景，包括狩

①吴甲才，赵虹雪，刘斌：《内蒙古老哈河上游云水纹人面像岩画的断代研究》，《内蒙古艺术学院学报》，2018年第2期。
②吴甲才，吴迪，董立军：《西辽河上游彩绘岩画的田野考察及研究》，《内蒙古艺术学院学报》，2023年第1期。
③吴甲才：《西辽河上游乌尔吉伦河流域索贝山脉古代岩画调查》，《北方文物》，2021年第6期。
④李丹阳：《试论赤峰地区岩画分布与特点》，《赤峰学院学报（汉文哲学社会科学版）》，2022年第9期。
⑤张亚莎，牛中奇，威丽斯：《中国北方涡旋纹岩画的图像学研究》，《宁夏社会科学》，2023年第1期。
⑥盖山林，盖志浩：《内蒙古岩画的文化解读》，北京：北京图书馆出版社，2001年。
⑦吴甲才：《红山岩画》，呼和浩特：内蒙古文化出版社，2008年。
⑧韩立新：《克什克腾岩画》，呼和浩特：内蒙古文化出版社，2013年。
⑨孙晓勇：《西辽河流域人面研究》，北京：民族出版社，2020年。
⑩周玉树，吴甲才：《赤峰岩画》，北京：科学出版社，2022年。

猎（图2）、放牧、祭祀等；对于赤峰地区岩画的文化内涵研究，学者们则多是与当地的历史文化相结合，寻找赤峰地区岩画与赤峰地区其他已出土文物之间的共同点判定其年代，然后再进行文化内涵研究。所以，从研究方法来看，对于赤峰岩画的研究，两个阶段皆多是采用综合比较分析方法，同时也对比分析赤峰各区域岩画的异同以及与其他地区岩画的异同。与此同时，除了对于岩画文化内涵的研究，自20世纪70年代到90年代开始至今，许多学者都在研究中不约而同地提到了赤峰岩画的保护问题，随着时代与技术的发展，赤峰岩画保护的方式也越来越多样化。

图1　赤峰克什克腾旗鹿岩画

图2　赤峰克什克腾旗狩猎岩画

四、赤峰地区岩画研究的未来发展趋势

赤峰岩画是赤峰地区考古研究的重要组成部分，也是揭示赤峰地区古代先民生活与精神生活的途径。考古发现不断揭示出的关于赤峰岩画的重要资料，将会使岩画学术研究工作继续推进，诸如岩画的年代问题的探讨将持续受到重视。

在大数据发展背景下，数字化技术将越来越多地应用于岩画未来的调查与研究中。数字化技术逐渐被应用于岩画采集、岩画记录，以及岩画数据库的建立等方面，在岩画领域，数字化技术的推广及普及，将是一种必然趋势。花山岩画已经开始采用数字化技术应用于岩画考古领域，如在岩画发现以后使用三维激光扫描技术①，高精度地记录岩画内容，在避免岩画二次伤害的同时，对岩画的记录也更为精准。这项技术不仅能够记录岩画的现状，还可以为后面的岩画修复工作提供有效的数据支持。同时，花山岩画还建立了自己的岩画数据库，对岩画的内容、分布地点、岩画基本信息等进行详细的记录，相较于以前的纸质记录，采用这样的方式可以使岩画信息更为精确的长久保存。因此，赤峰岩画未来的研究将会更多涉及这方面的内容。

①黄玉琴：《三维激光扫描技术在花山岩画保护中应用》，《中国文物科学研究》，2012 年第 1 期。

在赤峰地区岩画的保护和宣传工作中，数字化技术的应用研究也将被强调，如构建虚拟旅游系统和虚拟博物馆，让大众可以在不接触岩画的情况下，了解岩画的信息，体验岩画的文化价值与审美价值，达到对岩画的宣传与推广目的。

赤峰岩画是赤峰地区先民遗留下来的重要文化遗产之一。在赤峰地区岩画的未来研究中，我们应该推陈出新，结合时代发展的趋势，更为科学地研究和保护赤峰岩画。

A Summary of the Research on Rock Art in Chifeng Area, Inner Mongalia

Ma Yuwen，Zhang Wenjing

Abstract：This article is based on the relevant literature from the beginning of the discovery of rock art in Chifeng to the present day，and reviews the investigation，discovery process，and research history of rock art in Chifeng. Summarize the research results and main academic views of rock art research in Chifeng area，comprehensively analyze the development of rock art research in Chifeng，and try to explore the future development trend of rock art research in Chifeng.

Key words：Chifeng；Rock art research；Review

宁夏岩画断代的回顾、反思与展望

潘　晓

摘　要： 宁夏岩画自1969年发现以来，就引起了社会各界高度关注，相关研究也层出不穷，很多都涉及岩画年代的研究，研究思路和研究方法各有特点，断代问题是其中的焦点、难点。本文在对宁夏境内岩画分期断代进行梳理的基础上，厘清了宁夏岩画分期断代研究中的基本认识和观点，同时分析了分期断代分歧的"症结"所在，指出今后宁夏岩画断代研究可能的突破和努力方向。

关键词： 宁夏；岩画；断代；回顾；反思；展望

岩画，是指刻在或绘在岩石和崖壁之上以及洞穴内的各种图像、文字以及各类符号的统称，是古代人类遗留下来的一种图像史料。目前，在世界五大洲的170多个国家和地区都发现岩画，中国岩画作为世界岩画的重要组成部分，已在包括香港、澳门和台湾地区在内的31个省市自治区发现岩画 。

我国岩画的调查和研究，始于1915年岭南大学黄仲琴教授对福建华安仙字潭岩画的调查与其在1935年发表的《汰溪古文》[①]。新中国成立后，开启了岩画研究新阶段，尤其是20世纪80年代后，我国学术界出现了一股岩画研究的热潮，不同学科的研究者分别从不同角度对岩画进行研究，出版和发表了一系列岩画研究的著作、论文以及考察报告等。综合来讲，岩画研究主要取

作者简介：
潘晓，女，西北大学科学史高等研究院在读博士研究生，宁夏文物保护中心（岩画研究中心）馆员。研究方向：岩画的考古学研究与断代。

①黄仲琴：《汰溪古文》，《岭南大学学报》，1935年第4期。

得了三方面的成就，一是田野资料的调查梳理基本清晰；二是基本建立和形成了研究理论和框架；三是保护利用与传承模式形成。学者们主要聚焦在岩画的题材内容、艺术风格、制作方法、年代的推断和分期等方面。其中岩画年代的研究可以帮助我们确定某种特定文化样式，揭示出古代人类生活的方方面面，对研究人类不同时期的文明具有重要作用。然而，年代的研究只是岩画研究中很小的一部分，绝大部分的研究者只是对某一地区、某一类岩画题材的年代进行推断，很少进行系统的分期与断代研究。

自1969年发现以来，宁夏岩画成为中国岩画乃至世界岩画体系中不可或缺的一部分，目前业已基本完成境内岩画资源的田野调查，初步建立了岩画资源基础数据库以及图像阐释解读等工作，但关于其断代仍是掣肘岩画研究的关键环节。

一、中国岩画断代方法的梳理

岩画年代的研究和断定，是研究岩画相关学术问题的基础，科学地研究岩画必须建立在准确的断定年代之上。目前国际上对于岩画年代的判断有间接断代法和直接断代法两种。在我国岩画断代中，学者们综合运用各种间接断代法和一些科技手段对具体的岩画点进行年代分析和研究，目前已取得了一定的成果，尤其是对岩绘画的年代测定，需要不断突破的更多是对岩刻画年代的断定。

（一）间接断代法

岩画的间接断代法多利用岩画的自身内容为线索，根据题材内容、叠压打破关系、图像风格等，运用考古学、艺术学等学科的研究方法与研究成果来推断岩画的制作年代，主要有制法断代、风格断代、图像断代、综合比较法（“考古近似断代”archaeological minimum dating），以及地质学手段进行断代等。

李永宪教授对西藏岩画制法进行综合分析后指出，在西藏岩画中，敲凿法是最早使用的一种作画方式，颜料涂绘是最晚的方法。[①]他对敲凿法的凿痕进行分析后，指出应是使用金属工具制作而成，结合西藏高原考古发现成果，推测西藏最早的敲凿法岩画应大致出现于距今三千至两千年之间。[②]李永宪教授通过对岩画制作方法中所使用的制作工具的判断，间接地对西藏岩画进行分期断代，所得结果是令人信服的，这是一次系统的关于制法断代和其他间接断代法综合运用成果。

张亚莎教授从图像学研究方法着手，对岩画本体图像风格与古代文化遗迹以及周边岩画进行比较分析，总结岩画的类型并探讨岩画的年代。比较成功的案例是对青藏高原岩画的图像学研究，根据造型风格、线条艺术等，阐

①李永宪：《西藏原始艺术》，石家庄：河北教育出版社，2001年，第179页。
②李永宪：《西藏原始艺术》，石家庄：河北教育出版社，2001年，第180页。

述了西藏岩画的年代、功能、族属等[①]。之后其本人及学术研究团队，对中国其他一些地区、一些岩画图像进行图像风格研究，对岩画的年代进行推断，相关研究著作和文章较多[②]。

当然，我国学者并不是仅用某一种方法，而是综合运用各种方法进行断代，在一定程度上解决了岩画年代的相对性，但同时也具有一定的局限性。

（二）直接断代法

直接断代法，是运用科技手段对岩画以及与岩画有关的岩面刻痕、所用颜料以及沉积物等的年代进行直接测定，主要有^{14}C断代法、地衣测年法、铀系法、微腐蚀断代法等。目前，我国岩画界使用最早的是地衣测年法，^{14}C测定和铀系测年主要适用于彩绘岩画，^{14}C测年法在花山岩画运用过[③]。铀系测年在我国云南岩画测年中使用较多。微腐蚀断代法则是一种适合岩刻画的直接断代法。

汤惠生教授是将微腐蚀断代法应用于中国岩画的第一人，1997年、1998年其运用微腐蚀断代法对青海地区岩画进行测定，并确定了岩画绝对年代[④]。近年来，由河北师范大学国际岩画断代中心运用微腐蚀断代法已对将军崖、方城、具茨山、仙居以及贺兰山等地岩画进行了年代测定[⑤]，初步建立了中国岩刻的微腐蚀分析体系，目前看来或许是直接断代法中相对可靠的方法。

2022年2月24日，国际考古学顶级期刊*Journal of Archaeological Science*（《考古科学杂志》）发表了关于金沙江虎跳峡岩画的铀系测年数据[⑥]，此次岩画测年数据表明比该地区已知最早的农耕时代（距今4600年）明显要早许多。同时结合这一地区采集的相关遗物的年代信息进行比对分析，断定这部分岩画的年代大致在旧石器时代。”[⑦]

（三）岩画断代新趋势

魏坚教授提出在考古类型学这一大框架下，可以先从小区域着手，充分利用现有的考古学文化类型研究成果以及年代学标尺进行年代断定。首先运用考古类型学的方法对不同区域内的岩画内容进行分析研究，以期初步建立起各区域岩画的相对年代框架；然后利用、借鉴民族学、文献学等学科成果，逐步建立起史前以及青铜时代之后各个阶段岩画的年代学体系[⑧]。

21世纪初期，王建新教授以田野考察为依托，运用考古学的理论和方法，提出了岩画、居址、墓葬“三位一体”的研究方法。且在不断的实践运用中基本厘清了新疆绝大部分地区和甘肃马鬃山区岩画的相对年代。2022年，研究团队以新疆巴里坤八墙子岩画为例，对“三位一体”这一岩画研究的考古学方法在具体操作实践中产生的失误，重新进行梳理和研究，对这套方法的基本原则和具体步骤进行了改进和完善。[⑨]

①张亚莎：《西藏的岩画》，西宁：青海人民出版社，2006年。

②苟爱萍：《图像的表征：贺兰山人面岩画研究》，银川：宁夏人民出版社，2020年；孙晓勇：《西辽河流域人面岩画研究》，北京：民族出版社，2020年。

③原思训，陈铁梅，胡艳秋等：《广西宁明花山崖壁画碳十四年代测定》，《广西民族研究》，1986年第4期。

④汤惠生，高志伟，卜玉凤：《岩画的断代—兼论青海岩画的微腐蚀断代》，载《远望集：陕西省考古研究所华诞四十周年纪念文集》（上），西安：陕西人民美术出版社，1999年。测得卢山岩画距今约2000年，鲁芒沟岩画距今2300年，野牛沟岩画距今3200年。

⑤汤惠生，Giriraj Kumar等：《2014年中国岩画微腐蚀测年报告》，《岩画研究2019》，张嘉馨译，银川：宁夏人民出版社，2019年，第186–205页。

⑥张勇：《东亚大陆最古老金沙江岩画创作年代查清》，《光明日报》，2022年2月28日；何阿平：《云南史前美术的多元发展》，博士学位论文，中国美术学院，2022年。

⑦资料来源于央视新闻客户端：高精度铀系测年法首次确认我国保存有东亚大陆最古老旧石器时代彩绘岩画，2022年。

⑧魏坚：《青铜时代阴山岩画年代刍议》，《长河沃野——魏坚北方考古文选・史前卷》，北京：科学出版社，2020年，第286–296页。

⑨任萌，马健，习通源，王建新：《岩画的考古年代学研究–以新疆巴里坤八墙子岩画为例》.《文物》，2022年第10期。

二、宁夏岩画断代研究与基础工作

宁夏岩画，主要分布在贺兰山东麓、牛首山、卫宁北山、香山以及黄河东岸的灵武东山，境内仅白芨沟一处彩绘岩画，其余均为凿刻类岩画。岩画的内容题材多为各种动物、人面像、人形、印迹、建筑物、天体，以及各类符号、图案等，表现出古代人类生产生活的各种状态。自岩画被发现以来，通过半个多世纪的努力，岩画研究内容、范围以及成果等不断提高，其中很多都涉及境内岩画年代的分析和研究，研究思路和研究方法各有特点，岩画断代研究成果颇丰[①]。

纵观学术界关于宁夏岩画断代研究的认识和观点，有如下代表性观点：

一是年代上限在旧石器时代晚期。持此观点的有艾天恩、高伟、束锡红等众多学者，艾天恩通过分析贺兰山岩画的制作工具，指出“贺兰山岩画中雕刻器的使用与旧石器时代水洞沟遗址的石质雕刻器相印证……故岩画大致是在一万五千年到六千年前的氏族公社时期产生的”[②]。束锡红等人将贺兰山岩画分为早、中、后三期，早期为四万至两千七百年以前，推测该时期制作岩画的石器可能与旧石器时代的水洞沟文化、鸽子山遗址有关[③]。艾天恩与束锡红等人在断代依据上有着相同之处，即将制作岩画的工具与境内发现的旧石器时代遗址相关联，但是目前对于制作岩画的工具尚无定论，大多只是猜测。高伟通过将贺兰山岩画和将军崖岩画的制作工艺、同类岩画内容进行比较分析，认为贺兰山岩画中部分磨制岩画年代应和将军崖时代基本相同，都是用石质工具制作而成，年代上限应为旧石器时代晚期[④]。

二是年代上限在新石器时代。持这一观点的学者有李祥石、朱存世、康育义、李文杰等[⑤]，其中又有新石器时代早期、中期以及晚期的分歧。李祥石和朱存世在其专著[⑥]中将贺兰山与北山岩画从北至南划分出六大不同类型，再对各个类型进行分期比较研究。整体将贺兰山岩画分为早、中、晚三期，指出贺兰山与北山岩画年代上限大致在距今一万年或稍晚时期，下限在宋元时期。这是最早的以考古类型学研究为基础进行分期研究的一次实践，这一研究方法在当时看来是一次新方法的尝试和探索，仍不失为一次比较科学的分期研究，而且作者希望通过这一研究来建立“图像形态学”的理论的构想是可行的。

康育义根据岩画的制作方法进行断代，认为贺兰山岩画中磨刻类岩画的工具为石器，推断磨刻岩画始于新石器时代；凿刻岩画的刻制工具为铁器，最早出现的时间不超过战国时期，距今2400年左右[⑦]。仅凭岩画的制作方法、制作工具来断代，带有主观性，且以偏概全来断定整个贺兰山岩画的年代，显然是不科学的。

①贺吉德，丁玉芳：《贺兰山岩画研究》，银川：宁夏人民出版社，2012年，第89–90页。

②艾天恩：《浅析贺兰山岩画》，《’91宁夏国际岩画研讨会论文集》，转引自许成，卫忠：《贺兰山岩画》，北京：文物出版社，1993年，第377页。

③束锡红，郑彦卿，吴琼：《贺兰山岩画与世界遗产》，银川：宁夏人民出版社，2003年，第63–69页；束锡红，李祥石：《岩画与游牧文化》，上海：上海古籍出版社，2007年，第111–117页。

④高伟：《贺兰山与将军崖岩画之比较》，《东南文化》，2008年第6期。

⑤李文杰：《贺兰山岩画的考察与研究》，载王邦秀主编：《2000宁夏国际岩画研讨会文集》，银川：宁夏人民出版社，2001年，第163–164页；撒学文：《贺兰山艺术形式及美学价值探微》，载王邦秀主编：《2000宁夏国际岩画研讨会文集》，银川：宁夏人民出版社，2001年，第227–228页；王勇：《贺兰山岩画的断代及相关问题》，载王邦秀主编：《2000宁夏国际岩画研讨会文集》，银川：宁夏人民出版社，2001年，第472–477页；高文宁：《试论贺兰山岩画年代上限》，载刘长宗主编：《’91国际岩画委员会年会暨宁夏国际岩画研讨会文集》，银川：宁夏人民出版社，2000年，第196–213页。

⑥李祥石，朱存世：《贺兰山与北山岩画》，银川：宁夏人民出版社，1993年。

⑦康育义：《论贺兰山岩画分布特征与地质条件》，载王邦秀主编：《2000宁夏国际岩画研讨会文集》，银川：宁夏人民出版社，2001年，第208–227页。

三是年代上限在商周或略早。许成、卫忠两位除发表多篇论文对贺兰山岩画的年代进行专题研究以外[①]，并在《贺兰山岩画》一书中对宁夏境内岩画的分期和断代进行了系统的研究，认为贺兰山岩画年代上限大致在春秋战国以前，约在商周或略早[②]。两位根据实地考察和研究，将贺兰山岩画大致分为三期：第一期春秋战国以前；第二期秦汉至南北朝；第三期隋唐至西夏。该观点在岩画界影响很大，绝大部分研究者接受这一观点并在这一年代框架下研究和探讨岩画相关问题，尤其是赞同宁夏岩画的兴盛期是青铜时代至早期铁器时代（相当于商周至秦汉时期）。

上述除了对宁夏境内岩画的整体年代范围与分期进行研究外，有学者对境内个别岩画点进行单独分析与研究[③]；也有诸多学者注意到一些特殊岩画题材，如车辆、人面像、虎、鹿等题材，分别对其进行分析研究，[④]这些断代信息为断定贺兰山岩画的整体年代提供一些线索。

综上可知，众多学者关于宁夏境内岩画断代的主要分歧在年代上限上，从旧石器时代晚期到商周或略早，年代跨度较大，从20世纪90年代开始持续到21世纪初期，运用的断代方法既有综合运用各种间接断代法，又有直接断代法，也有概括性的经验主义判断。

三、宁夏岩画断代方法的实际应用

宁夏境内的岩画自发现以来，关于其年代的探讨一直都是学者们关注的焦点，早期岩画学者主要运用间接断代法对岩画年代进行推断，为宁夏岩画断代研究奠定打下了早期理论基础。

（一）间接断代法

以《贺兰山岩画》和《贺兰山与北山岩画》两部著作最具代表性，只是在年代的上限认识上产生不同的观点。其中许成、卫忠在《贺兰山岩画》一书中，对宁夏境内岩画的分期和断代进行了系统的研究。其运用盖山林先生总结的“岩画断代十条原则”，通过已有的文献资料、周边考古学文化、制作方法、岩画内容、岩画间的打破叠压关系以及文字题刻等内容，特别对其中几组具有年代特征的重要图像（如鹿、虎、人面像、车辆），将它们作为判断年代的标尺进行分析，对贺兰山岩画进行分期，并提出了贺兰山岩画的相对年代框架。[⑤]

（二）直接断代法

宁夏岩画断代使用过的直接测年方法主要以地衣测年法和微腐蚀断代法为主，下面分别进行叙述。

1. 地衣测年法

是利用岩画表面地衣的菌体尺寸及其他反映地衣生长速率的测量值来

①许成，卫忠：《浅析贺兰山岩画的分期与断代》，许成：《宁夏考古史地研究论集》，银川：宁夏人民出版社，1989年，第184–200页；许成，卫忠：《贺兰山岩画断代研究》，《文物》，1993年第9期。

②许成，卫忠：《贺兰山岩画》，北京：文物出版社，1993年。

③许成，卫忠：《宁夏石嘴山市黑石峁岩画》，《文物》，1988年第9期；朱存世：《贺兰山白芨沟彩色岩画的时代及民族归属》，《草原文物》，2014年第1期。

④乌恩：《试论贺兰山岩画的年代》，载刘长宗主编：《’91国际岩画委员会年会暨宁夏国际岩画研讨会文集》，银川：宁夏人民出版社，2000年，第196–213页；陈兆复：《古代岩画》，北京：文物出版社，2002年；盖山林：《贺兰山巫师岩画初探》，《宁夏社会科学》，1992年第三期；孙新周：《试析贺兰山岩画中的蛙神崇拜及其文化艺术价值》，载刘长宗主编：《’91国际岩画委员会年会暨宁夏国际岩画研讨会文集》，银川：宁夏人民出版社，2000年，第103–113页；杨超：《岩画的神话断代法初探》，《三峡论坛》，2012年第2期。

⑤许成，卫忠：《贺兰山岩画》，北京：文物出版社，1993年。

测定岩画年代下限的方法。这一方法在宁夏岩画断代中应用过三次，第一次是1987年，国家地震局地壳应力研究所与宁夏文物工作者共同应用地衣测年法对贺兰山岩画的年代进行了测定，经校正后得出相应7组数据①。第二次是1990年宁夏回族自治区文物管理委员会在大麦地调查时测定4组地衣，经校正后早期在距今7953~7148年，中期在距今5760~5706年。第三次是2003年西北第二民族学院（今北方民族大学）对大麦地又进行了一次调查，共收集地衣标本6组，所测早期岩画年代上限为距今13241~10865年，中期为距今6253~5947年，中晚期为距今5422~2771年。②

通过以上测年数据，我们发现，地衣测年法在宁夏岩画中的三次应用，在同一地点（大麦地）的测年结果相差却很大。这一方法得出的数据有一定的参考性，但也要考虑其局限性，因为适用于测定年代且具有普遍性的地衣十分稀少，生长模式受到温度、湿度等多种因素的影响，具有不稳定性，因此，断代结果还有待用其他断代方法进行综合考证。

2. 微腐蚀断代法

2014年7月7日—9日，罗伯特·G.贝德纳里克、汤惠生、库玛尔等人先后运用微腐蚀断代法对贺兰口、黑石峁、双疙瘩、大水沟、归德沟等岩画点进行考察，由于贺兰山缺少微腐蚀断代的校正曲线，因此采用河南德云山的校正曲线作为参考基数，最后只有贺兰口岩画点获得了数据。研究团队从四个岩画图案中获取了五组断代数据，制作年代从距今2400年到距今2000年③，这为贺兰山岩画年代的判定提供了有力的科学证据。此次微腐蚀断代实践在宁夏属于首次，也是宁夏在断代方法领域探索中的又一里程碑。

（三）数字人文方法在岩画断代中的运用

近些年来，一些理工科的研究者开始尝试将数字图像处理技术应用到岩画断代中，为岩画的断代研究探索出不同的方法。2014年，纳春宁提出了一种基于色度、饱和度和灰度（HSI）彩色模型的数字图像处理技术提取岩画灰度值（I）的方法，利用岩画灰度值与岩画作画年代之间的线性可比关系，测定岩画的年代。其选取了包括西夏文、“太阳神”、与西夏文有共存关系的人面像在内的5“幅”岩画进行测定，其结论受到参照标尺的影响很大，当以西夏文为标尺测算时，测算出的作画年代均晚于西夏文，若以太阳神岩画为标尺，则测算出的作画年代均在距今6000 ~ 4000年内（作者的观点是“太阳神岩画作画年代为新石器时代晚期，距今6000~4000年”）④。这是将数字人文方法运用到岩画断代的一种尝试，目前看来这种方法存在不足之处。

四、总结及发展趋势

纵观近半个世纪以来宁夏岩画在分期和断代研究方面，从最初运用解读

①李祥石，朱存世《贺兰山与北山岩画》，银川：宁夏人民出版社，1993年。所测数据：麦汝井岩画距今8500年；黑石峁岩画距今3000~2000年；归德沟岩画距今1700~1000年；大麦地岩画早期距今5000年，中期约为3000年，晚期距今约为1000年；黄羊湾岩画早期距今约3000年，中期距今约2000年，晚期距今约1000年；贺兰口岩画年代上限距今约5000年，中期距今约3000~2000年，下限距今约1000年；广武口口子门沟岩画上限为距今3500年，中期岩画为2500年，下限至今约1000年。

②束锡红，李祥石：《岩画与游牧文化》，上海：上海古籍出版社，2007年，第62-63页。

③汤惠生，Giriraj Kumar等：《2014年中国岩画微腐蚀测年报告》，张嘉馨译，载宁夏岩画研究中心编：《岩画研究2019》，银川：宁夏人民出版社，2019年，第186-205页。

④纳春宁：《基于HSI彩色模型灰度分量的宁夏岩画断代研究初探》，《文物保护与考古科学》，2014年第4期。

岩画图案、对比历史文献记载的古代民族习俗、民族志材料等间接断代法进行年代推断，到运用科技手段对岩画的年代进行直接测定，再到近年来学者们逐渐关注岩画与考古学遗存（遗址、墓葬）之间的关系，通过分析它们之间的共存关系，来推断岩画的年代与族属，对宁夏岩画的断代研究做了有益的探索，完善了我国岩画研究理论和方法。其中不乏一些成功的经验做法，如微腐蚀断代和“三位一体”岩画考古学年代方法，虽然仅是对个别地方、个别图案的分析研究，但有一定的参考价值，为日后的更大范围、更多岩画内容的年代断定工作打下了良好的基础、积累了丰富的经验。

在取得成就的同时，也存在着一些问题。首先，有关宁夏岩画断代的研究成果，主要集中在1991~2008年，大部分研究者在岩画的制作高峰期和年代下限基本达成一致，但是有关岩画的年代上限仍未达成统一。2008年之后，学术界更多的是对图像的内涵阐释、岩画的保护利用以及岩画数字人文方法识别等方面的研究，很少再去专门研究岩画的分期与断代问题。[①]其次，单纯地运用制作工具、图像内容等来断代，有学者甚至坚持“金属工具”论，因此，希望今后可以尝试运用实验考古学的方法，使用不同的工具来制作岩画，用实验来证明岩画的制作过程和不同工具制作的结果。

岩画是与古代游牧文化相关的重要文化遗存，笔者认为，“三位一体”的考古学研究方法，对今后宁夏乃至整个岩刻类岩画年代的断代具有重要的指导作用和研究空间。同时，也可以将岩画作为考古工作者寻找境内游牧文化遗址的指南（遗址、岩画、墓葬可以互为寻找对方的路标），来全面揭示境内古代游牧民族的文化全貌。岩画是历代北方民族共同创造的产物，正如乌恩先生指出的，断代时一定要考虑岩画形成的历史背景，[②]要与古代文化研究、古代生活习俗研究、古代农牧业经济研究等方面密切联系起来。

在现代科学技术以及数字人文高度发展的当下，我们亟须运用现代科学技术和理念对岩画进行科学地记录、实验和研究，对已明确的岩画年代数据进行整理，建立宁夏岩画断代信息数据库，可供岩画研究者查阅和检索，也为其他断代方法提供科学测年的依据。希望今后能运用多角度、多方法、多学科综合研究，获取更多的断代数据，整体廓清宁夏岩画断代框架，为进一步科学阐释岩画的文化内涵、民族族属、社会结构等相关问题提供准确的年代依据。

①潘晓：《宁夏岩画研究学术文献初步计量分析》，载宁夏岩画研究中心编：《岩画研究 2022》，银川：宁夏人民出版社，2022 年，第 82–90 页。

②乌恩：《试论贺兰山岩画的年代》，载刘长宗主编：《'91 国际岩画委员会年会暨宁夏国际岩画研讨会文集》，银川：宁夏人民出版社，2000 年，第 196–213 页。

Review and Reflection on the Study of Stages Dating of Rock Art in Ningxia

Pan Xiao

Abstract: Since the discovery of Ningxia rock art in 1969, it has aroused great concern from all walks of life, and relevant research has also emerged in endlessly, many of which involved the research on the age of rock art in the territory. The research ideas and methods have their own characteristics, and the research results on the age of rock art are quite rich. This paper systematically combs the research on dating of rock art in Ningxia, especially introduces the application of some relatively reliable dating methods of rock art in Ningxia. Author hope that while sorting out achievements, it can find out the existing problems, so that it can use science and technology to sort out the dating data obtained by various dating methods in future studies.

Key words: Digital humanity; Rock art; Chronology; Review and reflection

从无到优：《岩画研究》2002~2024发展历程

车　静　　肖　波

摘　要： 21世纪初，伴随着中国岩画研究的快速发展，在国内外专家学者的努力和政府领导的支持下，以岩画的研究为主体内容的《岩画研究》应运而生。文章以《岩画研究》为研究对象，将历年出版的数据进行系统梳理并展开统计分析，总结出该书的发展情况，并对其未来发展提出建议和展望。

关键词：《岩画研究》；岩画；数据统计

本文系教育部哲学社会科学重大研究项目“中国岩画学研究”（项目编号：22JZD032）、广西壮族自治区教育厅广西高等学校千名中青年骨干教师培育计划“中国北方与中亚地区车辆岩画比较研究”（项目编号：2023QGRW018）阶段性成果。

作者简介：
车静，女，广西民族大学民族学与社会学学院硕士研究生，研究方向：艺术考古和岩画。
肖波，男，博士，广西民族大学民族研究中心研究馆员，硕士生导师，研究方向：艺术考古和民族艺术。

一、创办缘由

自20世纪90年代开始，中国的岩画研究逐渐向纵深发展。在1991年和2000年，宁夏银川召开了两次国际岩画委员会年会暨国际岩画研讨会，在这两次会议中，来自全球的百余位岩画学专家学者汇聚一堂，对世界及中国岩画的发现和研究情况进行了交流探讨。在国际性学术会议平台的加持下，中国的岩画研究不断发展，举办会议的宁夏也成为中国岩画学者开展学术交流的重要阵地。自1993年起，在银川成立了宁夏文化艺术中心筹建处，1997年正式成立宁夏文化艺术中心。为了进一步加强岩画的研究工作，1999年中心又增挂宁夏岩画研究院的牌子，宁夏岩画研究中心逐渐成立。与此同时，在两次会议的促动下，国内外学者有了联系的桥梁，但交流的成果却缺乏稳定的阵地，于是，越来越多专家学者期盼在中国能有专业且稳定的理论与学术窗口，以期联通中国与世界的岩画研究理论、方法与成果。此后，经过众多国内外专家学者的努力，宁夏回族自治区诸多领导的支持，宁夏岩画研究中心开始筹备《岩画研究》（*ROCK ART RESERACH*），随后在2002年出版《岩画研究》以内部资料的形式交流，开始收录国内外岩画研究成果，并在2011年正式公开出版发行。自2002年至2024年，累计出版16本岩画研究学术图书，发表众多国内外岩画研究的重要成果。

二、发展情况

（一）持续的科研产出

自2002年至今，《岩画研究》已经发展了22个年头。我们统计了《岩画研究》自2002年至2024年收录的内容，去除岩画研究相关信息动态、岩画图片的赏析简介以及图书的评介等图片及短文，主要对国内外学者发表的学术文章进行了系统整理，最终计算出《岩画研究》从创立至今共出版了16本，共计收录378篇学术文章①，平均每本收录24篇（表1）。统计显示，在2002至2013年间，《岩画研究》共出版6本，平均每2年出版一本，共计143篇文章。这一阶段的《岩画研究》文章发表数量虽多寡不一，但总体呈上升趋势。在2014至2024年间，《岩画研究》更趋稳定，以每年一本的频率持续向学术界推出岩画研究相关内容。这一阶段的《岩画研究》收录文章数量明显增多，在此10年间共计收录了235篇文章，较前一阶段有了大幅度的提升。总的来说，《岩画研究》自创办以来以每本15篇以上的学术文章，持续稳定地向学术界发表优秀的岩画研究成果，其中2016年出版的《岩画研究2015·中国岩画青年论坛》共收录了45篇学术文章，数量为历年之最（图1）。

表1 《岩画研究》历年出版情况统计表

序号	书名	出版时间
1	《岩画研究2001—2002》	2002
2	《岩画研究2004》	2004
3	《岩画研究2005》	2005
4	《岩画研究2006》	2007
5	《岩画研究2007—2011》	2011
6	《岩画研究2012—2013》	2013
7	《岩画研究2014》	2014
8	《岩画研究2015·中国岩画青年论坛》	2016
9	《岩画研究2016》	2016

①该数据包含《岩画研究2016》中20篇过往发表论文遴选再版。

续表

序号	书名	出版时间
10	《岩画研究2017》	2017
11	《岩画研究2018》	2018
12	《岩画研究2019》	2019
13	《岩画研究2020》	2020
14	《岩画研究2021》	2022
15	《岩画研究2022》	2023
16	《岩画研究2023》	2023

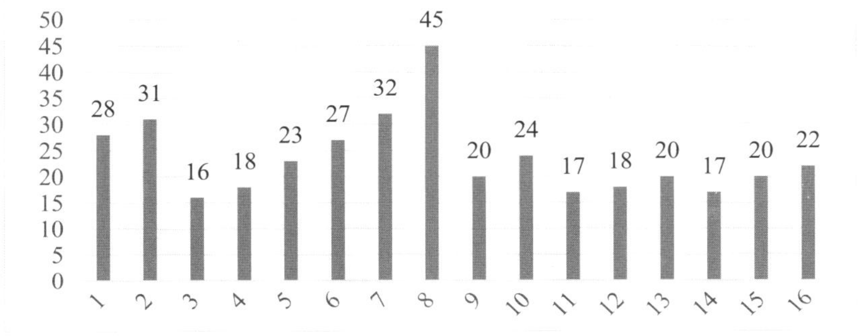

图1 《岩画研究》发表文章数量

（二）丰富的研究内容

1. 栏目设计科学

《岩画研究》在多年间汇聚了国内外众多岩画学者。较为科学、系统、全面地展示了中国岩画研究的相关成果。在其成立之初，为了便于读者检索，《岩画研究》按照研究内容对其进行了分栏目整合，开辟了7个栏目，分别为：《论坛》《探索与交流》《管理和利用》《人物》《域外来风》《信息动态》《书刊评介》。该书执行副主编杨惠玲总结道：《探索与交流》一栏主要内容为介绍岩画的文化内涵、创作族属、分布特征、传播情况、断代研究等科研动态；《管理和利用》则主要展示岩画的保护、病害防治、开发利用等内容；《人物》一栏为展示岩画学界著名专家学者的学术风采；《域外来风》则聚焦国际岩画学界的科研动态；《信息动态》一栏主要介绍国内学界的最新动态；《书刊评介》一栏则是对国内岩画相关专著、期刊讯息的整理推介。[①]《论坛》栏目内容与《探索与交流》的栏目大体一致，仅在第一本设置，此后便合并入《探索交流》栏目，其他栏目跟随每本收稿的具体内容设计动态发布。

2006和2007年是图书从起步阶段向发展阶段的转折期，2006年新增了《钩沉》与《争鸣》，其中《钩沉》以中国岩画学术史和发展史的回顾为

① 杨惠玲：《回顾与展望——基于〈岩画研究〉视角的观察与思考》，《中国岩画》，2021年第2期。

主要内容，《争鸣》栏目仅保留一次，探讨存在争议的学术问题。2007年至2013年，图书的栏目再次整合改版，将《论坛》和《探索与交流》合并为《探索》，《管理和利用》改为《保护》，《信息动态》和《书刊评介》整合为《信息》，新增《发现》栏目，其中《发现》为对国内岩画新发现的介绍。2014年开始，《岩画研究》进入成熟阶段，栏目设定较为稳定，在2015年将《探索》改为《探索与研究》，每个栏目的内容几乎没有变化，具体根据来稿内容进行分类，每期设置3~6个栏目，内容包含国内外岩画相关的田野调查、科学研究、保护利用、展览与文创设计、申遗活动、研究动态等多方面的内容，栏目设计全面且科学。

表2　《岩画研究》栏目设置统计表

<table>
<tr><th>书　名</th><th colspan="7">栏目设置</th><th></th></tr>
<tr><td>《岩画研究2001—2002》</td><td>论坛</td><td>探索与交流</td><td>管理和利用</td><td>人物</td><td>城外来风</td><td>信息动态</td><td>图书评介</td><td rowspan="4">起步阶段</td></tr>
<tr><td>《岩画研究2004》</td><td colspan="2">探索与交流</td><td>管理和利用</td><td>人物</td><td>城外来风</td><td>信息动态</td><td>图书评介</td></tr>
<tr><td>《岩画研究2005》</td><td colspan="2">探索与交流</td><td>管理和利用</td><td>人物</td><td colspan="2">信息动态</td><td>图书评介</td></tr>
<tr><td>《岩画研究2006》</td><td>探索与交流</td><td>管理和利用</td><td>钩沉</td><td>争鸣</td><td>城外来风</td><td>信息动态</td><td>图书评介</td></tr>
<tr><td>《岩画研究2007—2011》</td><td>发现</td><td>探索</td><td>保护</td><td>视野</td><td>钩沉</td><td colspan="2">人物</td><td rowspan="2">发展阶段</td></tr>
<tr><td>《岩画研究2012—2013》</td><td>发现</td><td>探索</td><td>保护</td><td>赏析</td><td>钩沉</td><td>人物</td><td>彩插及新书介绍</td></tr>
<tr><td>《岩画研究2014》</td><td>发现</td><td>探索</td><td>保护</td><td>视野</td><td>钩沉</td><td>人物</td><td>信息</td><td rowspan="10">成熟阶段</td></tr>
<tr><td>《岩画研究2015·中国岩画青年论坛》</td><td>发现</td><td>探索与研究</td><td>保护</td><td>管理和利用</td><td colspan="3">视野</td></tr>
<tr><td>《岩画研究2016》</td><td colspan="2">探索与研究</td><td colspan="2">保护</td><td colspan="3">信息</td></tr>
<tr><td>《岩画研究2017》</td><td colspan="2">探索与研究</td><td>发现</td><td>保护</td><td>钩沉</td><td>视野</td><td>信息</td></tr>
<tr><td>《岩画研究2018》</td><td colspan="2">探索与研究</td><td>发现</td><td>保护</td><td>钩沉</td><td>视野</td><td>信息</td></tr>
<tr><td>《岩画研究2019》</td><td colspan="2">探索与研究</td><td>发现</td><td>保护</td><td>钩沉</td><td>视野</td><td>信息</td></tr>
<tr><td>《岩画研究2020》</td><td colspan="2">探索与研究</td><td>保护与利用</td><td>钩沉</td><td>发现</td><td>视野</td><td>信息</td></tr>
<tr><td>《岩画研究2021》</td><td colspan="2">探索与研究</td><td>保护</td><td>发现</td><td>钩沉</td><td>视野</td><td>信息</td></tr>
<tr><td>《岩画研究2022》</td><td colspan="2">探索与研究</td><td>保护</td><td>发现</td><td>钩沉</td><td>视野</td><td>信息</td></tr>
<tr><td>《岩画研究2023》</td><td colspan="2">探索与研究</td><td>保护</td><td>发现</td><td>钩沉</td><td>视野</td><td>信息</td></tr>
</table>

2. 研究区域广泛

此外，我们将全部378篇文章进行整理归纳，综合考虑陈兆复、盖山林以及汤惠生等几位专家的分区方法，结合《岩画研究》收录文章的具体内容，将文章分为东北地区、西北地区、中原地区、东南沿海地区、西南地区、西藏地区、外国以及其他八个地理分区。将以中国某一对应地理区域内的岩画作为主要研究对象的文章，分别归类到东北地区、西北地区、中原地区、东南沿海地区、西南地区以及西藏地区；将以外国岩画为主要研究对象的文章归类到外国；将以多个地理区域的岩画为研究对象的文章以及不适合具体区分研究区域的文章归类为其他。最终统计结果显示（图2），《岩画研究》中收录的文章包含中国绝大部分地理区域，其中以西北地区的岩画研究最多，其次为西南地区，再次为东南沿海地区，以下依次为西藏地区、东北地区以及中原地区。此外，该书还收录了世界各国的岩画研究，地理范围涵盖亚洲、欧洲、非洲、大洋洲、北美洲等多个区域。从《岩画研究》中可以了解世界岩画研究的动态，资料全面且翔实。需要注意的是，我们统计的内容仅为科研论文，事实上它还收录了很多国内外岩画的精美照片，以便读者欣赏和学习。

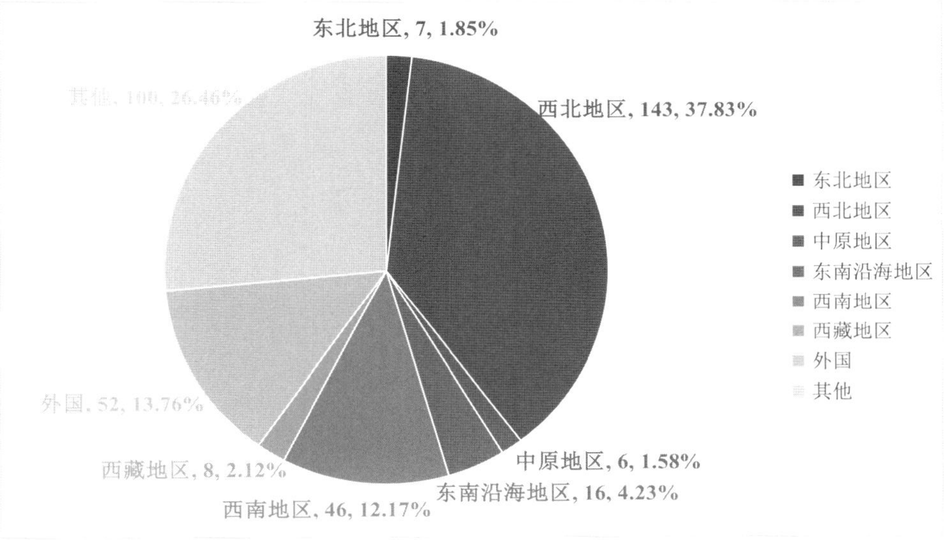

图2 《岩画研究》中文章的主要研究区域

（三）专业的作者团队

笔者于2024年10月30日在中国知网（CNKI，以下简称“知网”）上以“岩画”为关键词进行检索，利用知网的可视化分析进行统计，结果显示中国作者发表岩画类文章数量前20的分别有汤惠生、张亚莎、王毓红、肖波、崔风祥、张嘉馨、黄亚琪、崔星、盖山林、梁穆穆、苟爱萍、郭宏、束锡红、冯军胜、牟孝梅、隋立民、王晓琨、黄槐武、陈锋和庄鸿雁（图2）。与此同时，笔者又对在《岩画研究》中收录的中文文章的作者进行了统计，收录文章数前20的作者分别是肖波、马波、杨惠玲、潘晓、汤惠生、张嘉馨、杨超、夏亮亮、巩利斌、刘思文、张亚莎、张超、崔风祥、胡鹏程、赵占魁、朱利峰、张晓霞、特日根巴彦尔、柳辉和牟孝梅（图3）。值得注意的是，在知网检索排名前20的作者中，有15位亦在《岩画研究》中收录了其文章，其中有6位学者同时出现在两份数据中，作者重合度较高。由此可见，中国岩画研究的核心作者群也在《岩画研究》上有众多文章，《岩画研究》可以说是中国岩画研究的主要阵地之一。该书在多年的发展中形成了自己的核心作者群。此外，国际岩画组织联合会（IFRAO）主席罗伯特·G.贝德纳里克以及印度岩画学会（RASI）主席吉日拉吉·库马尔也多次与《岩画研究》合作，成为其重要支持者。

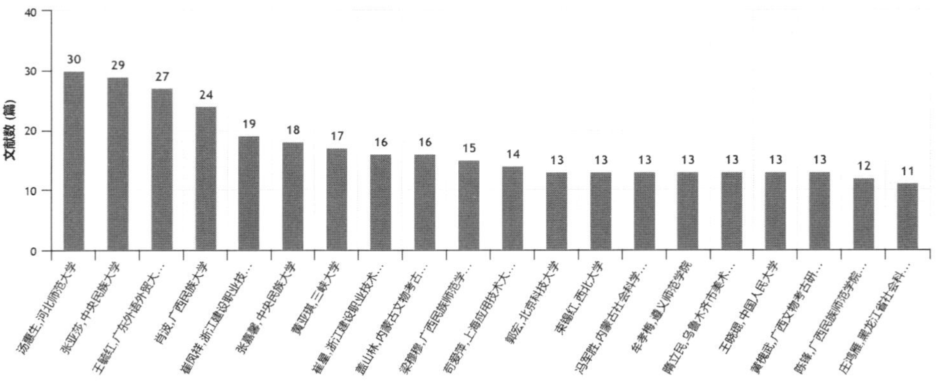

图3　中国作者发表岩画类文章数量（知网数据）

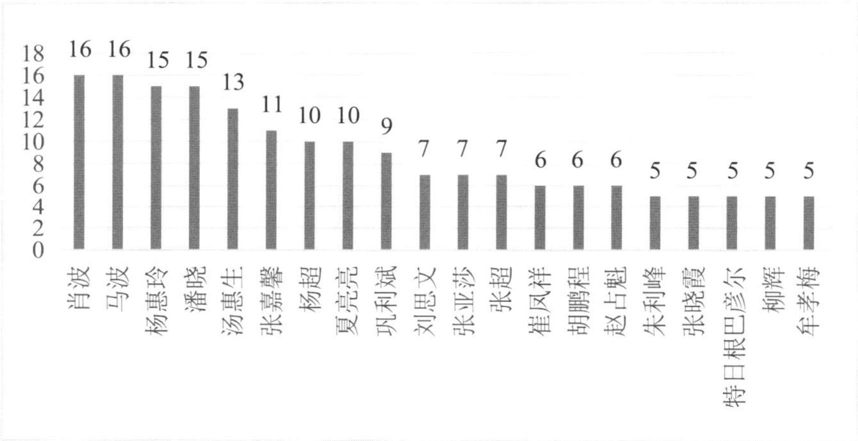

图4　中国作者在《岩画研究》上的发文数量（图片采自中国知网可视化分析结果）

《岩画研究》自出版之初便将视野扩展至国外，在吸纳国内专家学者研究成果的同时，也积极联系国际上的岩画学者，以便向国内传播世界岩画研究动态。通过对该书收录的378篇文章进行统计，我们发现《岩画研究》发表了由中国人原创的文章326篇，外国人原创并直接发表的文章21篇，翻译类文章31篇，由外国人创作或参与创作的文章共52篇，约占该书收录文章数量的14%（图4）。合作作者包括E.阿纳蒂、罗伯特·G.贝德纳里克、保罗·G.巴恩、吉日拉吉·库马尔、阿姆伯图·圣索尼、马吉德·肯、波克诺娃斯卡娅·安娜等数十位岩画领域著名学者。这些来自世界各国的作者为《岩画研究》带来了国际岩画研究的新方法、新技术和新视野，对中国的岩画研究具有一定推动作用。

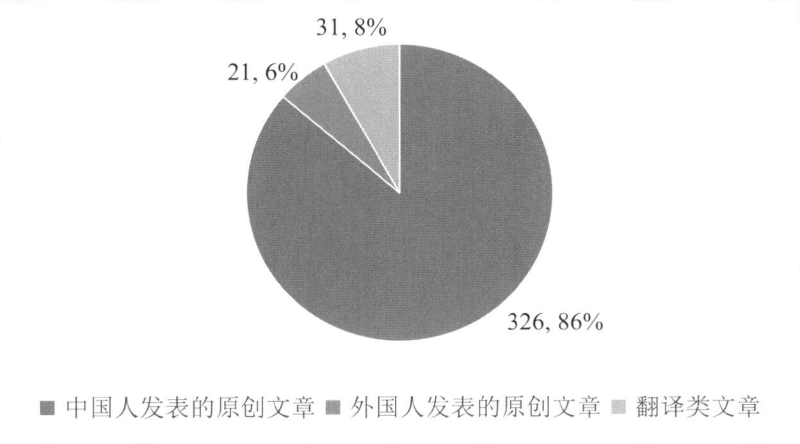

图5 《岩画研究》稿件的来源

三、建议与展望

中国是世界上拥有岩画最多的国家之一，而中国的岩画类图书却凤毛麟角。作为我国最早出版的岩画类图书之一，《岩画研究》在未来潜力无限，在以下三个方面还可以进一步发力。

一是重视外文优秀文章的翻译。翻译外文经典的文章论著对于了解世界岩画研究具有重要作用。翻译世界各国优秀的岩画研究文章是中国岩画跳出固有思维，深入接触国际岩画研究学术主流的重要步骤，但目前外文岩画类文章在中文图书中发表译文的数量较少，还无法完全满足岩画学者以及高校学生等群体的需要。目前《岩画研究》中虽已开辟了相关专栏，但发表的译文类文章数量还不够多。在未来，《岩画研究》可以加强与世界各国优秀岩画学者的联系与合作，增加外文文章的译文收录数量。此外，也可尝试与外文经典岩画论著作者合作，在图书中收录外文岩画论著的译文。

二是拓宽检索渠道。《岩画研究》作为一本优秀的岩画类学术图书，其价值不言而喻。但目前在国内的中文文献检索平台仍然难以检索到其的具体内容，且部分图书难以购买，这在一定程度上影响了图书的发展。岩画研究从小众走向大众的过程离不开相关图书的传播，在未来，希望《岩画研究》能够增强对已出版图书的推广，将其纳入知网、维普以及万方等中文数据库，让图书的内容能够被大众熟知，打造中国岩画研究的优质品牌。此外，可以考虑对出版之初未公开出版的内容进行再版或公开电子资源，增加大众对中国岩画研究发展历程的了解。

三是丰富文章的内容。从《岩画研究》的专栏设置来看，该图书的研究内容涉及岩画的田野调查、信息采集、文化内涵、创作族属、科学断代、展览文创、保护利用等各个方面，较为全面地展示了岩画研究的理论、方法与实践。但从上述对图书收录文章研究地域的统计数据来看，目前《岩画研究》中收录最多的是西北地区岩画研究的相关内容，西南地区次之，其他地区则较少。图书可以考虑与国内外岩画专家学者合作，适当增加其他地区岩画文章的数量，让读者更全面地了解中国岩画分布情况以及各地区岩画的发展情况。另外，就稿件较为丰富的主题可以组织专辑，增加读者对特定研究领域的深入了解。

结　语

2002~2024年，在已过去的22年时间里，《岩画研究》作为国内岩画研究的主要阵地之一，为国内外专家学者提供平台和服务，持续稳定地面向大众出版了16本高质量的与岩画研究内容相关的书籍，形成了专业的编辑团队和作者队伍。最后，我们将《岩画研究》历年发表的文章名称进行整理汇总，利用软件进行数据分析，在排除了部分形容词、连词、副词、外语、数词、介词、代词等非重点内容后进行频次分析，又排除了复现频次低于3的词汇，最终得到以下词云图。“岩画”是《岩画研究》核心的主题，其他关键词则展现了《岩画研究》多年来在业界发挥的重要作用，它们共同见证了《岩画研究》从无到有、从有到优的发展历程。

附表：

《岩画研究》历年收录文章汇总

书　名	篇　名	作　者
《岩画研究 2001—2002》（1）	贺兰山岩画中面具神形象	李福顺
	凿刻岩画·汉画像石·金石精神	程旭光
	手印岩画和脚印岩画	贺吉德
	原始岩画——太阳符号图形断想	于美成
	西夏文字岩画探析	李　芳　朱存世
	宁夏贺兰山史前岩画的内涵及断代	钟祝辉
	石浦岩画札记	王伯敏
	中国海洋文化的一件代表作	陈兆复
	四川的岩画	陈显丹
	黑龙江省发现的“小型斫刻岩画”	邓树平
	云南岩画面壁	邓启耀
	金沙江岩画之行	和力民
	关于巴盟阴山岩画陈列的几点思考	赵占魁
	中国岩画病害防治初探	黄槐武
	贺兰山岩画的发现保护	许　成
	论岩画的保护与开发	撖学文
	信息环境下的岩画研究	杨惠玲
	贺兰山岩画亟待申请世界文化遗产	束锡红　胡若飞　许生根
	为贺兰山岩画事业奔走呼号的热心人	康育义
	阿尔卑斯山岩画中的象征主题与中国岩画的相似之处	阿姆伯图·圣索尼
	发现	雅尼克·李·古罗
	多方位多角度透视沙特阿拉伯岩画	马吉德·肯
	贺兰山岩画的准确断代及其与中外相应岩画对照比较	瓦雷诺夫·安德雷
	阿尔巴尼亚的岩画特征	莫瑞弗·克卡蒂
	阿尔泰山脉中部比柴科图—鲍姆山岩画	马丁诺·安东尼
	托姆斯卡亚—匹萨尼查岩画目前状况及保护问题	波克诺娃斯卡娅·安娜
	开默奥娃地区的亚洲岩画博物馆	玛蒂诺娃·格丽娜
	由博亚瑞—安博卡诺—泼埃瓦兹岩画看环境与人类的关系	艾瑞纳·罗莎卡娃
	1. 中国岩画网开展挽救岩画的签名活动；2. 西班牙“拷贝”阿尔塔米拉洞窟；3. 台湾岩画专家高业荣访问江苏省连云港将军崖岩画点；4. 拜寺口发现岩画遗址；5. 浙江丽水发现六千年前的岩画；6. 湖北清江香炉石发现“二龙戏猪”岩画；7. 科考队发现千年前岩画；8. 贺兰巨“鹿”“呦呦”而鸣；9. 贺兰山岩画神秘发现；10. 史前壁画藏在洞里三万年；11. 早日启动申报世界文化遗产工作；12. 第二届宁夏国际岩画研讨会闭幕；13. “岩画与中国远古文明的起源”座谈会召开	13则信息动态

续表

书　名	篇　名	作　者
《岩画研究2001—2002》（1）	1.《青海岩画》出版；2.《2000宁夏国际岩画研讨会文集》出版；3.《古代岩画》出版；4.《珠海宝镜湾岩画判读》出版；5.《岩画研究手册》出版	5则图书评介
《岩画研究2004》（2）	台州仙居小方岩岩画制作年代初探	王伯敏
	试论古塞克人的风水观与墓葬岩画	康育义
	宝镜湾岩画：灵魂出窍	李世源
	后稷之国在宁夏——岩画例诂	高　嵩　高　原
	脚印岩画与“大人迹”	汤惠生
	试析宁夏、内蒙古地区藏传佛教岩画	李　芳
	原始艺术漫谈	龚田夫
	西藏岩画所传达出来的古老信息	张亚莎
	鬼谷岩画	赵占魁
	图释岩画造型特色	程旭光
	厚重的文化、沉重的话题	钟祝辉
	宁夏岩画装饰因素浅析	石宇清
	论拓片对岩画研究的重要性	柳　辉
	浅谈岩画艺术与中国绘画的线条美	马小加
	从贺兰山与北山岩画看宁夏原始体育文化及其特征	崔凤祥
	贺兰山岩画的发现与研究	李祥石
	岩画中的生殖崇拜文化	撒学文
	《银川市贺兰山岩画保护条例》全文	
	如何更好地发挥岩画研究机构的作用	乔　华
	史前人类的艺术长廊——贺兰山岩画	贺吉德
	贺兰山贺兰口岩画旅游开发研究	姚小燕
	贺兰山岩画博物馆的选址分析	权东计　李建伟　刘兴昌
	贺兰口岩画生态环境特点及其保护	刘　康
	岩画学巨擘盖山林	张文平
	桥头	E.阿纳蒂
	发现	阿尔波特·迈雷特
	米勒岛岩画观测计划	约翰尼斯·卢布斯 吉姆·肯瑟
	南部非洲国家莱索托的岩画保护	彼得·朱利
	哥伦比亚高原岩画的一处新人种学证明	詹姆斯·肯瑟 大卫·威特利

续表

书　名	篇　名	作　者
《岩画研究2004》（2）	蒙古岩画的符号象征	吉姆·伯特利
	凹穴：现存最古老的岩画	罗伯特·G.贝德纳里克
	1. 贺兰口岩画保护范围划定；2. 我国第一部关于岩画保护的条例出台；3. 将军崖发现“鱼形岩画”；4. 灵武三道沟 遗存古岩画；5. 台州仙居岩画的发现；6. 云南临沧采花坝发现“仙人脚印”岩刻；7. 内蒙古阴山岩画群又有新发现；8. 贺兰山岩画申报世界文化遗产工作正式启动；9. 中卫北山岩画区发现石器时代遗物；10. 中国岩画大事记	10则信息动态
	1.《内蒙古岩画的文化解读》出版；2.《如歌的寂静——贺兰山精神之旅》出版；3.《岩画探秘》出版；4.《我的考古世界》出版	4则图书评介
《岩画研究2005》（3）	宁夏贺兰口梯子、巫师岩画和祭坛	盖山林
	台湾万山大轧拉乌岩雕（TKM4）的题材、技法与风格	高业荣
	神树与神鹿：一种岩画图式文化解读的思考	孙新周
	有交流没距离——2005年大陆岩画参访有感	邱丽卿
	飞越时空的限制	张瑞蓉
	中国岩画与中国古老民族的关系	张亚莎
	贺兰山岩画中民族体育文化溯源	崔凤祥　王昌伟
	更无真象有真魂——谈岩画的美术形态	撖学文
	金沙江流域敦自昂补考岩画的考察与研究	和力民
	岩画，你好吗	苏　胜
	桌子山岩画保护工程	李雪飞
	中国西北岩画之旅——自然环境及岩石的观察	王守诚
	岩画的保存与维护——大陆岩画考察有感	曾逸仁
	计算机分析技术测定古代岩画年代的探索	姜　涛　谭士俊　龚　鹏　姜　忠
	关于宁夏大麦地岩画的时代及相关问题	汤惠生
	有朋自远方来——记台湾岩画研究的先行者高业荣先生	宁夏岩画研究院
	1. 台湾“长荣大学岩画学术交流参访团”赴内蒙古、宁夏考察；2. 内蒙古曼德拉山岩画介绍；3. 宁夏石嘴山岩画新发现；4.《大麦地岩画》首发；5. 中国岩画学者应邀访问考察美国西部岩画	5则信息动态

续表

书　名	篇　名	作　者
《岩画研究2005》（3）	1.《发现岩画》出版；2.《曼德拉山岩画集》出版；3.《欧洲史前艺术》出版；4.《桌子山岩画》出版	4则图书评介
《岩画研究2006》（4）	内蒙古翁牛特旗岩画	盖山林
	岩画与“农耕文化”	王伯敏
	凝固在岩石上的梦	孙新周
	岩画学是多学科综合研究的一门新兴学科	李仰松
	研究岩画文化内涵所面临的问题	苏　胜
	特具文化价值的匈奴岩画	钟祝辉
	从岩画看古代游牧民族的射箭活动	崔凤祥
	一份有关岩画的问卷调查报告	范　琛
	新疆巴里坤八墙子山顶岩画赏析	彭兴礼
	探寻滇西北史前先民的岩壁史迹	李　刚
	将军崖岩画	江苏省连云港市博物馆
	谈晋升“国保”后的阴山岩画保护与旅游开发	赵占魁
	挪威十日	陈兆复
	大麦地岩画研究争议浅说（一）	周兴华
	美国岩画协会开始与中国建立岩画研究合作关系	列·马里莫
	蒙古“鹿石”	杰瑞姆·梅吉
	印在邮票上的岩画	乌姆·布里恩·莫雷
	西班牙埃斯特雷岩画	希波里特·克莱托·吉瑞尔多 约瑟·朱利欧·盖瑞克
	1.国宝花山岩画保护维修实验开始；2.法国柯孟德博士来宁考察岩画；3.内蒙古巴丹吉林沙漠周围又发现新岩画群；4.宁夏岩画协会成立；5.著名学者余秋雨畅游贺兰口岩画公园；6.访美记略；7.美国岩画考察漫记	7则信息动态
	1.《考古人和他们的故事②》出版；2.《宁夏历史文物》出版	2则图书评介
《岩画研究2007—2011》（5）	台州路桥共和岩画的发现	王伯敏
	新疆巴里坤岩画探秘	彭兴礼
	阴山新发现杂技表演艺术岩画研究解读	赵占魁　张秀琴
	青海民和寺沟峡发现古代岩画	叶茂林　何克洲　蔡林海
	诠释岩画档案建设体系——最有效的保护手段之一	乔　华
	中原地区的凹穴岩画与巨石遗迹	汤惠生

续表

书　名	篇　名	作　者
《岩画研究2007—2011》（5）	岩画的叙事结构试析——从经济活动的视角出发兼及阿纳蒂的岩画思想	杨　超
	史前狩猎社会原始体育形态与意蕴考析	崔凤祥
	花山岩画的文化地位刍议	吴能贞
	贺兰山岩画与阴山岩画的艺术特色和文化内涵比较	束锡红　高法成　夏亮亮
	贺兰山与将军崖岩画之比较	高　伟
	贺兰山人面像岩画浅析	王固生
	世界遗产理念的递嬗与我国岩画"申遗"的发展	杨惠玲
	宁夏灵武东山岩画简述	柳　辉
	旷古神韵——贺兰山大西峰沟、小西峰沟岩画	夏亮亮
	对宁夏岩画保护发展的理性思考	高锡胜
	浅议GPS在岩画田野调查中的应用	巩利斌
	宁夏贺兰山岩画病害的调查	王　萍
	中美岩画研究与实践应用的对比	苏　胜
	美国亚利桑那州立大学鹿谷岩画中心	彼得H·威尔士
	岩画、艺术和道德	珍尼特·利维尔
	在澳洲金伯利高原的一页日记	陈兆复
	破旧启新——记南京师范大学汤惠生教授	杨惠玲
	1.内蒙古阴山岩画大型抢救性普查启动；2.新疆呼图壁县康家石门子岩画保护工程开工；3.宁夏举办美国西部岩画图片展览；4.宁夏召开岩画保护工作座谈会；5.《宁夏岩画》举行新书首发式；6."2008年中国银川国际岩画工作交流会议暨首届贺兰山岩画艺术节"召开；7.《岩画研究》创刊5周年研讨会召开；8."全国少数民族地区岩画联展"在宁夏隆重开展；9.贺兰山岩画管理处世界岩画博物馆建成；10.第四届河套文化研讨会暨河套文化研究会年会召开；11."2009'第二届贺兰山岩画艺术节暨岩画学术研讨会"召开；12."跃出草原"——宁夏岩画特展在台湾开展；13. 2010'岩画与史前文明"国际学术研讨会召开；14."久远的记忆——中国少数民族地区岩画联展"在南宁隆重开展	14则信息动态

续表

书　名	篇　名	作　者
《岩画研究2007—2011》（5）	1.大型画册《宁夏岩画》出版；2.《岩画中的文字和文字中的历史》出版；3.《克孜尔岩画研究》出版；4.《走进阴山岩画》出版；5.《宁夏文化的源与流探析》出版；6.《西藏的岩画》出版；7.《久远的记忆》——中国少数民族地区岩画精选出版；8.《远古的呼唤》——宁夏岩画研究历程出版；9.《具茨山岩画》出版；10.《追寻沙漠的风》——内蒙古曼德拉山岩画出版	10则图书评介
《岩画研究2012—2013》（6）	红山文化区菱角部族两组石崖初文岩画发现与初探	吴甲才
	追寻祖先的灵境与圣土——神话与岩画文化研究札记	孙新周
	贵州龙里巫山羽人岩画艺术风格	牟孝梅　鲁晓红　张丽娜
	关于左江岩画若干问题的探讨	肖　波
	凹穴岩画的比较探析——以河南与宁夏为例	杨惠玲
	榆木山岩画所反映出的猎牧文化	杜成峰
	北方草原岩画与古代游牧民族	安　丽
	宁夏青铜峡岩画探析	黄金成
	青铜峡岩画中的“骑马人”图像研究	潘　晓
	祖先崇拜与傩神信仰——从贺兰口一处岩画谈起	李福顺
	内蒙古大兴安岭岩画中发现性崇拜图案	崔越领
	西夏王朝的祭坛	肖立广　谭士俊
	神圣与世俗——广西花山岩画与沧源岩画之图像叙述	杨　超
	岩画线描图的绘制方法	柳　辉
	岩画的记录方法刍议	杨　超
	“史前记忆——宁夏岩画特展”内容特征与形式构成	王育民　王固生
	世界各国岩画	宁夏岩画研究中心
	关于岩画的名家书画作品	宁夏岩画研究中心
	承载历史赋予的重任——记中国岩画学会成立	乔　华　巩利斌
	青海岩画考察记	汤惠生
	金沙江岩画考察手记片段——遥远的渣日岩画	李　钢
	岜莱，血液里澎湃着的歌——我与花山岩画二三事	朱秋平
	走进人类美丽的“野蛮”文明世界	崔凤祥
	感悟岩画	高锡胜
	青铜峡岩画普查随笔	马　波

续表

书　名	篇　名	作　者
《岩画研究2012—2013》（6）	方城凹穴岩画考察之旅	巩利斌
	我眼中的艺术上海——记上海第十五届国际艺术节“宁夏岩画艺术特展”	乔　华　巩利斌
	变革与创新——记中央民族大学张亚莎教授	杨惠玲
	成功，源自不懈追求——记宁夏岩画研究中心乔华主任	巩利斌
	后附彩插 1. 2012年4月方城考察（1P） 2. 2012年8月第五届贺兰山岩画艺术节（2P） 3. 2012年9月青铜峡田野考察（2P） 4. 2012年10月中南国际岩画研讨会（2P） 5. 2012年11月土耳其宁夏岩画艺术展（2P） 新增加彩插 6. 2013年5月连云港考察（2P） 7. 2013年5月2013年国际岩画年会（2P） 8. 2013年6月广西花山申遗研讨会（2P） 9. 2013年6月中国岩画学会成立大会（2P） 10. 2013年6月青海岩画国际工作坊（2P）	
《岩画研究2014》（7）	青海卢山岩画地点发现磨制石器及相关问题	叶茂林
	内蒙古翁牛特旗岩画调查研究	朱利峰
	贺兰山白头沟、插旗口岩画普查报告	夏亮亮
	左江岩画的艺术学阐释	张亚莎
	贺兰山岩画断代与族属关系	李　彤
	论史前岩画艺术形象的神话表达——从李祥石先生的“伏羲女娲岩画”出发	杨　超
	宁夏岩画断代方法的回溯与发展	杨惠玲
	丰富生动、内涵深厚、题材多样的人类石刻史书 ——浅析宁夏贺兰山岩画的题材类型	左长缨
	贺兰山岩画与原始体育文化	崔凤祥　崔　星
	贵州岩画融入标志设计教学的思考 ——以遵义师范学院美术学院标志教学为例	牟孝梅　张丽娜　张晓霞
	西藏日土县洛布措岩画初步研究	席　琳　马　瑞
	贺兰山岩画的文化品牌效应	崔　星　李　莉
	宁夏石嘴山市双疙瘩岩画初步研究	潘　晓
	中国人面像岩画研究概述	马　波
	草原岩画与骑马民族 ——蒙古高原岩画中的马形象研究	特日根巴彦尔

续表

书　名	篇　名	作　者
《岩画研究2014》（7）	岩画并不“原始”	张晓霞
	论建立岩画档案的紧迫性	巩利斌
	河南省新郑市凹穴制作实验考古报告	鲁晓红
	浅谈贺兰山岩画的艺术风格	高锡胜
	关于岩画田野调查及数据著录的几点思考	巩利斌
	广西的岩画	刘文毅　莫志东
	浅谈岩画田野调查方法	柳　辉
	卡斯蒂利亚高原附近的黎凡特岩画之发现——罗卡-贝内迪岩画点	皮拉尔·文图拉·曼纽尔·贝亚著；马波译
	岩画中的“佛塔”图案：拉达克地区的活文化遗产	密纳克西·杜彼·帕赛克著；马波译
	伊朗伊斯法罕一个新的岩画群	马吉德·蒙塔译·祖赫里、纳西里·伊斯坝达里、阿拉姆达、哈吉·穆朵默德·阿著；潘晓译
	蒙古高尔河谷岩画	佳林·哈尔博茨曼著；潘晓译
	中国岩画研究的世纪回顾	汤惠生
	大山的歌——贺兰山岩画发现记	李祥石
	守望岩画——宁夏岩画研究中心二十年亲历记	乔　华
	宁夏中卫岩画考察记——“雨袭”篇	杨惠玲
	石嘴山岩画考察随笔	张　超
	岩画学者王建平	李荣光
	1.《贵州岩画》出版；2.《方城岩书岩画》出版；3.《岩画学论丛》出版；4.《中外岩画保护论文集》出版；5.《具茨山岩画调查报告》出版；6.《肃南岩画》出版；7.《宁夏灵武岩画考察报告》出版；8.《贺兰山岩画拓片集》出版	8则图书评介
《岩画研究2015·中国岩画青年论坛》（8）	关于宁明花山岩画绘制技法的几点新发现	胡鹏程　朱秋平
	青海玉树通天河流域觉色岩画调查报告	尼玛江才
	贺兰山高伏沟岩画普查报告	夏亮亮
	回到花蕊中：广西左江岩画再思	李　飞
	新疆岩画初步研究	于建军
	中国人面像崖画传播路线探析——以将军崖和赤峰人面像岩画为例	王晓琨　张文静
	作为稻作文化景观的广西左江岩画研究	黄亚琪

续表

书　名	篇　名	作　者
《岩画研究2015·中国岩画青年论坛》（8）	路易斯·威廉“萨满教岩画研究理论”述评	肖　波
	北方游牧民族的岩画造型艺术与文化解读	张景明　龚　鹏
	探讨岩画在美术史教材中话语权的缺失问题	苟爱萍
	甘肃马鬃山区早期游牧文化遗存研究	席　琳　魏美丽
	贺兰口人面像岩画初探	张建国
	岩画学中的空间分析：方法与学术述评	魏离雅
	宁夏岩画中的“鹿”图案研究	潘　晓
	岩画中的螺旋纹图案探析	马　波
	人面岩画·眼睛·太阳神——西辽河流域岩画考察的一点思考	李东风
	探寻数万年前世界岩画艺术起源——在中国西南及泛东南亚地区寻找答案	吴　沄
	欧亚草原中东部地区车辆岩画所见——古代游牧民族车形演变研究	特日根巴彦尔
	贵州贞丰红岩岩画中的“层”	余卓然
	贵州贞丰县大红岩岩画考察及初探	石泽明
	从民俗的角度分析赣榆匡林石穴岩画的成因	刘　阳
	河南省具茨山凹穴岩画制作的实验考古学报告	杨旭光
	试论岩画遗产的分类	冯　妍
	乌兰察布岩画的数据统计分析研究	金尼洋
	中国北方人面像岩画个例试析	杨萌萌
	浙江仙居中央坑岩画的调查和初步研究	华涛琛
	鞍山地区岩画调查与初步研究	陶俊竹
	关于我国岩画保护行业标准化可行性的探讨	杨惠玲
	三维激光扫描技术在岩画保护中的应用	巩利斌
	阴山岩画病害现状调查与评估——以默勒赫图沟A区为例	杨　宝
	浅议岩画数据库建设的重要性及对策	张　超
	构建岩画艺术资源的文化新生态——以专题片、纪录片为例	朱利峰
	西辽河流域岩画的保护与利用——兼谈岩画作为一种课程资源的开发	孙晓勇
	贺兰山岩画文化遗产信息传播研究——以专题片、纪录片为例	荆琰清

续表

书　名	篇　名	作　者
《岩画研究2015·中国岩画青年论坛》（8）	冰河时代的露天岩画：超乎意料与难以接受——学界对于旧石器时代露天岩画的认知史	Paul.G.Bahn著；张亚莎译
	印度贾坎德邦哈扎里巴格地区巨石遗址中的凹穴之发现	Subhashis Das著；马波译
	中国新疆2015年岩画调查	Robert.G.Bednarik著；潘晓译
	独特形态的Chaturbhujnath Nala早期放牧岩画初步研究	Arti Gharma著；张超译
	岩画与艺术史学：学科视角的持续探索	Susan Lowish著；王永军译
	西伯利亚南部阿尔泰的现代土著对古代岩画的革新：创造抑或破坏	D.V.Cheremisin著；张傅成译
	来自印度中部的岩画	Robert.G.Bednarik，G.Kumar and G.S.Tyagi著；张晓霞译
	性、谎言和象征性行为	M.J.Morwood著；杨咏译
	有关岩画遗址考古发掘的实用技巧	M.J.Morwood著；吴桐译
	旧石器时代时空胶囊——肖维岩洞	Robert.G.Bednarik著；黄清云译
	瑞士卡尔舍纳（Carschenna）岩画	Inge Diethelm and Heinz Diethelm著；房堃译
《岩画研究2016》（9）此前多本图书文章遴选再版	贺兰山岩画中面具神形象	李福顺
	云南岩画面壁	邓启耀
	脚印岩画与“大人迹”	汤惠生
	西藏岩画所传达出来的古老信息	张亚莎
	台湾万山大轧拉乌岩雕（TKM4）的题材、技法与风格	高业荣
	神树与神鹿：一种岩画图式文化解读的思考	孙新周
	试析宁夏、内蒙古地区藏传佛教岩画	李　芳
	甘肃马鬃山区早期游牧文化遗存研究	席　琳　魏美丽
	欧亚草原中东部地区车辆岩画所见——古代游牧民族车形演变研究	特日根巴彦尔
	中原地区的凹穴岩画与巨石遗迹	汤惠生
	关于左江岩画若干问题的探讨	肖　波
	神圣与世俗——广西花山岩画与沧源岩画之图像叙述	杨　超
	左江岩画的艺术学阐释	张亚莎
	西藏日土县洛布措岩画初步研究	席　琳　马　瑞
	内蒙古翁牛特旗岩画调查研究	朱利峰

续表

书　名	篇　名	作　者
《岩画研究2016》（9）此前多本图书文章遴选再版	宁夏石嘴山市双疙瘩岩画初步研究	潘　晓
	中国岩画病害防治初探	黄槐武
	诠释岩画档案建设体系——最有效的保护手段之一	乔　华　巩利斌　柳　辉
	岩画的记录方法刍议	杨　超
	关于我国岩画保护行业标准化可行性的探讨	杨惠玲
	1.《神化与人格：宁夏人形岩画》出版；2.《玉树岩画》出版；3.《贵州贞丰红岩岩画研究》出版；4.《岩画研究2015：中国岩画青年论坛》出版	4则图书评介
《岩画研究2017》（10）	岩画学科的研究范式及相关问题	汤惠生
	浅析仙居岩画的纪念碑性	杨　超
	西辽河流域同心圆纹饰眼睛人面岩画再检讨	孙晓勇
	焦伊斯基类型岩画年代研究	肖　波
	玉树岩画的类型与分布	王晓琨　张文静
	“专化游牧业”在青海玉树通天河流域岩画中的体现——以牦牛岩画为例	杨惠玲
	贺兰山车辆岩画研究	马　波
	内蒙古河套文化博物院馆藏岩画研究	赵占魁　李晓宫
	宁夏岩画中的“塔”图形研究	潘　晓
	关于岩画专题展若干问题的探析	张　超
	宁夏石嘴山岩画的初步统计与分析	樊志威
	岩画学科与艺术史学的拓展——再谈岩画学科的学术定位	陈　伟
	浅议广西左江花山岩画数字化成果及其应用	胡鹏程
	连云港将军崖岩画田野调查	张嘉馨
	2017内蒙古赤峰地区岩画调查报告	刘思文
	岩画保护工作中存在的问题	苏　胜
	试论沧源岩画遗产的多重保护方法——以沧源1，2，6号岩画点为例	苟爱萍
	金沙江岩画调查手记片段——洛吉河踏古	李　钢
	阴山岩画十年记	夏亮亮
	发现与结论——铀系测年、艺术的发展与尼安德特人	Jean Clottes著；马波译
	阅读艺术　书写历史：南部非洲的社会变迁与岩画	Thomas.A.Dowson著；张嘉馨译

续表

书　名	篇　名	作　者
《岩画研究2017》(10)	伊朗西部哈马丹地区阿赞达雅新发现的岩画	Wsmail Hemati Azandaryani, Yaghoub Mohamadifar, Alireza Hejebri Nobari and Hamid Khanali著；张超译
	岩画的考古学解读	Robert.G.Bednarik著；潘晓译
	伊朗扎格罗斯山南部费鲁兹阿巴德市Abdozou岩厦最新发现的岩画	Taher Ghasimi, Cyrus Barfi and Reza Norouzi著；樊志威译
	1.《岩画研究2016》出版；2.《金沙江岩画发现与研究》出版；3.《环太平洋视域下的中国北方人面岩画》出版	3则图书评介
《岩画研究2018》(11)	简论青藏高原岩画与中亚草原文化的接触	李永宪
	略论新疆地区四千年前的萨满式人物形象——兼论康家石门子岩画的年代	韩建业
	青海玉树扎勒摩崖石刻群初探	拉日·甲央尼玛
	人面岩画的发现与研究	朱利峰
	阴山、贺兰山车辆岩画图像考	苟爱萍
	康家石门子岩画调查与研究之二	张嘉馨
	甘肃景泰岩画的调查与研究初探	张　超
	浅析仙居岩画	刘思文
	靖西岩画调查简述	胡鹏程　肖　波
	康家石门子岩画调查与研究之一	张嘉馨
	贺兰山苏峪口岩画普查报告	夏亮亮
	青海卢山岩画调查简报	马　波
	多角度摄影建模技术在大兴安岭岩画中的应用	张开亮
	俄罗斯岩画考察散记	张文静
	The 2014 Microerosion Dating Project in China	汤惠生　吉日拉吉·库马尔　刘五一　肖　波　杨惠玲　张嘉馨　鲁晓红　岳建华　李迎年　高　伟　罗伯特·G.贝德纳里克
	The 2015 Rock Art Mission in China	汤惠生　吉日拉吉·库马尔　金安妮　吴甲才　刘五一　罗伯特·G.贝德纳里克
	南西伯利亚岩画中的心形人面像	A.л.扎伊卡著；肖波译

续表

书　名	篇　名	作　者
《岩画研究2018》（11）	1.《岩画研究2017》出版；2.《广西左江蹲踞式人形岩画研究》出版；3.《岩石上的信仰：中国北方人面岩画》出版	3则图书评介
《岩画研究2019》（12）	由"岩画狩猎说"辨析到甲骨文"族"字原意再考	刘学堂
	陶乃高勒手印岩画在北方草原地带的意义	杨　超
	论将军崖岩画及"太阳纹"释义	张嘉馨
	人面岩画的空间场域探讨——以贺兰山人面岩画的空间场域为例	苟爱萍
	浅探我国西北地区岩画中的萨满形象	刘思文
	探讨宁夏岩画中的欧亚草原因素	潘　晓
	西北地区岩画的制作环境探讨	马　波
	乌兰察布草原蹄印岩画考释	张晓霞
	世俗与神圣：巴丹吉林沙漠鹿图像岩画探析	孙晓勇
	广西乐业县焦福山岩画调查简报	胡鹏程
	西藏改则县岩画田野调查	罗延焱　张晓霞　郭晓云
	左江花山岩画世界文化遗产管理模式研究	肖　波
	花山岩画微生物腐蚀研究进展	田双娥
	泰国孔尖巴添岩画群年代及相关问题研究	梁燕理　肖　波
	寻找扎拉特岩画	李永宪
	Rice Ecology and Ecological Relations: An Ontological Analysis of the Jiangjunya masks and Crop Images from China's East Coast	曲　枫
	2014年中国岩画微腐蚀测年报告	汤惠生　吉日拉吉·库马尔　刘五一　杨惠玲　张嘉馨　肖　波　岳建华　李迎年　高　伟　罗伯特·G.贝德纳里克著；张嘉馨译
	安加拉河下游岩画中的人面像	A.L.扎伊卡著；阿热阿依·托列根、胡琳方慧译
	1.《凹穴岩画调查与研究》出版；2.《玉树岩画考察》出版；3.《岩画研究2018》出版	3则图书评介
《岩画研究2020》（13）	云南岩画述略	李　钢
	试论岩画研究中的地理学思想	万　翔

续表

书　名	篇　名	作　者
《岩画研究2020》（13）	中国岩画的学术方向和价值取向——论理论与方法重构对中国岩画研究的重要意义	陈　伟
	贵州贞丰红岩手印岩画与伴生图像研究	牟孝梅
	从阴山岩画看中国杂技体育的起源	赵占魁
	从老挝琅勃拉邦的巴添岩画看广西与东南亚地区的古代文化联系	肖　波　李富强
	将军崖“人面像”岩画调查研究	张嘉馨
	中国岩画断代方法的发展及趋势	潘　晓
	贺兰山单体岩画之探讨	夏亮亮
	甘肃岩画的综合分析	樊志威
	关于岩画研究中中程理论应用的探讨——兼谈南非岩画学者路易斯·威廉姆斯的岩画研究方法论	张嘉馨
	宗果岩画中的动物图像解读	公保才让
	贺兰山岩画文化价值活化利用初探	杨惠玲
	岩画遗产档案的数据库体系构建	朱利峰
	探析岩画在当代的传承与发展——以宁夏贺兰山岩画为例	李建平
	贺兰山岩画病害问题及其防治研究	李学军
	西班牙阿尔塔米拉岩画考察记	张亚莎
	2018年宁夏中宁石马湾岩画调查简报	刘思文
	2020年宁夏中卫北山地区岩画调查简报	马　波
	沿途标记：示意性岩画及其交流传播途径	伊波利托·科拉多·吉拉尔多著；苏胜译
	1.《中蒙俄联合岩画科考与论坛论文集（2015-2017）》出版；2.《穿越时光的符号——中亚岩画解读》出版；3.《吉布胡楞特海尔罕山岩画》出版；4.《西辽河流域人面岩画研究》出版；5.《锡林郭勒岩画》出版；6.《图像的表征：贺兰山人面岩画研究》出版；7.《俄罗斯叶尼塞河流域人面像岩画研究》出版	7则图书评介
《岩画研究2021》（14）	浅析左江岩画的“精神”气候	杨　超
	贵州岩画中的文人画研究	牟孝梅
	左江花山岩画宗教文化内涵的考古学探索	杨清平
	中国岩画研究的一部力作——评《左江花山岩画与相关考古遗存的关联性研究》	肖　波
	简析阿拉善地区岩画中的“马”形象	蔡彤华

续表

书　名	篇　名	作　者
《岩画研究2021》（14）	浅谈宁夏贺兰山岩画“申遗”	刘思文
	探析贺兰山单体岩画的保护对策	夏亮亮
	黄河流域（宁夏段）岩画保护研究	潘　晓
	花山岩画数字信息采集标准及数据库建设	胡鹏程
	回顾与展望——基于《岩画研究》视角的观察与思考	杨惠玲
	内蒙古自治区阿拉善左旗与乌拉特后旗交界处的哈日德勒与呼和温都尔岩画调查简报	特日根巴彦尔 阿拉腾苏佈德　阿穆尔毕力格
	宁夏石嘴山大武口沟口岩画调查简报	马　波
	2021年度贺兰山东麓岩画重点分布区域巡查简报	李建平
	我的学术认知：考古·岩画·萨满教	汤惠生
	考古研究与年代测定：一项不断进展的工作	乔治·邵夫著；万翔译
	印度中部地区岩画中的龟形象	米娜克什·杜贝·帕萨克 让·克洛特著；孙宇洋　赵子莉译；徐峰校
	宗教的起源：东欧平原可移动艺术中动物崇拜的产生	А.л.扎比亚科著；王俊铮译
《岩画研究2022》（15）	广西天等县那羊山雷神岩画的时代与内容考释	汤惠生　谢小玲　陆桂芳 李　曼　施兰英　吴肖桦
	送魂与祭祀：比较视角下的重庆云阳大梁岩画	白九江
	中国岩画研究中的西方影响	徐　峰
	巴丹吉林沙漠中的骆驼岩画	蔡彤华　田　野
	俄罗斯叶尼塞河上游地区人面像岩画的分布及年代	肖　波
	艺术与考古的交融——高校研究生岩画课程教学的若干思考	肖　波　余小洪
	宁夏岩画研究学术文献计量分析	潘　晓
	浅析贺兰山蛙形人岩画	范檬萌
	云南岩画研究综述	焦秋燕
	数字时代下的宁夏岩画保护路径探索	杨惠玲
	贺兰山岩画数字化保护与应用	吴素云
	广西宁明花山岩画科技保护的回顾与展望	车　静
	贺兰山岩画小区域治理及数字化留存	李学军
	2022 年宁夏贺兰口南部区域岩画调查简报	刘思文　张　超　马　波
	宁夏石嘴山沙巴台岩画调查报告	马　波
	“黑河市自然与文明千里行”与新开岭岩画发现纪实	王禹浪　谢春河

续表

书　名	篇　名	作　者
《岩画研究2022》（15）	我对贝德纳里克教授及其方法论的个人感受及学术认知	李　曼
	行走山岭间——贺兰山岩画普查十年记	夏亮亮
	黑河新开岭—石头人岩画及其男根形象	А.л.扎比亚科、王健霖著；王俊铮译
	关于羌塘发现的三组不常见符号的研究	John Vincent Bellezza著；永保藏 译
	1.《从贺兰山出发——行者视野中的岩画》出版；2.《岩画文化遗产保护与数字人文》出版	2则图书评介
《岩画研究2023》（16）	贵州贞丰红岩与重庆江津灰千岩动物岩画比较研究	牟孝梅　王娇艳　张廷良
	论红色之于岩画的功能和意义——以巴丹吉林沙漠岩画为例	王毓红　冯斯我
	俄罗斯远东地区人面像岩画研究历史回顾	肖　波
	云南耿马板羊山岩画与相关遗址试掘及族属的初步研究	邱开卫　吴　沄　韦　璇　王梓耀
	连云港将军崖“人面像”岩画图像意涵分析	张嘉馨
	宁夏灵武东山岩画数据整理与分析研究	潘　晓
	蒙古阿尔泰地区长角鹿与围猎岩画的初步研究	段琬琪
	沧源岩画研究历史回顾	鲁文银　肖　波
	蒙古国岩画研究简史与分布情况	特日根巴彦尔　察苏娜
	探析高校通识选修课教学中的岩画课程	夏亮亮
	广西晚期岩画遗产现状与保护对策	胡鹏程
	宁夏境内古城遗址资源保护利用路径研究	杨丽华　胡　娜
	宁夏金佛沟石窟保护研究	袁　源
	试析宁夏大麦地岩画病害机理及成因	梁斌杰
	2022年宁夏石嘴山干沟岩画调查简报	刘思文　潘　晓　马　波　张　超
	宁夏中卫新发现岩画调查简报	马　波
	西藏昌都市八宿县拉鲁卡岩画调查	拉日·甲央尼玛
	桥头记忆	杨　超
	走进桥头——意大利梵尔卡莫尼卡岩画考察记	杨惠玲
	便捷易用、低成本的凿刻三维虚拟分析及自动矢量化工作流程：大西洋岩画分析研究	马里鲁斯·希尔-多坎波　西蒙·佩尼亚-比利亚塞宁　胡安·奥尔蒂斯-桑斯著；雷倩茹　田松林译；万翔校

续表

书　名	篇　名	作　者
《岩画研究2023》（16）	重估古代中美洲艺术和考古学中的萨满教和泛灵论	埃莉诺·哈里森-巴克　大卫·A.弗赖德尔著；夏瑞奇　吴泓璐　李泽伟译；徐峰校
	“灰千岩岩画主题学术沙龙”会议综述	张廷良
	1.《石头的记述——寻访史前岩画随笔》出版；2.《宁夏文史研究馆研究丛书·岩画卷》出版；3.《石渠岩画》出版；4.《赤峰岩画》出版；5.《中国北方岩画拓片集萃》出版；6.《乌兰察布岩画研究——早期游牧文化映像》出版；7.《千万年人与石的对话——贺兰山岩画》出版	7则图书评介

From Scratch：The Development Process of Rock Art Research from 2002 to 2024

Che Jing，Xiao Bo

Abstract：In the early 21st century，with the rapid development of rock art research in China，under the efforts of domestic and foreign experts and scholars and the support of government，the journal “Rock Art Research”，which takes the research of rock art as the main content，came into being. Taking “Rock Art Research” as the research object，this article systematically combs and conducts statistical analysis on the data of the publications of this journal over the years，sums up the development situation of this journal，and puts forward prospects for future development.

Key words：Rock art research；Rock art；Data statistics

内蒙古阴山与新疆天山车辆岩画比较研究

胡方园

摘　要：本文运用考古学的研究方法，对内蒙古阴山地区及新疆天山地区车辆岩画进行了系统性的调查与细致的分析。研究综合考量了历史文献与考古发掘资料，对岩画的地理分布、形态特征、挽畜类型及构图技巧进行了深入的比较研究。旨在深化对古代游牧民族生活方式的认识，并为探讨古代社会交通方式提供了新的研究视角。未来的研究需依托更多的考古发掘成果，并倡导跨学科的合作，以期对北方岩画中交通工具的演变历程有更为深刻的理解与阐释。

关键词：车辆岩画；内蒙古阴山；新疆天山；类型学

岩画，作为一种原始艺术形式，是指在岩穴、石崖壁面及独立岩石上通过凿刻、磨刻等手法制作的线刻、浮雕和绘画。根据《中国大百科全书》的解释，岩画是古人利用岩石或其他刻画工具，通过凿刻、磨刻等方式记录了当时的生活场景或精神愿景。中国是全球范围内记录岩画最早的国家之一。据文献记载，公元前3世纪的《韩非子》中已有关于赵主父派遣工匠“刻疏人迹”的记载。北魏时期郦道元所著的《水经注》则是我国最早系统记载岩画的文献，其中涵盖了北方岩画系统中的新疆、青海、宁夏、内蒙古及甘肃等地的岩画。

作者简介：
胡方园，女，西北大学科学史高等研究院在读硕士研究生。研究方向：岩画学。

我国车辆岩画的系统发现始于20世纪中叶。最初在内蒙古阴山地区发现了车辆岩画，随后在乌兰察布、锡林郭勒大草原等地亦有发现。进入20世纪80年代，新疆阿尔泰山、宁夏贺兰山以及青海地区也陆续发现了车辆岩画。这些发现表明，车辆岩画在我国北方地区有着广泛的分布。内蒙古阴山和新疆天山地区的车辆岩画不仅生动反映了古代游牧民族的生活状态，也为研究古代交通和文化交流提供了宝贵的资料。

一、内蒙古阴山车辆岩画和新疆车辆岩画的空间分布

内蒙古地区作为中国岩画的重要分布区，其岩画数量之多、题材之丰富，赋予了其极高的考古与艺术价值。在内蒙古岩画中，车辆岩画占据了显著的地位，直接映射出早期人类的交通状况。阴山山脉，位于内蒙古中南部，河套平原北部，东西延伸约1000公里，南北宽50至100公里，海拔介于1500至2000米之间，包括大青山、乌拉山、色尔腾山和狼山等，在我国古代北方游牧民族的历史中占据着举足轻重的地位。[①]本文所涉及的阴山车辆岩画资料，主要依据盖山林先生的《阴山岩画》[②]和《乌兰察布岩画》[③]。

新疆，古称西域，位于欧亚大陆的腹地，是丝绸之路的关键通道。新疆岩画主要分布在阿尔泰山脉、天山山脉，以及昆仑山脉的部分地区。这些岩画多凿刻于避风朝阳的山坡岩石上，附近常有水源和草场。天山山脉间的广阔草场构成了牧区，而这些牧区周边往往分布着大量的岩画。从岩画的调查和研究现状来看，天山地区的岩画题材多样，展现了该地区岩画艺术的独特内容和风格样式。部分岩画点与邻近的史前墓葬、居址共存，为我们推测其年代和探究文化内涵提供了重要线索。本文关于新疆天山车辆岩画的资料，主要来源于新疆第三次全国文物普查丛书《新疆岩画》上下两册[④⑤]以及苏北海所著《新疆岩画》[⑥]一书。

（一）内蒙古阴山车辆岩画点的分布

阴山车辆岩画的分布自东向西，主要集中在大青山北部的低山丘陵地带。在推喇嘛庙岩画点，共记录了25幅车辆岩画。在达尔罕茂明安联合旗与乌拉特中旗交界区域的岩画点，分别发现了2幅车辆岩画。沙很地区记录了1幅车辆岩画。狼山东段的几公海勒斯太及其附近的岩画点共记录了2幅车辆岩画，而狼山东段的韩乌拉山岩画点则记录了1幅。狼山中段的大坝沟岩画点记录了1幅车辆岩画，狼山西段的阿贵沟记录了1幅、托林沟岩画点记录了2幅车辆岩画，总计35幅车辆岩画。依次如图1所示。

（二）新疆天山车辆岩画的分布情况

根据目前掌握的数据，新疆天山地区已确认的车辆图像岩画共计20幅。具体分布情况如下：伊吾县吐葫芦乡的白芨岩画点和千山乡的乌勒盖岩画

①盖山林：《阴山岩画》，北京：文物出版社，1986年，第5页。
②盖山林：《阴山岩画》，北京：文物出版社，1986年。
③盖山林：《乌兰察布岩画》，北京：文物出版社，1989年。
④新疆维吾尔自治区文物局编：《新疆岩画（上）》，北京：科学出版社，2011年。
⑤新疆维吾尔自治区文物局编：《新疆岩画（下）》，北京：科学出版社，2011年。
⑥苏北海：《新疆岩画》，乌鲁木齐：新疆美术摄影出版社，1994年。

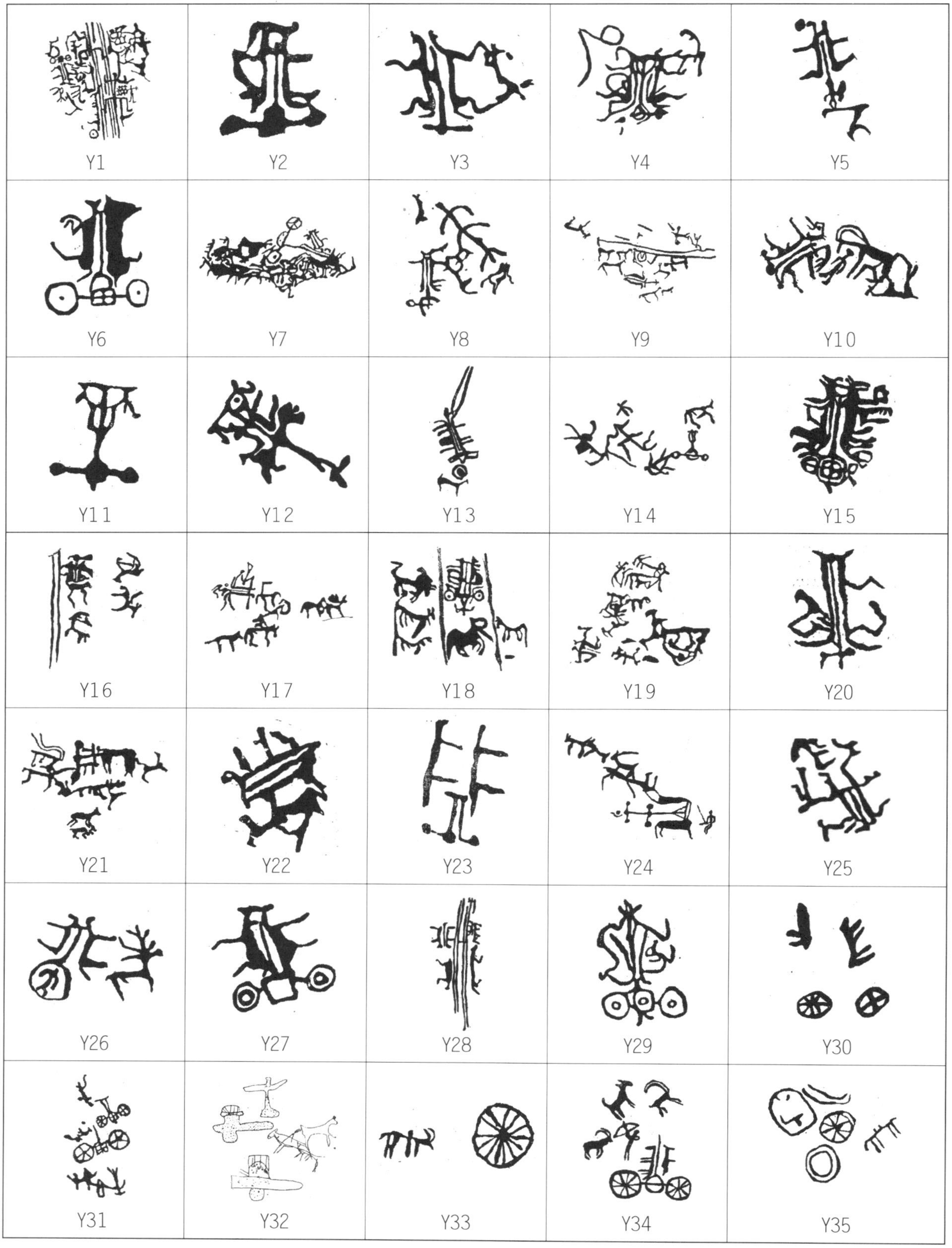

图1　内蒙古阴山车辆岩画图

点各记录了1幅车轮岩画。吐葫芦乡托背梁村东南山岩画点发现了2幅车辆岩画。吐葫芦乡泉脑村西南的斯外特昆多岩画区记录了1幅车辆岩画。巴里坤县兰州湾子岩画点发现了4幅车辆岩画，巴里坤哈萨克自治县石人子乡石人子村以南的东黑沟岩画点记录了1幅车辆岩画。尼勒克县阿克塔斯牧场却米克拜沟记录了1幅车轮岩画。哈密市沁城白山岩画点中有3幅车辆岩画。沁城乡小堡村上马崖东北的上马崖岩画点发现了1幅车辆岩画。西山乡杏树沟村东南记录了1幅车辆岩画。西山乡杏树沟村以西的西山阔克亚尔岩画区发现了1幅车辆岩画。鄯善县连木沁沟、尉犁县、温宿县包孜东各记录了1幅车辆岩画。依次如图2所示。

①罗佳：《东天山地区史前艺术考论》，博士学位论文，西安美术学院，2013年。第238页，图X3、第240页，图X5、第242页，图X9、第228页，图X15、第231页，图X16、第232页，图X17。

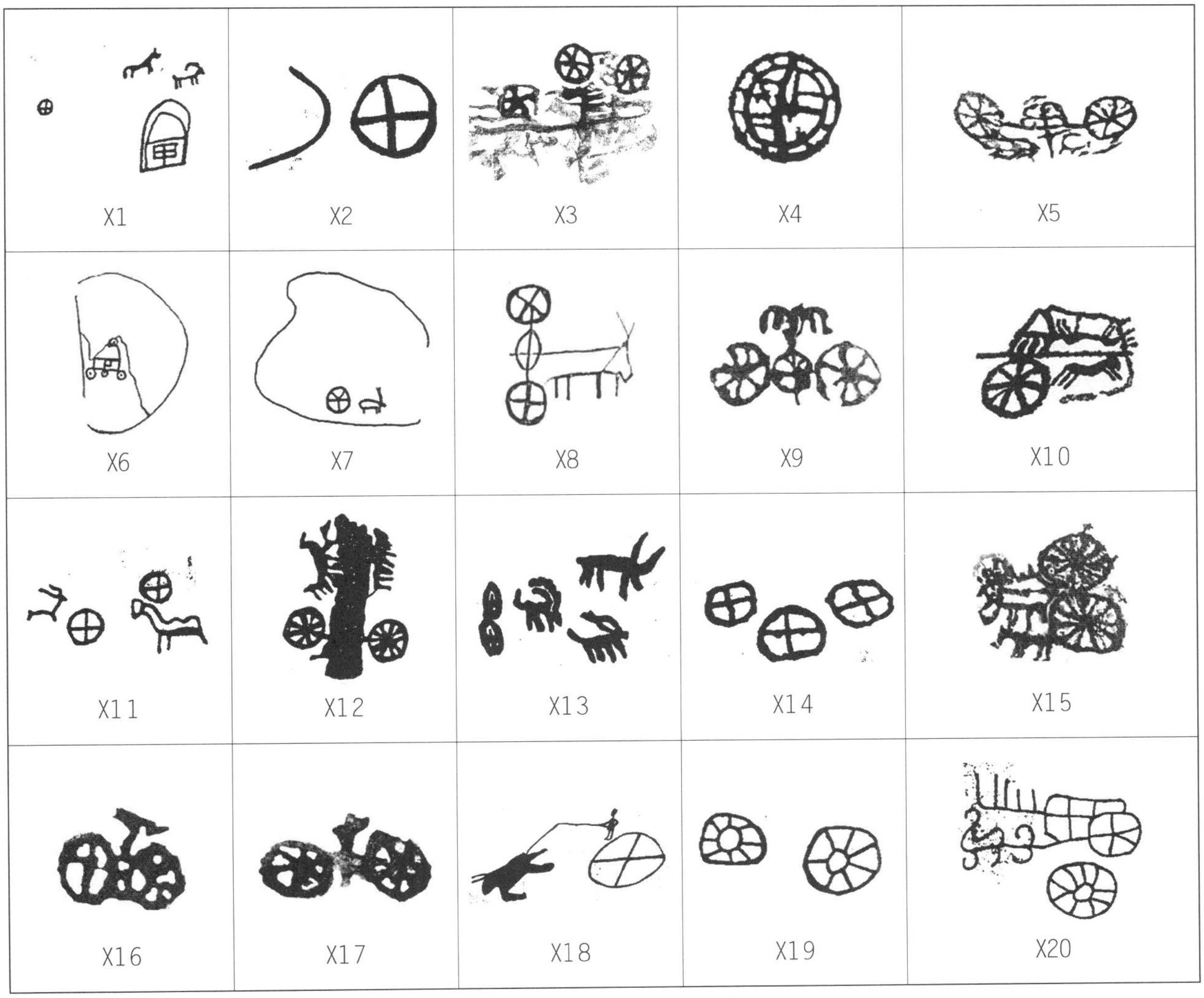

图2　新疆天山车辆岩画图[①]

二、阴山和天山车辆岩画的图像特征比较分析

（一）车辆形制

关于车辆的起源，中国历史上流传着多种说法。一种传说认为夏代的奚仲是车辆的发明者，这一点在《管子》中有记载：“奚仲之为车也，方圆曲直，皆中规矩钩绳，故机旋相得，用之劳利，成器坚固，主犹奚仲也。”① 然而，也有观点认为车辆的发明权应归于更早的黄帝，《太平御览》记载：“黄帝造车，故号轩辕氏。”②《古史考》记载：“黄帝作车，至少昊时驾牛，及陶唐氏製彤车，乘白马，则马驾之初也，有虞氏因彤车而製鸞车，夏后氏因鸞车而製鈎车，奚仲为车正。”③尽管车辆的确切起源时间尚有争议，足以说明我国史书上关于车辆的记载非常早。

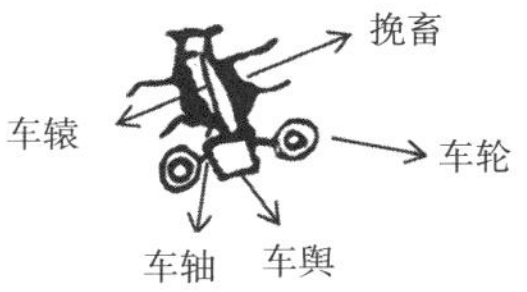

图3 车辆岩画各部位标识图（作者制）

辀，即车辕，孙机先生在《中国古独辀马车的结构》一文中对辀做了定义：“牛车称辕，马车称辀；单根称辀，两根虽是装在马车上但亦多称为辕。”④车轴是车舆的重要部位，在两车轮的毂中并处于车毂外，连接两车轮的圆木杠，上承载车厢，承受车载重量，一般以圆木制成，中间粗，两头略细。车厢在古代称为舆，舆是车子的荷载部分，闻人军注《考工记》说：“马车车厢呈矩形，前后较短，左右较长。小型的只能乘载两三名乘员。车厢后面开门，人由此上下车。车厢由‘轼’‘较’‘轸’‘轵’等部分构成。舆多用四根方木做成底架，这四根方木称作‘轸’。”⑤中国古代的马车起初只有独辀，直到战国时期才出现双辕，但未被推广。在西汉以前，独辀车仍为主要出行方式。西汉后期才被双辕车取代。独辀车至少要驾两匹马，双辕车只需一匹马。先秦文献中提到的战车和贵族出行的车，大多皆为独辀马车。⑥

图4 单辕双轮马车

图5 单辕四轮马车

车辆的类型特征体现了当时时代的特征，岩画中的车辆结构特征非常明显，因此对断定岩画年代提供了可靠的方法。车辆岩画的车形一般由轮、舆、轴、辕、衡组成。其形与甲骨文、金文中的“车”字相近。如下就是车辆岩画的各部位标识图（图3）。

阴山车辆岩画中的车辆均为单辕结构，具体可分为无轮车、双轮车和四轮车，且车舆形态有方形或圆形之分。这些车辆通常配备双轭，用于连接车辆与牵引动物。车轮的设计从实心轮演变至辐式轮，这一改进反映了古代车辆技术的进步。最初，车轮为密实的圆板状，为了防止车轮在重压下裂开，后来发展出了辐条结构，且辐条数量逐渐增多，以增强车轮的稳定性和耐用性。阴山车辆岩画所描绘的极大多都是单辕双轮马车（图4），还有部分岩画点只发现车轮岩画，有学者表明，车辆岩画中拉车的动物被省略，仅刻画一两个车轮用以象征车辆的存在。特别值得注意的是，四轮马车在阴山乃至中国境内极为罕见，仅有一辆被发现，且配有驭具（图5）。在所有岩画中，仅

①盛广智注译：《管子译注》，长春：吉林文史出版社，1998 年。
②（北宋）李昉编，谦德书院校注，《太平御览》，北京：团结出版社，2024 年。
③谯周：《古史考》，北京：中华书局，1991 年。
④孙机：《中国古独辀马车的结构》，《文物》1985 年第 8 期。
⑤闻人军译注：《考工记译注》，上海：上海古籍出版社，2021 年。
⑥孙机：《中国古独辀马车的结构》，《文物》，1985 年第 8 期。

有一幅图片上刻画有两辆辕数不同的车，一辆为双辕双轮，另一辆为单辕双轮。根据盖山林先生的分析，从画面上两轮辐条不一致的情况推断，这可能仅是示意性的表达，因此双辕实际上应为单辕（图6）。因此，除了那幅四轮马车的岩画外，阴山车辆岩画中的其他车辆均被归类为单辕双轮马车。

天山车辆岩画中，几乎所有车辆岩画中的车轮都为辐式车轮，只有一幅为圆板状车轮，且明显看出这一幅车轮与其他辐式车轮不是同一年代。其中一半的车辆岩画中，只含有辐式车轮用来代表完整的车辆图，其余车辆岩画大多为单辕双轮车，有一辆车有车轭（图7）。

在天山哈密沁城白山地区，一幅著名的车辆岩画引起了学术界的广泛关注（图8）。该岩画描绘了一幅单辕双马的车辆形象，其结构由一轴、两轮以及多辐条组成，且未描绘出舆的部分。这幅岩画的车辆形象宏伟庞大，画幅面积显著，车辐数量达到12根，显示出其在当时社会中的重要地位。从岩画的绘刻技巧来看，可以推断其为研磨而成。车轮的平均直径约为25厘米，车身宽度为72厘米，长度为90厘米。根据历史记载，维吾尔族的祖先姑师人已经使用高车作为运输工具。《魏书·高车传》中提到高车人使用的车轮高大，辐数至多，且他们逐水草而居，以畜牧为生。这幅车辆岩画被认为是青铜时代中期的作品，与高车存在渊源关系，但时间上早于高车的出现。因此，可以推测姑师人使用的高车可能是由岩画中所描绘的车型改进发展而来的。

图6　两幅车辆岩画

图7　单辕双轮有轭车

图8　高轮大车

（二）车辆挽畜

车辆挽畜问题的研究可以归结为两个核心点：挽畜的存在与否以及挽畜的种类。首先，关于有无挽畜的问题，学者张晓霞提出，有无挽畜与车辆是否处于前进状态有关，认为有挽畜的车辆岩画是对动态行进车辆的描绘，而无挽畜则是对车辆静态的刻画，仅关注车辆本身。[①]然而，这一观点存在争议。考虑到岩画在不同时期的风格演变，例如阴山岩画从早期的原始现实主义和自然主义图像，追求形态逼真，到后续的程序化、符号化和抽象化，再到后来的写实化发展，但与之前的写实风格有所不同，作品较粗糙，制作敷衍。车辆岩画也呈现出类似的风格变化，有的岩画中车辆形象十分形象，挽畜、车轮、车辕、车舆等都有精细刻画，而有的只用车轮代表一辆车。因此，挽畜的有无可能只是当时的人们对车辆的一种表示方式，而非单纯的动态或静态描绘。其次，关于挽畜是什么动物的问题，不同的挽畜可以反映当时古人的生活方式和状态，也可以通过挽畜来判断当时的年代。例如，西藏地区的车辆岩画相比较欧亚草原核心地带的车辆岩画，年代稍晚一些，约为公元前200年。挽畜的种类和岩画的风格变化，为我们理解古代交通工具的演变和古人生活方式提供了重要的视角。

对车辆岩画的研究可以发现，车辆岩画常常与动物一同出现，这些动物包括马、牛、驼等，而在阴山岩画中，马是最常见的挽畜，因此阴山车辆

①张晓霞：《乌兰察布岩画研究——早期游牧文化映像》，北京：民族出版社，2022 年。

岩画多为马车岩画。阴山的车辆岩画大部分都描绘有挽畜，且多为以双马为挽畜的单辕车。商代的马车属于单辕双轮车，主要由两轮、一辕、一轴、一舆、一衡组成。舆的形状有方形、圆形、梯形三种，以方形为主。在辕左右，衡的内侧各有一车扼，辐条多数为18根[①]。商代的马车不仅是交通工具，更是权力的象征，普通百姓没有资格乘坐。西周的马车承袭商代的样式，并有所完善。据历史记载，单辕双轮车在商周时期使用普遍，商代的车辆主要有牛车和马车两种，牛车目前没有看到考古发掘的实物遗迹，但商代的马车数量发掘颇多，在河南省安阳殷墟等地发掘的商代晚期马车是迄今所见中国古代最早的马车实物。[②]如图9所示，可以看出与阴山车辆岩画中部分极为相似（图10）。内蒙古自治区宁城县宁城南山根102号墓出土的刻纹骨板上有两辆车子图像，都是单辕双轮车，如图11所示。该墓与宁城南山根101号石椁墓相当，即西周晚期至春秋初期。[③]可以看到骨板中间马车中两马背部相对，四腿向外。两轮平置作同心圆状。阴山车辆岩画有一幅与之极为相似（图12）。因此可以判断两者应该处于同一时期。

图9　ADDK3车马出土情况[④]

图10　双轮方舆车

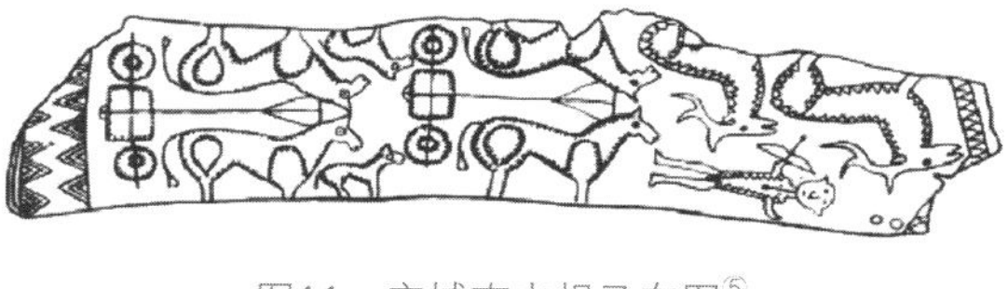

图11　宁城南山根马车图[⑤]

图12　双轮单辕马车

新疆天山与内蒙古阴山的车辆岩画在挽畜的使用上呈现出明显的差异。天山地区的车辆岩画中，驾车的挽畜不仅有马，还有牛，而阴山车辆岩画中则以马为主。例如，新疆巴里坤兰州湾子的车辆岩画展示了双轮无辕牛车的形象，采用打击凿刻法制作，具有一舆和四根辐条。[⑥]这幅岩画中的牛作为驾车挽畜，暗示了其较早的年代，并且车辐数量与内蒙古阴山车辆岩画中的相一致，这可能指向两地车辆岩画之间的内在联系。鉴于匈奴人曾在这两个地区活动，并且史料和考古发现证实匈奴人广泛使用车辆，因此有理由推测这

①刘一曼：《殷墟车子遗迹的发掘与殷代甲骨、金文中“车”字》，江苏省哲学社会科学界联合会，江苏省甲骨文学会，江苏省教育工会，《江苏纪念甲骨文发现100周年甲骨文与商代文明国际学术研讨会论文选集》，中国社会科学院考古研究所，1999年第6期。
②王俊：《中国古代车马》.北京：中国商业出版社，2022年。
③宁城县南山根的石椁墓《考古学报》，1973年第2期。
④牛世山：《河南安阳殷墟大司空东地三座商代晚期车马坑发掘简报》，《考古与文物》，2024年第6期。
⑤田广金，郭素新：《北方文化与匈奴文明》，南京：江苏教育出版社，2005年，第357页。
⑥苏北海：《新疆岩画》，乌鲁木齐：新疆美术摄影出版社，1994年，第371页。

幅岩画可能是匈奴人的创作。牛车，亦称勒勒车，是北方草原上的传统交通工具，曾被蒙古族和哈萨克族使用。这种全木制的车辆由车身和车轮组成，车辕前伸，能够适应崎岖的道路和抵御颠簸。勒勒车专为单头牛设计，因此俗称牛车。①

挽畜的不同选择反映了不同地区车辆岩画的时代差异。据考古资料，牛在公元前6000年已被人类驯化，但直到公元前4000年后期才被用作牵引畜力。②新疆地区发现的车辆岩画中，牛拉车较为普遍，这可能表明这些岩画创作于马被驯化之前的青铜时代前中期。最早的车辆被认为是牛车，但由于牛的行走速度慢，难以满足人们的需求。随着马的驯化，人们发现马的速度远超牛，因此牛车逐渐被马车取代。马的驯化时代推测为青铜时代晚期，这一转变标志着生产力的飞跃，也反映了古代不同游牧部落使用过不同形制的车辆作为生产工具。

表1　阴山、天山车辆岩画形制统计

不同地区 形制特征	只有轮子 （均为辐条）	双轮单辕 （辐条轮）	双轮单辕 （圆板轮）	挽畜为牛	挽畜为马	有车轭
阴山车辆岩画	3	2	16	0	28	2
天山车辆岩画	10	9	1	1	3	1

通过上述表格可以明显看出阴山车辆岩画和天山车辆岩画的异同，两个地方大多都为双轮单辕式形制，阴山地区车轮多为圆板式，而天山车辆岩画多为辐条式，这是两者明显的区别。

（三）构图方法

阴山车辆岩画和天山车辆岩画都有两种构图方法：一种是俯视构图，即就是从上往下看到车辆的整体轮廓图，阴山车辆岩画大的整体都采用俯视结构，类似于殷墟车马坑。从车的俯视图可以看到车舆、车轮、车轴相连接，挽畜在车辕两侧。另一种是侧视构图，就是从侧面看，车辆岩画的部分采用侧视构图。一般来说，两轮和挽畜都采用的是侧俯视图，就是将两轮和两马平置于地上而俯视的构图。

阴山车辆岩画中车与马的构图关系有两种：一是两马背对车辕，即双马两背相对，如图13。阴山岩画中大多数马车岩画都采用这种构图方式。二是两马侧对车辕，方向一致，如图14，不过这种构图方式在阴山车辆岩画很少见。这种构图的特点是车和马都是侧俯视。天山车辆岩画中大多数车辆岩画没有挽畜，只有四幅图存在挽畜，且形态各异，应属于不同时期。其中一幅牛拉车画法极为简洁清晰，虽然牛拉车比马拉车出现的时代要早，但是笔者认为这幅牛拉车图时代应该比其他马拉车的岩画晚一点。

张长寿先生根据甲骨文、金文的车字，推断出殷商时期不只有直衡车，

图13　两马背对车辕

图14　两马同向

①张冬阁：《满族民俗文化画卷》，石家庄：河北人民出版社，2019年。
②〔英国〕彼得·沃森著；孙艳萍译：《大分离新旧大陆的命运》，南京：译林出版社，2023年。

也有曲衡车。[①]殷墟出土的马车都是直衡车，1987年在郭家庄M52车马坑，第一次清理出曲衡马车。两马侧卧于辕的两侧，腹部相对，背脊朝外，推测时代为殷墟文化第四期初[②]。与岩画中的马车中马的侧卧方式不一样，一般岩画中的马是脊背朝内，四腿向外。舆底是用四根轸构成的矩形方框，和岩画中的一致，如图16。山西浮桥北商周墓出土的M1是现存最早的马车实体之一，属于青铜时代殷墟一二期之际。带有簸箕形车舆及曲衡，车轮约有20根辐条。两马背部相对，四腿向外[③]，如图17。这种构图方式在岩画中极为常见，两者之间必然存在某种联系。

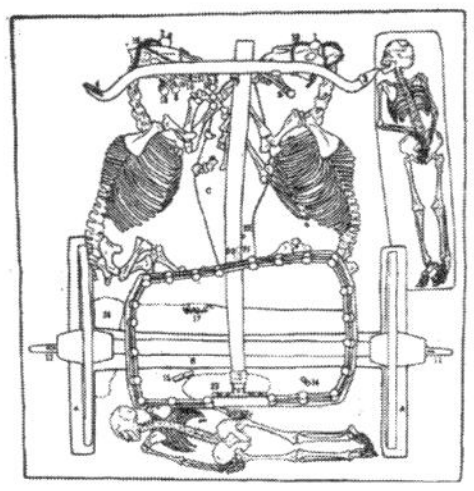
图15　郭家庄M52车马坑[④]

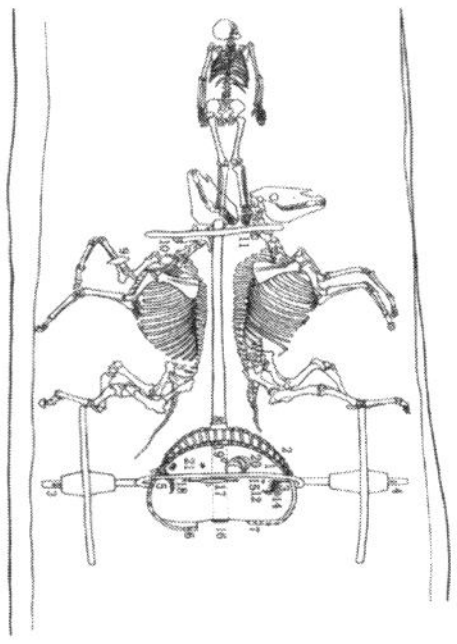
图16　山西浮桥北商周墓M1[⑤]

三、结语

通过对内蒙古阴山车辆岩画和新疆天山车辆岩画的比较研究，我们可以发现，尽管两地岩画在艺术风格、车辆结构和社会文化意义上存在差异，但它们都反映了古代先民的生活状态和文化特征。岩画的制作，并不是某一个民族，在某一历史时期完成的，而是延续时间较长，由不同民族共同完成。它对我国古代游牧民族的历史、宗教、艺术、民俗等方面具有重要的研究价值。这些岩画不仅是研究古代交通工具的重要资料，也是理解史前时期欧亚草原文化交流的宝贵资源。未来的研究可以进一步探讨岩画背后的历史背景，以及它们在古代社会中的具体作用和意义。

A Comparative Study of Vehicle Rock Art in Inner Mongolia's Yinshan Mountains and Xinjiang's Tianshan Mountains

Hu Fangyuan

Abstract: Using archaeological research methods, this paper presents a systematic survey and detailed analysis of vehicle rock art in the Yinshan region of Inner Mongolia and the Tianshan region of Xinjiang. The study takes into account historical documents and archaeological excavation data, and conducts an in-depth comparative study of the geographic distribution of rock art, morphological features, types of animals and compositional techniques. Through the detailed analysis of vehicle petroglyphs, this paper aims to deepen the understanding of the lifestyle of ancient nomads and provide a new research perspective for exploring the mode of transport in ancient societies. Nevertheless, due to the limitations of the petroglyph

①张长寿：《商周考古论集》，北京：文物出版社，2007年。
②中国社会科学院考古研究所安阳工作队：《安阳郭家庄西南的殷代车马坑》，《考古》，1988年。
③⑤田建文，范文谦，侯萍，等：《山西浮山桥北商周墓》，《古代文明（辑刊）》，2006年第5期。
④杨锡璋，刘一曼，《安阳郭家庄西南的殷代车马坑》，《考古》，1988年第10期。

data and the unavoidable subjectivity in the interpretation process, the conclusions of this study still have certain limitations. Therefore, future research needs to rely on more archaeological excavations and advocate interdisciplinary cooperation in order to have a deeper understanding and interpretation of the evolution of transport in northern rock art.

Key words: Vehicle rock art; Yinshan Mountains, Inner Mongolia; Tianshan Mountains, Xinjiang; Typology

左江岩画中圆形图像的文化内涵研究

骆　霞　鲁文银　车　静

本文系国家社会科学基金重大研究项目“中国西南—东南亚岩画数字化记录与比较研究”（项目批准号：24&ZD313）阶段性成果、广西民族大学民族学与社会学学院“民族学一流学科”资助项目“左江岩画中圆形图像的文化内涵研究”（编号：301101102）阶段性成果。

作者简介：
骆霞，女，广西民族大学民族学与社会学学院在读硕士研究生。研究方向：艺术考古学和岩画。
鲁文银，男，广西民族大学民族学与社会学学院在读硕士研究生。研究方向：民族史和岩画。
车静，女，广西民族大学民族学与社会学学院在读硕士研究生。研究方向：艺术考古和岩画。

摘　要：本文系统整理了广西左江岩画中的圆形图像，图像大体可分为138组，共计344个，分布于36个岩画点。左江岩画中的圆形图像按照其画法大致分为纯圆圈形、圈中带芒线形和其他三种类型。笔者认为纯圆圈形是太阳符号的简化表达，圈中带芒线形是对太阳符号的直观表达，且左江岩画中大部分的圆形图像可能承载着通天通阳的文化内涵。

关键词：左江岩画；圆形图像；文化内涵

左江岩画是我国西南地区最具代表性的岩画群之一，其规模庞大、内容丰富，是探索骆越文化的重要依据之一。左江岩画自20世纪80年代被调查以来，学者们对此做了诸多研究，在图像内容、文化内涵等方面都取得了显著的成果。但在诸多研究中，鲜见单独将其中的圆形图像作为主要研究对象进行系统梳理的，大多是作为研究中的细小部分。本文拟从左江岩画圆形图像入手，运用文化人类学原理，在图像分析的基础上，分析其文化内涵。

一、左江岩画的圆形图像概况

左江岩画历经多次调查，已发现的岩画点有89个，图像大体可分为300组，共计5000余个。其中，圆形图像在数量方面尚能辨认的近400个，约占全部图像的7.6%，数量上仅次于人物图像。①可见，圆形图像在左江岩画中占有一定比例。

笔者通过对《广西左江岩画》中的圆形图像进行梳理，整理出138组图像序列，共计344个，分布于36个岩画点。从地理位置上看，宁明县是这些圆形图像的核心分布区，共有257个圆形图像分布于此，占比74.71%。其中，宁明花山这一岩画点计有221个圆形图案聚集于此，占比64.24%，凸显了花山岩画在左江岩画研究中的重要性。关于图像大小方面，胡鹏程在《单一与丰富——再谈宁明花山岩画的图像形态》一文中指出，这些圆形图像单体直径最大的达80厘米，最小的8厘米，笔痕宽度在5厘米左右。②可见，左江岩画圆形图像在大小上没有较为统一的样式。

在图像组合方面，如图1，每组仅包含1个圆形图像的组合方式多达61组，占比44.2%；每组包含2个圆形图像的组合方式占比27.54%；单组图像中圆形图像出现频次最高的达27个，但此类情况较少。因此，从整体布局来看，这些圆形图像并非孤立存在的，而是作为复合图像融入了138组图像之中，并与人物图像紧密共生。每组画面中，人物图像的数量从1个到108个不等。值得注意的是，每组图像中所包含的人物数量在1~20个之间的占比为79.71%。除此之外，如图2，圆形图像还与动物图像、器物图像组合出现，占比分别是45.65%、60.14%。在与动物图像组合的方式中，马类图像共计56个，占据了主导地位。除了马类图像之外，画面中还辅以少量禽类、犬类动物图像。在器物图像方面，除了常见的环首刀、扁茎短剑等器物外，还出现了击鼓器械、羊角钮钟等器物。因此，左江岩画中的圆形图像正是通过这些丰富的图像组合方式，从而展示了多样化的叙事场景，并赋予了其独特的文化内涵。

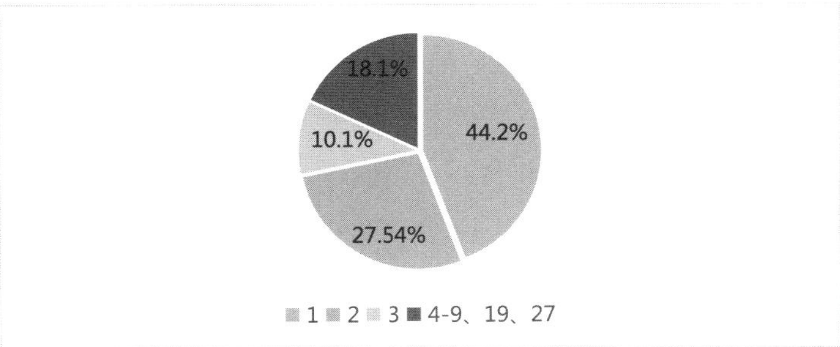

图1　左江岩画每组图像中圆形图像数量占比图

①关于左江岩画岩画点的数量，流传较广的有两种说法，一种是80个，另一种是89个，盖因对岩画点的认识不同，本文引用杨清平的最新研究成果，岩画点共计89个。杨清平：《左江花山岩画与相关考古遗存的关联性研究》，南宁：广西科学技术出版社，2021年，第21–23、第29页。

②胡鹏程：《单一与丰富——再谈宁明花山岩画的图像形态》，《民博论丛》，2019年第00期。

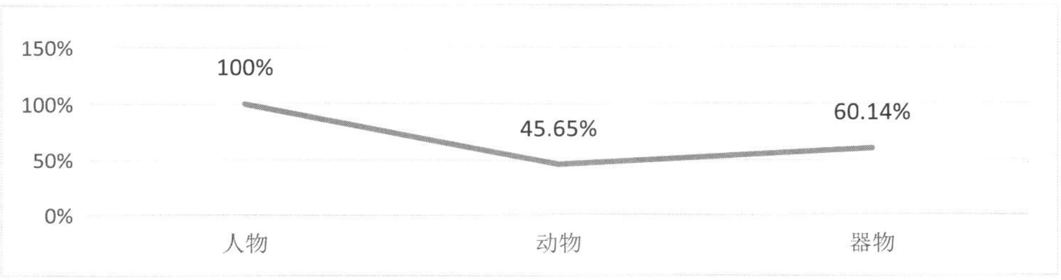

图2　左江岩画中与圆形图像相组合的图像占比图

二、左江岩画圆形图像分类

关于左江岩画中圆形图像的分类前人已有研究，覃圣敏、覃彩銮等在《广西左江流域崖壁画考察与研究》一书中，将这些圆形图案归纳为五大类别，并进一步细分为二十五种亚类型。分别为单环形、双环形、三环形、实心形、空心芒线形这五大型。[①]胡鹏程在《单一与丰富——再谈宁明花山岩画的图像形态》一文中，将其分为单环形、双环形、三环形、带耳形、不完整形五大类。[②]梁玥亮、肖波在《左江岩画两种图像的文化内涵》一文中，将圆形图像分为纯圆圈形和圈中带芒线形两种类型，其中纯圆圈形包括单圆圈、双圆圈、三圆圈、圈中带点的圆形。[③]笔者综合前人的研究，并结合圆形图像的特征，将左江岩画中的圆形图像分为纯圆圈形、圈中带芒线形以及其他三种类型。其中，纯圆圈形图像被视为太阳象征的抽象表达形式，其构成摒弃了复杂的太阳芒线，转而采用简化的纯圆圈图形。至于圈中带芒线形的图像，则直接展现了太阳的形象，其中的芒线元素象征着太阳放射出的光芒。其他类型的图像主要包含成形的图像。

（一）纯圆圈形图像

关于左江岩画中的纯圆圈形图像，笔者认为其实质上是太阳符号的一种变体，它是简化了的太阳符号。早期人类描绘太阳的形象，普遍采用圆环形与放射状线条作为其视觉构成元素，其中放射形线条代表着太阳四射的光芒。束锡红、冯艺飞在研究大麦地岩画的典型图形符号时指出，古人在刻画太阳时，都会画一个圆圈，或虚，或实，或画出光芒，而圈中带点的圆形图像便是最具典型代表性的太阳符号。[④]宋耀良认为，同心圆（包括多重同心圆）有可能是太阳的一种变体，即简化了的一种太阳符号。[⑤]黄剑华结合出土文物上的太阳图案与太阳纹饰研究后，指出先民在摹画圆日形状时，有的是画一个圆圈，有的圆圈内还画有一黑点，有的则画为双圆圈或多圆圈。[⑥]笔者经过分析，观察到左江岩画中的圆形图像并未呈现圆圈外部延伸芒线的情形，而是普遍于圆圈内部构绘芒线结构。基于此，笔者将那些外部未附加芒线，而是保持纯粹的圆周形态的图像归为纯圆圈形图像一类，如图3，左江流域圆形岩画中纯圆圈形图像数量总计145个，占比39%。其中单圆圈49个，

①覃圣敏，覃彩銮，卢敏飞：《广西左江流域崖壁画考察与研究》，南宁：广西人民出版社，1992年，第164页。
②胡鹏程：《单一与丰富——再谈宁明花山岩画的图像形态》，《民博论丛》，2019年第00期。
③梁玥亮，肖波：《左江岩画两种图像的文化内涵》，《艺术探索》，2020年第5期。
④束锡红，冯艺飞：《大麦地岩画典型图形符号相似性识别及释义》，《甘肃开放大学学报》，2024年第1期。
⑤宋耀良：《中国史前神格人面岩画》，上海：三联书店上海分店，1992年，第65页。
⑥黄剑华：《探寻古蜀国·从三星堆看中华文明》，北京：研究出版社；中国出版集团，2022年，第149页。

占比13%；双圆圈50个，占比13%；三圆圈6个，占比2%；圈中带点的圆形40个，占比11%。

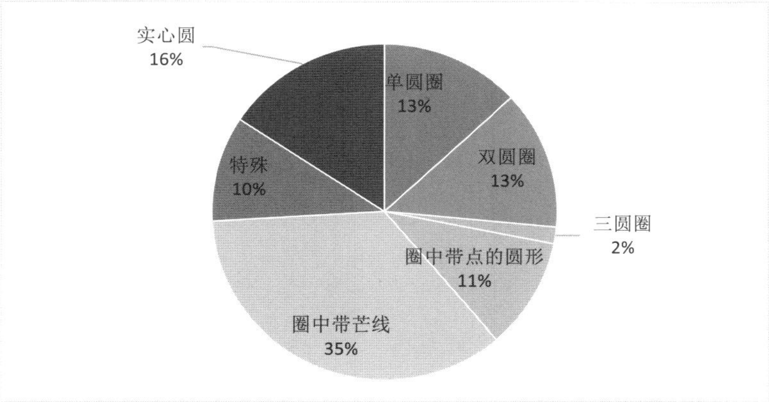

图3　左江岩画中各类圆形图像占比图

（二）圈中带芒线形图像

圈中带芒线形图像相对于纯圆圈图像而言，其构造较为复杂，除了外部的圆圈，内部还有一些复杂图案，这些复杂图案由条数不等的芒线构成。在荣格的原型概念中，他把圆圈图像看作是人的深层心理中的一种原型，并为此种原型命名为“曼陀罗”（Mandala）。曼陀罗是个梵语词，意为魔圈。它的象征符号系统包括了所有安排在同心轴上的圆形，以及所有呈辐射状或球形状的排列和所有带中心点的圆圈。[①]基于此，笔者将圈中带芒线形的图像归为一类，并认为此类图像是太阳形象的直接表达，其中的芒线象征着太阳辐射的光芒。而图像中圆圈外的芒线数量并不相等，这些芒线可以是四条、五条、六条不等，每一条芒线都可能承载着特定的象征意义。

圈中带芒线形的图像其芒线大多绘制4~9条，呈放射状。从芒线结构上看，又可将其分为圈中有加点芒线形和不加点形两种，加点形即圈中有一个小圆，从小圆上绘制出芒线，有及边和不及边两种。不加点形即圈中仅为放射状芒线形图像。据统计，左江流域圆形图像中圈中带芒线形的图像共计132个，占比35%。

（三）其他类型

除了上述两种类型外，还有一些不完整的圆形图像和实心圆点图像，据统计，此类图像共有97个，占比26%。其中，不完整的圆形图像共计38个，占比10%，主要包括未闭合的圆形图像以及不规整的圆形图像。实心圆点图像是由颜料涂实，整体呈圆状的图像，该类图像共计59个，占比16%。

关于实心圆点图像，王克荣、邱钟仑、陈远璋认为这种由椭圆状点排列而成的谷穗状图案，乃是粮食作物的图案。[②]但覃圣敏、覃彩銮等人认为此种紧密连接的小圆点图像，似乎是一个尚未完成的动物构图。[③]胡鹏程认为，

①晓明，良范：《贵州岩画中的符号——十字形符号与圆形符号释义》，《贵州大学学报（社会科学版）》，1996年第3期。
②王克荣，邱钟仑，陈远璋：《广西左江岩画》，北京：文物出版社，1988年，第198页。
③覃圣敏，覃彩銮，卢敏飞等：《广西左江流域崖壁画考察与研究》，南宁：广西民族出版社，1987年，第168–169页。

有的实心圆点图像是骆越先民采用以点定位法标记岩画图像轮廓时遗留下来的。他认为当这种实心圆点图像与动物图像组合出现时，实心圆点是骆越先民在制作尺寸较大的动物图像过程中所用的定位点（图4），以此来保证动物图像的造型准确。除了与动物图像组合出现之外，作者还认为刀剑在正身人像腰间的绘制也采用了以点定位法，一侧定环首位置，一侧定刀尖位置，最后将两点相连。[①]笔者基本认同实心圆点是未完成的图像的观点，因无法区分该类图像的具体内涵，所以笔者将此类图像归入其他类型中。

图4　宁明花山岩画第二画区第三组（图片引自王克荣、邱钟仑、陈远璋的《广西左江岩画》）

三、圆形图像的文化内涵分析

关于左江岩画中圆形图像的文化内涵，学术界众说纷纭。汤惠生认为内部绘有五角星形、放射线、同心圆、田字格等图案的圆圈图像是雷轮，体现了作画民族雷神崇拜的观念。[②]韦克游在《符号与空间的神秘隐喻——从二维抽象符号与三维形象空间解读左江崖画的宗教意蕴》一文中，从图像组合的角度分析，认为花山崖画上的多环同心圆圈纹、圈点形纹是女阴的象征，其图像与作画民族的生殖崇拜有关。[③]海力波也认为圆圈图像有生殖崇拜的意涵，他在《左江崖壁画与骆越人之生殖崇拜》一文中，通过将青海马家窑文化马厂型蛙纹彩陶壶中的青蛙形尾部代表阴户的三环形图案与左江崖壁画的三圆圈图案进行对比，认为两者形状相似且都是女性阴户的象征。[④]金芭塔丝结合古欧洲关于再生的神圣意象，认为同心圆是再生的专属抽象象征。在某种程度上，圆形图像可以象征子宫，代表着生命的起源和再生的循环。[⑤]而束锡红、冯艺飞认为圈中带点的圆形是最具典型代表性的太阳符号。[⑥]宋耀良认为同心圆（包括多重同心圆）可以视为太阳的变体，是一种简化的太阳符号。[⑦]梁玥亮、肖波认为左江岩画中绝大部分的圆形符号有着沟通天地的功能。[⑧]此外，学术界对于圆形图像的解释多种多样。有的学者认为它们代表铜鼓图像，有的视其为日月星辰的象征，还有学者提出这些圆形图像可能表示盾牌、铜锣或车轮等物品。笔者则在前人的研究基础之上，将其分为纯圆圈

①胡鹏程：《单一与丰富——再谈宁明花山岩画的图像形态》,《民博论丛》,2019年第00期。
②施兰英，汤惠生：《危乎高哉！雷神安在？——花山岩画的多学科考察》，《中国社会科学报》，2022年12月22日，总第2557期。
③韦克游：《符号与空间的神秘隐喻——从二维抽象符号与三维形象空间解读左江崖画的宗教意蕴》，《西北民族大学学报（哲学社会科学版）》，2005年第1期。
④海力波：《左江崖壁画与骆越人之生殖崇拜》,《民族论坛》，1995年第3期。
⑤（美）马丽加·金芭塔丝著；（美）米里亚姆·R.德克斯特主编：《活着的女神》，桂林：广西师范大学出版社，2008年，第27页。
⑥束锡红，冯艺飞：《大麦地岩画典型图形符号相似性识别及释义》，《甘肃开放大学学报》，2024年第1期。
⑦宋耀良：《中国史前神格人面岩画》，上海：三联书店上海分店，1992年，第65页。
⑧梁玥亮，肖波：《左江岩画两种图像的文化内涵》，《艺术探索》，2020年第5期。

形、圈中带芒线、其他类型三种类型（图5），并尝试对其文化内涵进行解读。

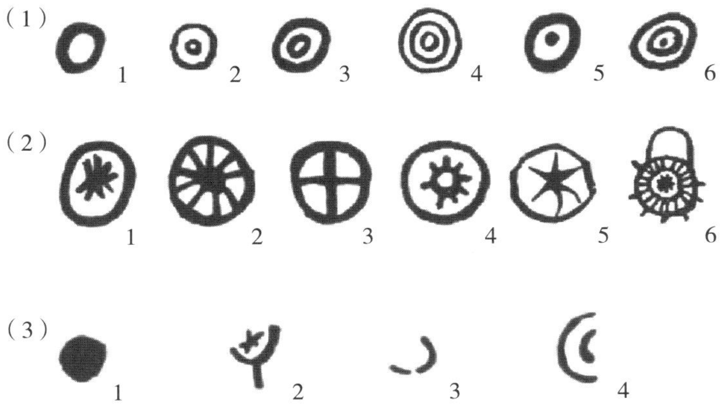

（1）纯圆圈形　（2）圈中带芒线形　（3）其他

图5　左江岩画中的圆形图像（图片引自王克荣、邱钟仑、陈远璋的《广西左江岩画》）

（一）纯圆圈形图像的文化内涵

关于纯圆圈形图像的文化内涵，笔者认为这种图像可能有着通天通阳的双重意义。笔者认为该图像作为太阳符号的一种简化表达，与太阳崇拜有关，而太阳象征着天，因此也可能与通天有关。太阳崇拜作为一种历史悠久的信仰现象，在全球范围内普遍存在，其主要特点就是将太阳视作神圣之物而进行祭拜。太阳崇拜其核心象征在各种文化中均有体现，共同构建了太阳崇拜的原型象征体系。依据荣格的理论框架，原型被定义为“自古恒存的普世意象”，它们源于人类祖先广泛共享经验的心理积淀。这些原型意象，作为世代累积的心理痕迹，深深烙印在人类的精神结构中。荣格强调，个体出生时并非心灵空白，而是携带着“种族记忆”的烙印，这是一种“集体无意识”的体现，它蕴含了既有的生命模式、行为趋向与传统习惯。因此，原型是与生俱来的，先天地存在于人们的头脑之中。①在中国多个地区的岩画遗址中，均清晰地留存了太阳崇拜的文化印记。诸如广西花山岩画、内蒙古阴山岩画、云南沧源岩画，以及江苏连云港的将军崖岩画等（图6）。②此外，在原始宗教范畴内，太阳崇拜与巫文化之间存在密切的关联。在古代中国的宗教信仰中，日神被称为“太阳神”或“日帝”，是重要的天神之一。在《中国的日神崇拜》一书中，乌丙安提到，古代人们相信所有的神力都源自太阳，因此，太阳被视为天的象征。③根据考古发现和历史文献，中国古代先民对太阳有着极高的崇拜，他们认为太阳是生命的源泉，象征着光明和权威。商代的甲骨文中已有对日神崇拜的记录，《山海经》中也有关于太阳神的记载，描述了太阳神的形象和职能。在古代的祭祀活动中，对日神的祭祀是一项重

①熊承霞，韩良为：《符启华夏》，武汉：武汉理工大学出版社，2020年，第2页。
②高福进：《太阳崇拜与太阳神话中的日神信仰及其寓意探析》，《青海社会科学》，1996年第4期。
③黄天骥：《周易辨原（第2版）》，广州：广东人民出版社，2022年，第8页。

要的仪式。

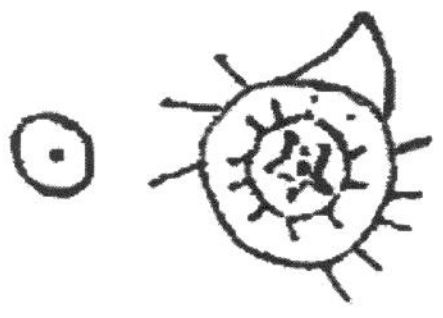

广西宁明花山

云南沧源

江苏连云港将军崖

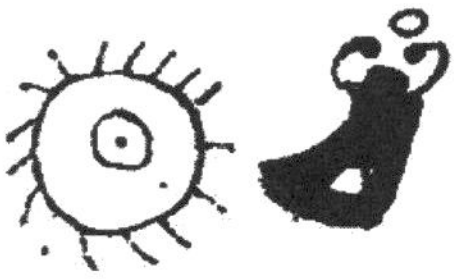

内蒙古阴山

四川珙县

图6　各地区太阳崇拜图像
（图片引自高福进的《太阳崇拜与太阳神话中的日神信仰及其寓意探析》）

关于生活在南方地区的古代越人的祭日习俗，古籍中早有记载，其目的是祈求太阳保佑自己的部落或族群风调雨顺和作物丰收。东汉赵晔在《吴越春秋》中记载，越王勾践曾多次“立东郊以祭阳”[①]。北齐魏收在《五日》这首诗中记载：“因想苍梧郡，兹日祀东君”。[②]这里的东君即指太阳神，表明当时岭南地区普遍盛行祭日的风俗。清代屈大均在《广东新语》的“戴日”条中也描述了当地人每年在太阳神生日时击铜鼓，用以祭祀的盛大场景。[③]在骆越的后裔之一壮族的神话中，有许多关于太阳的故事，如《特康射太阳》《郎正射太阳》《侯野射太阳》《公鸡救太阳》等。直到现代，太阳崇拜的现象在部分壮族地区依然可见。如每年春耕之前（农历春节或二月），壮族人民会在山上或村边的空旷地方设祭坛，由族长主持祭日，杀一只白公鸡、一只红公鸡和一头猪，祭品放在树下，其中还放着一碗生血，上置一根树枝，人们希冀通过这些祭日礼仪，向万能的太阳神祈祷风调雨顺、五谷丰登。[④]

在南壮地区，人们普遍认为太阳是天的眼睛。当发生日食时，人们会敲锣打鼓，并用扫帚指向天空，以防止狗吃掉太阳。云南西畴革机屯的壮族人，每年春节期间都会由族长带领族人到一个固定的小山头祭拜太阳。大年初一清晨，族长会带领族人来到山头，在一块大石头上摆放供品，面向太阳升起的方向进行朝拜。当太阳升起时，族长带领族人围绕大石头转圈，祈求一年的平安和丰收。[⑤]可见在该区域内一直延续着太阳崇拜的传统。

纯圆圈形图像除了在岩画中出现外，在考古发现中也有大量出现。宋耀良根据考古资料指出，新石器时代文化中确实存在对圆形的喜爱习俗。例

①赵晔：《吴越春秋·勾践阴谋外传》（卷五），北京：中华书局，1985年，第182页。

②钟乃元：《唐宋粤西地域文化与诗歌研究》，北京：民族出版社，2012年，第412页。

③（清）屈大均著，李育中等注：《广东新语注》，广州：广东人民出版社，1991年，第3页。

④丘振声：《壮族图腾考》，南宁：广西教育出版社，1996年，第203–205页。

⑤李富强：《人类学视野中的壮族传统文化》，南宁：广西人民出版社，1999年，第169页。

如，中国西北地区的马家窑文化彩陶中常见的四大圆圈纹饰，江南良渚文化中的精美的玉璧、玉环和玉镯。[①]古代越人对圆圈的偏好也有悠久的历史，如广西骆越地区目前已出土的玉璧达30余件，多出自汉代墓葬，先秦时期也有少量发现。[②]在汉代，玉璧常用于祭祀，祭祀对象包括日月星辰、名山大川、宗庙以及各种神灵。《汉书·郊祀志》记载，汉代天子在祭祀名山大川时经常用到玉璧。《东汉会要·礼四·嘉礼》中提到，天子出行，过河时会沉下白马和圭璧各一，经过渭、灞、泾、洛等其他名水时，也会沉下圭璧各一。[③]《后汉书·明帝纪》记载，明帝十三年春天，群臣与百姓会献上优质玉璧作为祭品，祭祀河神，并且明帝会亲自手持圭璧，恭敬地祭祀天地。[④]此外，玉璧除了被认为是祭祀天地的神器之外，还是贵族重要的丧葬用品。《周礼·春官·典瑞》记载："璧琮以殓尸。"[⑤]罗波结合升仙思想认为玉璧被用作随葬品时，其中间圆孔是为了引魂升天。[⑥]汤惠生认为，玉璧的圆孔不仅是"天"的象征，更重要的是表达了人们"通天"的主观意愿。《周礼·春官·大宗伯》中记载，用玉制成六种器物，以祭祀天地四方。[⑦]在此理论成立的基础上，梁玥亮、肖波认为左江岩画中的圆形符号便是巫师用以借助沟通天地的法器。[⑧]另外，有学者提到，有些国家在召唤死灵的仪式中，死灵师需要在选定的地点，绘制一些同心圆与奇怪的符号，以象征神圣的力量。随后，巫师要站在这些圆圈符号之中，借助神圣力量的保护，避免受到恶灵的侵袭。[⑨]这一做法与中国古典名著《西游记》中的一幕颇为相似：孙悟空离开探险时，曾为保护师父唐僧不受妖怪侵扰，特地在地上画了一道圆圈，嘱咐唐僧留在圈内，妖魔便无法进入此圈。由此可见，圆形图像在古代中国的宗教信仰中同样被视为具有防护与连接天地的神秘力量。基于此，笔者认为圆形图像在某种程度上承担了沟通天地、守护平安的重要角色。

综上所述，左江岩画中的纯圆圈形图像在其表现形式上是对太阳符号的简化表达，蕴含着太阳崇拜的深刻意义。进一步而言，太阳作为天的象征，其象征意义亦延伸至天，而纯圆圈图像在象征体系中扮演了联结天地的角色。基于此，笔者认为左江岩画中的纯圆圈形图像承载着通天通阳的双重内涵。

（二）圈中带芒线形图像的文化内涵

关于圈中带芒线的圆形图像，笔者认为该图像可能是太阳的直接象征，其芒线代表的是太阳辐射的光芒。覃圣敏、覃彩銮等学者将左江岩画中的圆形图像与该地区出土文物进行对比。他们将圈中带点，圈中有四芒（指芒线数量）、五芒、六芒、八芒以及带珥且内有芒线的圆形图像分别与各地出土的铜鼓鼓面图案进行逐一比较，他们认为这些类型的圆圈可能对应着不同型号的铜鼓，而其他一些符号可能表示天体图像（图7）。[⑩]王克荣、邱钟仑、

①宋耀良：《中国史前神格人面岩画》，上海：三联书店上海分店，1992年，第65页。
②杨清平：《左江花山岩画与相关考古遗存的关联性研究》，南宁：广西科学技术出版社，2021年，第251页。
③徐天麟：《东汉会要·礼四·嘉礼》，上海：上海古籍出版社，2006年，第77页。
④傅举有：《中国历史暨文物考古研究》，长沙：岳麓书社，1999年，第297页。
⑤周公旦著，陈戍国点校：《周礼·仪礼·礼记》，长沙：岳麓书社，2006年，第271页。
⑥罗波：《汉代玉衣与升仙思想初探》，《文物春秋》，1994年第3期。
⑦吕友仁：《周礼译注》，郑州：中州古籍出版社，2004年，第242页。
⑧梁玥亮，肖波：《左江岩画两种图像的文化内涵》，《艺术探索》，2020年第5期。
⑨韩震主编：《世界寓言之谜》，长春：吉林出版社，2011年，第206页。
⑩覃圣敏，覃彩銮，卢敏飞等：《广西左江流域崖壁画考察与研究》，南宁：广西民族出版社，1987年，第168–169页。

陈远璋等学者认为左江岩画中的大部分圆形图像都代表铜鼓。[①]梁玥亮、肖波认为，左江岩画中出现的带芒线的圆形图像，其芒线象征太阳，且该图像和铜鼓上的太阳纹图像可能有着相似的功能，但不能简单地认为这种图像就是铜鼓。[②]因此，笔者认为，这种图像不仅象征着铜鼓，也象征着太阳。

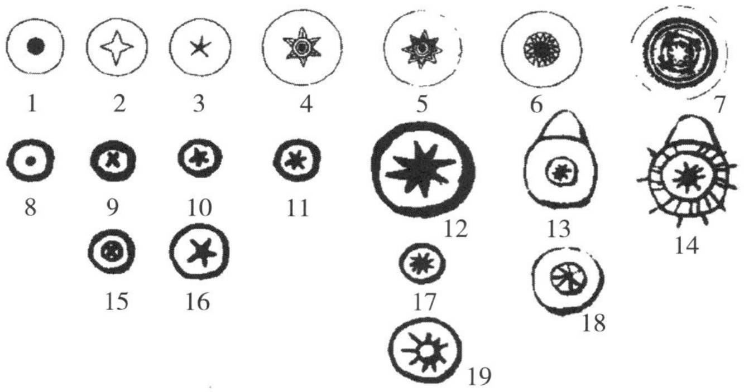

图7　岩画中的圆形图像与铜鼓中的圆形图像对比
（图片引自覃圣敏、覃彩銮等的《广西左江流域崖壁画考察与研究》）

铜鼓在骆越族及其后裔的文化信仰中，通常被认为是一种富有灵性并且能作为与神明沟通的媒介工具。据张穆在《异闻录》中的记载：铜鼓，昔马伏波征蛮物，以山溪易雨，因制之。一悬之梧州镇府左廊，昔沉潭中，声震十里，鼓出遂无怒波，人言其为祟，人舟赖以无险[③]。由此可见，人们相信这是铜鼓的神力所致，船只才得以安全航行。此外，《广西通志》中也记载：伏波将军向南征讨交趾时，船中载着两面骆越的铜鼓，这两面鼓跳入了八桂江中，后来虽然有人找到了它们，却很快又失去了踪迹，这大概是因为它们是灵异之物，时隐时现，似乎是在等待真正有德行的人来发现。[④]直到现在，包括壮族在内的一些少数民族仍然保存着大量的铜鼓，他们把铜鼓作为娱乐和祭祀用具，用以娱人娱神。据调查，广西红水河沿岸各村屯一般都收藏有1组4面铜鼓，用于节庆或特殊活动。[⑤]综上所述，笔者认为圈中带芒线的圆形图像，既代表着铜鼓，也包含着太阳崇拜的意义。将太阳符号刻画在铜鼓上，便是将两者的文化内涵结合起来，太阳代表了天，铜鼓又有通天的作用，由此笔者认为圈中带芒线的圆形图像有着通天通阳的作用。

关于其他类型的图像，除去实心圆点类图像之外，皆是不完整的图像。因为未见全貌，所以对于此类图像的文化内涵，本文不做分析。

结　语

综上所述，笔者认为不论是纯圆圈形图像，还是圈中带芒线形图像，均可视作古代太阳崇拜文化中的重要符号表征，并共同承载着沟通天地的文化内涵。在对左江岩画圆形图像的统计中，笔者发现纯圆圈形图像和圈中带芒

①王克荣，邱钟仑，陈远璋：《广西左江岩画》，北京：文物出版社，1988 年，第 193 页。
②梁玥亮，肖波：《左江岩画两种图像的文化内涵》，《艺术探索》，2020 年第 5 期。
③（清）汪森著，黄振中，吴中任，梁超然校注：《粤西丛载校注》，南宁：广西民族出版社，2007 年，第 799–800 页。
④谢昆，胡虔：《广西通志》（9），南宁：广西人民出版社，1988 年，第 249 页。
⑤覃丽丹，付广华，覃彩銮：《广西花山岩画音乐舞蹈内涵及其独特性研究》，载广西壮族自治区文化厅、广西壮族自治区文物局编《左江花山岩画研究报告集：上册》，南宁：广西科学技术出版社，2015 年，第 414 页。

线形图像共计277个，除去二者重复部分，剩余250个，占比72.6%。也就是说，左江岩画中绝大多数的圆形图像，均有着通天通阳的双重文化内涵。

Research on the Cultural Connotation of the Circular Images in Zuojiang Rock Art

Luo Xia，Lu Wenyin，Che Jing

Abstract： This paper systematically collates the circular images of the Zuojiang Rock Arts，Guangxi. The images can be roughly divided into 138 groups，with a total of 344 images，distributed in 36 Rock Arts. The circular images in Zuojiang Rock Arts are roughly divided into three types according to their painting methods：pure circle shape，line shape with awn in the circle and other types. The author believes that the pure circle is a simplified expression of the sun symbol，and the line shape with akedness in the circle is an intuitive expression of the sun symbol，and most of the round images in Zuojiang Rock Arts may carry the cultural connotation of the sun.
Key words： Zuojiang rock art；Circular images；Cultural connotation

保护与利用

Conservation and Utilization

左江花山岩画文创产品的设计研究

杜雨佳　肖　波

摘　要：左江花山岩画具有独特的民族艺术内涵和重要的科研价值。基于对左江花山岩画文创产品现阶段情况的调查，发现多数存在购买渠道有限、设计缺乏创新性、未充分体现文化内涵等问题。此外，部分优秀的设计作品只存在于图稿中，并未落地或投入生产。左江花山岩画文创产品设计与文化遗产的保护与开发、文物的活化利用、当地的文旅融合发展以及文化的交流互鉴等方面均紧密相关。立足于左江花山岩画的特殊性，将其作为文创产品设计研究的主体和灵感来源，有助于对该项文化遗产进行创造性转化和创新性发展。

关键词：花山岩画；文创产品；设计；文化遗产保护

一、花山岩画研究概况

左江花山岩画主要指分布于左江及其支流明江、平而河沿岸峰林石山断崖峭壁上的绘画作品。包括崇左市的宁明县、龙州县、江州区、凭祥市、扶绥县和大新县6个市县区，共有岩画点80处。它们是战国至东汉时期壮族先民骆越族人留下的遗存。2016年7月，“左江花山岩画文化景观”成功列入《世界遗产名录》，但如何充分利用花山岩画的名片效应，全面打响“骆越

本文系“广西高等学校千名中青年骨干教师培育计划”人文社会科学类立项课题“中国北方与中亚地区车辆岩画比较研究”（2023QGRW018）、教育部哲学社会科学重大研究项目“中国岩画学研究”（批准号：22JZD032）阶段性成果。

作者简介：
杜雨佳，女，广西民族大学民族学与社会学学院在读硕士研究生。研究方向：艺术考古学、岩画。
肖波，男，广西民族大学民族研究中心研究馆员、博士。研究方向：艺术考古学、岩画。

根祖，岩画花山”文化品牌，大力推进文化旅游业提档升级，成为摆在我们面前的一个重要课题。纵观左江花山岩画70余载的研究历程，其重点集中于岩画的年代、作者族属、岩画特征、图像内容、文化内涵以及开发利用等方面，主要涉及考古学、人类学与艺术等学科；近年来，自然科学的方法也逐渐介入岩画研究中来，进一步推动了花山岩画研究向纵深领域发展。

第一，关于岩画年代的研究。厘清岩画的年代问题是探讨岩画的作画民族、绘画目的、图像内容等问题的重要前提。覃圣敏、覃彩銮等学者对20世纪50年代至60年代期间，学界中关于花山岩画的断代问题所提出的较具代表性的观点进行了梳理，有“中古或上古时期、两汉时期、唐代、宋代侬智高起兵时期、近代”等五种①。随后将上述观点的断代方法归纳为以下三种：一是根据画面的风格和手法来估定；二是结合画面内容及相关的民间传说来推断；三是在画面中寻找有时代特征的器物图像做间接证据，并据此进行推断。覃圣敏等人认为，第三种方法比前两种方法更为科学严谨，综合崖壁画中的典型器物图像、青铜器上的纹饰、碳十四年代测定等方面的材料对崖壁画年代的上限和下限进行了科学的推断，得出“左江流域崖壁画是在战国早期至东汉时期这段时间内绘制的”结论②。王克荣、邱钟仑、陈远璋等学者也持此种观点。③近年来，部分学者运用铀系测年技术对岩画之下与岩画上覆盖的碳酸钙类沉积物进行了深入的分析，研究结果显示，“宁明花山的年代可限定在1793 ± 41年至1921 ± 16年之间，但不能排除宁明岩画的早期创作时间扩展到2668 ± 22年的可能”④。

第二，关于岩画作者族属的研究。花山岩画由先民们集体创作而成。覃圣敏、覃彩銮等学者在综合分析历史文献与考古材料的基础上，经过缜密的论证，得出了左江岩画的作画者应是“瓯骆部族或者部落联盟中居住在左江流域的氏族及部落”⑤的结论。同时，覃圣敏、覃彩銮等学者针对作画民族与现今民族之间的关联展开了详尽的探讨，通过剖析“僮族”族名的起源与发展、壮族的地名和生活习俗等方面因素，认为广西的西瓯骆越与现代的壮族在地理分布、语言、风俗等方面都有密切的关系，左江岩画的作者是壮族的先民。⑥王克荣、邱钟仑、陈远璋等学者也认为：“岩画集中的左江地区正好在骆越人的聚居地区内，因此岩画应是骆越人所作。”⑦这一观点也被学术界普遍认可。近年来，李富强等人在《崖壁遗梦：左江流域岩画新探》一书中对这一问题重新进行了考察，并且同样得出了岩画作者属于骆越人的观点。⑧

第三，关于岩画特征的研究。花山岩画是广西壮族自治区左江流域先民留下的活动痕迹，其主要有以下特征：一是分布范围广泛，其主要沿着左江分布在广西壮族自治区崇左市的宁明县、扶绥县等地区；二是图像内容丰富，有人物、动物、器物等图像类型，其中人物图像包含正身和侧身等种类；三是绘制技法多样，运用了勾边填涂、重复涂绘与定位等技法作画；四

①覃圣敏，覃彩銮，卢敏飞，喻如玉：《广西左江流域崖壁画考察与研究》，南宁：广西民族出版社，1987年，第123–124页。
②覃圣敏，覃彩銮，卢敏飞，喻如玉：《广西左江流域崖壁画考察与研究》，南宁：广西民族出版社，1987年，第124–138页。
③王克荣，邱钟仑，陈远璋：《广西左江岩画》，北京：文物出版社，1988年，第208页。
④邵庆丰：《左江花山岩画的U-系年代研究》，《中国文化遗产》，2016年第4期。
⑤覃圣敏，覃彩銮，卢敏飞，喻如玉：《广西左江流域崖壁画考察与研究》，南宁：广西民族出版社，1987年，第150页。
⑥覃圣敏，覃彩銮，卢敏飞，喻如玉：《广西左江流域崖壁画考察与研究》，南宁：广西民族出版社，1987年，第146–155页。
⑦王克荣，邱钟仑，陈远璋：《广西左江岩画》，北京：文物出版社，1988年，第210页。
⑧李富强，卫彦雄，黄艺平：《崖壁遗梦：左江流域岩画新探》，北京：中国社会科学出版社，2022年，第9–73页。

是文化符号突出，如岩画中绘制的铜鼓是壮族传统文化的代表性器物；五是颜色鲜明亮眼，岩画图像使用赭红色的颜料绘制而成，已有现代科技手段检测出岩画所使用的颜料是赤铁矿和植物性胶结材料。①

第四，关于岩画图像内容的研究。花山岩画的内容因其所具有的神秘性、神圣性而区别于一般绘画艺术作品所表达的内容。有研究表明花山岩画所描绘的内容与原始宗教有关②，画面记录的是骆越先人祭祀的场景。关于花山岩画的祭祀对象，学界看法不一，主要可归纳为“蛙神崇拜与祭祀”“祭祀祖先”“巫术活动”等三种观点③。根据“巫术活动”的观点，花山岩画描绘的内容具有多重性，包含了祭日、祭铜鼓、祭河神等内容。从图像类型出发，花山岩画可大致分为人物、圆形、器物和动物图像等四类，其中人物图像占比最多，有研究指出人物图像约占花山岩画图像的88.5%。④人物图像中的正身人像的形态类似于蛙形，其动作一致地被绘制于岩壁之上，大部分人物形象拥有头饰。学界普遍认为花山岩画中所描绘的圆形图像多为铜鼓，也有日、月等自然图形。器物图像中可辨识出的有钟、刀、铜鼓等，为考古学研究提供了重要的图像资料。动物图像有兽类和飞禽类，飞禽类图像数量相比兽类图像的数量较少。目前，仅龙州沉香角岩画的飞禽图像保存清晰，其形与广西壮族自治区的藏品铜凤鸟灯有相似之处。岩画描绘的图像是考古学、民族学、艺术学等专业的重要研究资料，其可以反映出一部分关于先民们的思想信仰、生活方式、人生哲学和社会状况等方面的内容。

第五，关于岩画开发利用的研究。自2016年7月花山岩画成功申遗后，以花山岩画作为文创产品设计主题进行研究的学者有所增多。杨丽云、杨清平指出，现阶段花山岩画开发利用工作主要由政府主导，相关作品种类丰富且材质多样。然而大部分作品还停留在直接引用花山岩画元素的阶段，开发层面并不深入。此外，文创市场上存在产品同质化现象严重等问题，这些问题限制了花山岩画的开发利用和持续发展。⑤此外，部分学者对花山岩画在文创产品设计领域的理论与实践应用进行了深入研究。张雨彤、李文洁等人分析了花山岩画产品设计的现状，探讨了产品设计创新研究思路，并且梳理总结了实践方法。⑥李桂兰等人提出，花山岩画元素的应用需要创新的设计理念与现代化设计思维，在设计应用时可以借助现代数字技术。⑦刘铭烨等人以花山岩画的艺术特征和审美价值为基础，探究其中文化元素的提取与融入设计的途径，对该类产品的发展趋势进行了简要描述。⑧ 而王心远则指出花山岩画艺术在文化传播方面存在“重形不重意”的遗憾，这同样是需要关注的问题。⑨

“文载于物”，依托花山岩画的独特文化魅力，制作出具有审美价值、文化内涵、民族特色的优质文创产品，可以为文化遗产的保护注入新的活力。在对花山岩画进行开发与应用时，务必秉持对历史事实的尊重，深入挖

①杨清平：《左江花山岩画与相关考古遗存的关联性研究》，南宁：广西科学技术出版社，2021年，第23–31页。
②覃圣敏，覃彩銮，卢敏飞，喻如玉：《广西左江流域崖壁画考察与研究》，南宁：广西民族出版社，1987年，第174页。
③覃圣敏，覃彩銮，卢敏飞，喻如玉：《广西左江流域崖壁画考察与研究》，南宁：广西民族出版社，1987年，第219–220页。
④覃圣敏，覃彩銮，卢敏飞，喻如玉：《广西左江流域崖壁画考察与研究》，南宁：广西民族出版社，1987年，第24页。
⑤杨丽云，杨清平：《左江花山岩画元素开发利用研究》，《沿海企业与科技》，2020年第5期。
⑥张雨彤，李文洁，葛伟：《花山岩画在文创产品设计中的创新与实践应用研究》，《上海包装》，2023第2期。
⑦李桂兰，韦萍，潘杰安：《“骆越花山岩画文化”在文创设计中的运用》，《中国民族博览》，2023年第24期。
⑧刘铭烨，陈一林，黄彬华等：《花山岩画文创产品创新设计研究》，《新美域》，2023年第3期。
⑨王心远：《论符号语意视角下左江花山岩画的艺术文化传承》，《沿海企业与科技》，2023年第28期。

掘并准确传达其所承载的文化内涵，同时严格遵循岩画自身的艺术价值与特性，确保文创产品的独特性与品质。

二、我国岩画文创产品发展现状

近年来，文化与旅游之间的联系日益增强，消费者的需求层次正逐步攀升，这一趋势正有力地推动着文化创意产业的蓬勃发展；同时，也为我国岩画文创产品的开发创造了良好的条件。

“十四五”期间，我国文化和旅游市场的发展不断面临着新机遇和新挑战。在国家层面，文化和旅游部、中央宣传部、国家文物局等8部门联合印发的《关于进一步推动文化文物单位文化创意产品开发的若干措施（2021）》，为文化文物单位进行文创产品的开发提供坚实的政策保障。①在地方层面，许多省市基于国家总体规划出台了一系列政策措施，包括补贴扶持、税收优惠等，增强政府对于文化产业的扶持力度。此外，还有政府主导开展的文创设计比赛等活动。如2024年由中共宁明县委员会与宁明县人民政府主办、共青团宁明县委员会承办的“花山迹忆·匠心非遗”比赛，旨在吸引和鼓励公众积极参加，收集优秀的花山岩画文创设计作品以传承中华优秀传统文化、发扬花山精神，进一步推动文化旅游产业的高质量融合发展。

近年来，文化的发掘对旅游产业的促进作用日益凸显，公众对文化的需求呈日益增长态势。②公众多元化、个性化的文旅需求，为文创产业的发展带来新的机遇与挑战。鉴于当前市场上岩画题材优质文创产品供给相对匮乏，岩画文创设计主体可以把握这一发展机遇，顺势而为，积极投身于岩画文创产品的开发与持续创新之中，以满足公众日益增长的文化需求。而宁夏博物馆文创店、阿拉善盟文创产业发展有限责任公司、广西博物馆文创店等商家在网络购物平台上展销了诸多岩画主题的文创产品；同时，广西民族博物馆、崇左市壮族博物馆等众多博物馆也积极参与岩画文创产品的设计和开发，均为我们进行岩画文创产品的开发提供了良好的借鉴。

宁夏博物馆在岩画文创产品领域的表现尤为突出。其产品的设计灵感源自贺兰山岩画，不仅具备实用功能，还兼具地域特色和艺术观赏性。特色与创新是文创产品脱颖而出的关键要素，以“阿吉”为名的衍生形象及其系列产品，将贺兰山岩画中的“太阳神”岩画图像与宁夏地区特有的“滩羊”动物形象巧妙融合。“太阳神”是岩画图像中的精品，该图像既有太阳的显著特征，同时又具有人的特征，体现了太阳与人的关系③，是古代游牧民族留下的珍贵图像。在“阿吉”这一衍生形象中，“太阳神”岩画图像被转化为“阿吉”的头饰，与以滩羊为灵感创作的卡通形象实现融合，呈现出生动有趣的效果。目前，国内岩画文创产品的衍生形象并不多见。宁夏博物馆文创

①中华人民共和国中央人民政府：《关于印发〈关于进一步推动文化文物单位文化创意产品开发的若干措施〉的通知》，2021年8月31日，https://www.gov.cn/zhengce/zhengceku/2021-08/31/content_5634552.htm，2024年9月10日。

②于帆、彭澳丽、张欣：《促进和规范兼顾，活力和秩序并重 持续推动文化和旅游市场繁荣发展》，《中国文化报》，2024年3月11日，第3版。

③何薇：《岩画里的“史书”》，《中国文物报》，2024年7月23日，第5版。

在这一领域的创新性探索，不仅为岩画文化的传播注入新动力，同时也为其他博物馆与文创机构提供了具有参考价值的范例。广西博物馆文创店推出的岩画文创产品涵盖了文具类和DIY类等两个类别。文具类产品的实用性较为突出，其设计灵感主要源自花山岩画中的正身人像，展现了简约的风格和鲜明的图像特征。DIY类产品的祈愿灯取材于花山岩画中描绘的骆越先民祈愿的场景，蕴含着美好的寓意。DIY类产品为消费者提供独特的手工制作体验，这种互动式体验模式较大地提升了产品的吸引力，使岩画艺术以一种新颖的方式融入现代生活。此外，广西博物馆积极采取跨界合作策略，进一步拓宽了市场边界。在2024年9月21日，广西博物馆与现代茶饮品牌合作，共同开展“行至花山　引茶入画”主题系列活动。[①] 此次合作，双方采取“博物馆＋商业”的模式，实施创新产品设计策略，极大地丰富了产品种类，实现了活动形式的多元化拓展，为广大消费者带来了更加多样化的选择和新颖的体验。同时，双方充分利用社交媒体平台进行有效宣传，吸引更多消费者的关注与讨论。阿拉善文创推出的岩画产品，其设计灵感源自我国内蒙古阿拉善右旗的曼德拉山岩画，曾被岩画研究专家盖山林誉为“美术界的活化石”[②]，该岩画的图像内容为文创产品的设计提供了丰富的素材。阿拉善文创制作的曼德拉岩画镂空烛台，提取曼德拉山岩画中的骆驼、羊等图像作为精致的镂空图案，设计富有巧思。当电子烛光亮起之时，曼德拉山岩画的古老图像在光影交错间跃然眼前，设计构思巧妙。由于曼德拉山岩画属于不可移动的文化遗产，加之其地理位置较为偏远，相较于国内其他如花山岩画、贺兰山岩画等更为人熟知的岩画，其知名度尚显不足。借助文创产品，阿拉善岩画可以突破地域的限制，将岩画图像生动地展现给观众，成为文化交流与宣传的有效途径之一。

需要注意的是，在文创产品领域，市场竞争日益激烈，国内岩画文创产品的发展正面临着购买渠道相对有限、设计创新力不足、产品实用价值有待提升等多重挑战。随着互联网的广泛普及，线上购物逐渐成为众多消费者的首选。当前，国内的岩画文化创意产品主要依赖于线下渠道进行销售。在京东等网络购物平台上，以岩画为主题的文创产品尚不多见，岩画文创产品的线上展示与销售力度有待进一步加强。仅限于线下购买岩画文化创意产品，在一定程度上限制了消费者的购买选择。拓展线上购买渠道可以扩大产品的受众范围，为消费者提供便利。岩画文化创意产品的种类相对单一，多为书签、明信片等纸质类和冰箱贴等类型的产品。这些产品的设计与其他旅游景区售卖的旅游纪念品较为雷同，所呈现的内容较缺乏吸引力，难以充分激发消费者的购买欲望。在进行岩画文创产品设计时，注重现代科技手段与文化元素的融合运用，将中华优秀传统文化同现代审美和科技相结合。文化传承不是一成不变的，可以参考宁夏博物馆、故宫博物院等文创单位在产品创新

①《聚焦世界文化遗产“花山岩画”　霸王茶姬携手广西博物馆打造系列主题活动》，南国早报网，2024年9月29日，https://www.ngzb.com.cn/news/2024/09/29/jujiao-shijie-wenhuayichan-huashanyanhua-bawang-chaji-xieshou-gu.html，2024年10月6日。

②张万和：《曼德拉岩画的艺术特征》，《丝绸之路》，1999年第4期。

方面的有效举措。文创产品需要在准确且有效传达文化的基础上兼具艺术性与实用性，而多数岩画文创产品偏重装饰性，在实用性方面有所缺失。岩画的文创设计涵盖了文化功能、美观性等多个维度，消费者的实用需求是提升产品吸引力与竞争力的因素之一。综合考虑实用功能和精美外观的融合，有助于提高消费者对产品的喜爱程度。

总之，岩画文创产品作为中华优秀传统文化的物质载体之一，其首要任务是传承和弘扬国内岩画的文化内涵和艺术精神。中国岩画拥有的悠久历史文化和独特的艺术风格，为文创产品设计提供了极为丰富的元素。如何将这些元素转化为既具有创新性又不失文化内涵的文化产品，并找到好中国岩画文化传承、传播、交融与市场需求的平衡点，是现阶段需要思考与解决的问题。设计与制作岩画文创产品是保护、传承、活化利用岩画这一宝贵的物质文化遗产的方式之一，岩画文化的传承需要与时俱进。

三、文创产品设计实践

物质生活的不断发展变化使人民的美好生活更需要情感寄托与文化自信等，花山岩画这类文化遗产正逐渐成为一种拥有重要经济价值的资源。将花山岩画作为文创产品设计的灵感源泉，是保护和活化利用花山岩画这类文化遗产的途径之一。通过深入发掘花山岩画的文化内涵，结合使用现代设计理念和方式，可以创造出具有独特魅力的文创产品。具体来说，包括以下三个方面。

第一，提取文化元素。壮族先民生活在南方湿热地区，以农业生活为主，崇拜蛙神、铜鼓等物。正身人像和铜鼓等图像是花山文化的重要组成部分，也是壮族民族文化中的重要文化符号。正身人像图像经典，蹲踞形态稳定，具有动感与力量感。作为花山岩画中数量占比最高的图像，正身人像是构成花山岩画主题表达统一的基础，有研究认为这类图像与壮族文化中的青蛙崇拜有关，崇拜青蛙是“为了祈求风调雨顺，五谷丰登”[①]。铜鼓是壮族民族文化的重要象征，与壮族的自然崇拜有着紧密关联，花山岩画的铜鼓是研究壮族铜鼓文化的重要图像资料。充分考虑花山岩画图像蕴含的文化内涵，从花山岩画的人物、圆形、器物和动物等四个类型的图像中，提取铜鼓（图1–1）与正身人像（图1–2）等具有代表性的文化元素。运用Photoshop等软件工具，对提取的文化元素进行镜像、移动、循环排列等处理，构建出正身人像组合（图2）等纹样并应用于后续的设计实践中。

①覃圣敏，覃彩銮，卢敏飞，喻如玉：《广西左江流域崖壁画考察与研究》，南宁：广西民族出版社，1987年，第178–179页。

1　　2

图 1　提取文化元素（作者制图）
1.铜鼓；2.正身人像

图 2　正身人像组合（作者制图）

第二，创新转化路径。在花山岩画文创产品的设计中，文化传承与创新融合是核心驱动力。花山岩画表达的主题与骆越先民的祭祀有关，体现了先民们当时的社会活动和精神信仰。目前，花山岩画文化元素的提取较多停留在复制层面，需考虑现代的艺术发展、产品受众、市场需求等因素，让古老的岩画更贴近现代人的审美与生活方式。

首先，花山岩画文创产品的设计需要融入现代绘画风格。青少年正处于充满活力与探索欲的阶段，如何在这一阶段激发他们对于花山岩画的兴趣，促进情感共鸣，是一个值得深思的问题。在观赏花山岩画的过程中，青少年群体可能会遇到图像难以解读、岩画文化难以理解等问题，导致这类观众与花山文化之间产生隔阂。儿童绘制的蜡笔画作品色彩丰富，极具想象力，充满童稚之趣。针对青少年群体，在探索用户体验与情感共鸣的过程中，将儿童蜡笔画的绘画风格与花山岩画的代表性图像相结合（图3），搭配黄、绿、蓝等鲜明色彩，增强花山岩画的趣味性。同时，儿童蜡笔画自由、随性的绘画风格，能为花山岩画注入新的活力，让青少年群体在观赏中感受到一种亲切感，从而产生情感共鸣。此外，可以邀请青少年群体参与绘制花山岩画主题的蜡笔画作品。青少年群体通过个人创作，将其对花山岩画的理解和感受融入作品中，有助于他们更好地解读这些古老的图像。通过寓教于乐的方式，将花山岩画的深厚文化内涵转化为生动有趣的学习体验，进一步加深青少年群体与花山岩画之间的情感联系。

图 3 “花山岩画与手绘趣味”设计图稿（作者制图）

其次，花山岩画文创产品的设计需要与本地非遗文化相结合。壮锦与壮族民众的生活紧密相连，蕴含着深厚的文化内涵和人类情感。花山岩画和壮锦都是民族文化记忆的重要载体，是壮族人民宝贵的精神财富。随着现代化进程的推进，壮族的传统礼仪和民间技艺面临前所未有的挑战，壮锦作为壮族礼仪的承载物和手工艺制品，其生命力在一定程度上受到了影响。壮锦的构图手法与配色理念，为花山岩画文化创意产品的设计带来了丰富的灵感启示。在花山岩画文创设计的图案构成方面，传统的壮锦图案多由方格纹、回字纹等纹饰构成，其中几何纹饰较为常见。通过方格与同心圆等几何图形的布局，构建出对称均衡的背景框架，凸显图像的独特魅力（图4–1）。壮锦整体色彩绚烂夺目，在色彩运用方面，设计稿以深蓝色为基调，大面积运用紫色，采用金、银、白等色进行点缀（图4–2），这种源自壮锦的色彩搭配可以与花山岩画中的赭红色飞禽图案相呼应。壮锦作为壮族人民的智慧结晶和艺术创造，体现了壮族人民的审美追求。将壮锦的艺术理念与技艺融入花山岩画文创产品设计中，保留传统手工艺的温度，让非遗技艺在新的时代背景下焕发新的活力。

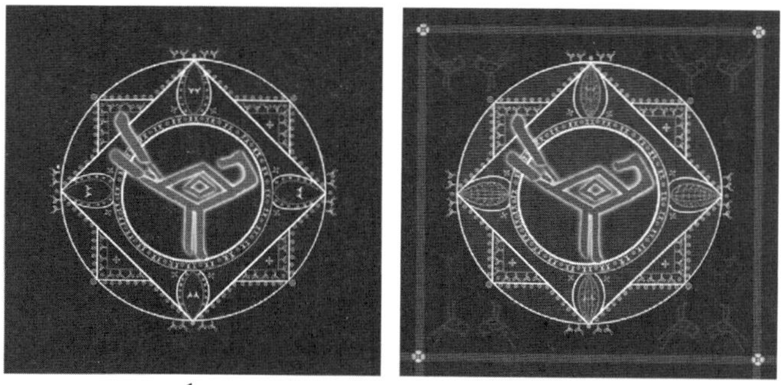

1　　　　2

图 4 “花山岩画与非遗文化”设计图稿（作者制图）
1.几何纹饰构图；2.色彩搭配

第三，花山岩画文创产品的设计需要纳入东南亚文化的广阔视野中。广西作为我国与东盟合作的前沿窗口，在“一带一路”和中国—东盟命运共同体建设中的战略地位和独特作用越来越重要。“一带一路”建设不仅促进了区域经济合作，更带来了广西与其他地区文明间的交流互鉴，为花山岩画的发展提供新的机遇和方向。[①]娘惹文化是马来西亚和新加坡地区的重要文化，由马来文化和中华文化相交融而形成，也包含荷兰、西班牙等国家的文化元素，彰显了文化的多样性与包容性。新加坡娘惹博物馆藏的娘惹彩砖等展品，以其繁复多变的构图与浓烈鲜明的装饰色彩，展现了娘惹文化的独特魅力。娘惹彩砖丰富多样的构图风格为花山岩画文创产品的设计提供了创作灵感。将花山岩画的铜鼓图像置于画面中心位置，以此为基点，正身人像和飞禽图像呈放射状扩散（图5–1）。通过对称的构图、花山岩画图像的重复和有序排列等，使画面具有节奏感（图5–2）。

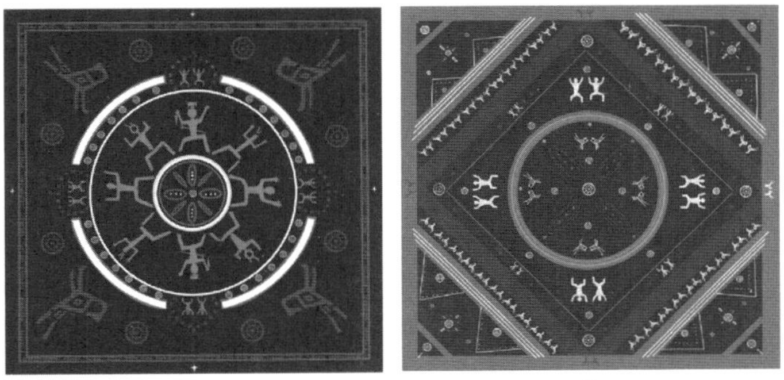

1　　2

图 5　“花山岩画与娘惹彩砖”设计图稿（作者制图）
1. 放射式构图；2. 图像有序排列

老挝的丝织品色彩绚烂，纹饰丰富，极具民族特色。广西民族博物馆馆藏有一件黑底彩色动物纹老挝织锦，其使用蓝、红、绿等鲜艳色彩，织制出象、鸟、蛇等动物形象。该织锦色彩对比鲜明，纹饰精美。色彩作为产品设计中至关重要的视觉元素，其选择与搭配直接关系产品的整体视觉效果。不同的色彩组合能够赋予设计更加多样化和丰富的视觉效果（图6–1）。本次文创产品设计参考运用了这件老挝织锦藏品独具特色的配色方案，以黑色作为画面底色，融入橙色、蓝色、绿色等多种色彩，使画面颜色分明且多彩绚烂（图6–2）。花山岩画作为广西地区独特的文化遗产，承载着丰富的历史和文化价值。东盟国家拥有丰富多彩的文化资源，与广西在地理位置和文化背景上有着紧密的联系。在广西和周边区域文化的交流与互鉴中，文创产品能够成为多方文化交流融合的物质载体。将广西地区的非遗文化和东盟国家的特色文化融入产品中，可以为产品设计带来更多的灵感和可能性，促进不同文化之间的交流与理解。

①刘飞，黄亚琪：《“一带一路”倡议下广西花山岩画的传承与发展》，《三峡论坛（三峡文学·理论版）》，2019 年第 1 期。

图 6　“花山岩画与老挝织锦”设计图稿与产品样图（作者制图）
1. 设计稿；2. 抱枕样品图

本次设计实践共构思并绘制了五版设计图稿，制作出二十余件产品的样图（图7）。目前，设计实践已完成概念构思和草图绘制，尚未制作出实物样品。在诠释岩画文化内涵时，本次设计主要聚焦于图像设计的美学和视觉效果，而岩画背后的历史、文化和象征意义在设计中体现有限，导致设计缺乏深度与文化内涵。同时，设计中存在文化元素堆砌的问题，仅停留于图像的简单叠加与融合，未真正实现不同文化之间的有机整合和深层次的创新。针对上述不足，未来的设计实践需予以改进与优化。

图 7　花山岩画文创设计产品样图（作者制图）
1. 文件夹；2. 钥匙扣；3. 纸胶带；4. 绘图本；5. 杯垫；6. 抱枕；7–8. 帆布袋；9. 合并展示

岩画如同无声史书，花山岩画的文化魅力能够引发人们多元化的感受与共鸣，每位个体均可成为花山岩画文化的解读者与传承者。在花山岩画文创产品的设计过程中，文化传承与创新融合是不可或缺的原则，用户体验和情感共鸣也是重要的考量因素。通过提升产品设计的实用性和美观性，紧密结合市场需求和现代艺术风格，同时关注构建与消费者之间的情感连接，进而推动文创设计的突破与创新。以文创产品为媒介，设计出更多优秀的花山岩画文创产品，有助于拓宽人们了解花山岩画的渠道，促使岩画艺术跨越时空与地理的界限，为文化的传承与发展注入新的活力。

结 语

花山岩画作为古代先民的智慧创造，在历史、艺术、科研等方面都具有独特且重要的价值，是中华民族珍贵的文化宝藏。花山岩画独特的艺术风格和文化内涵，为文创产品的设计提供了丰富的文化元素，以其为灵感源泉进行文创产品设计工作的意义深远。这项工作不仅是一种推动花山文化广泛传播、促进文旅事业繁荣兴盛的有效举措，更是对我国优秀传统文化的创新性发展和创造性转化的生动实践。亟需社会各界的广泛参与，共同为花山文化的传承与发展贡献力量。

Research on the Design of Zuojiang Huashan Rock Painting Cultural and Creative Products

Du Yujia，Xiao Bo

Abstract: The Zuojiang Huashan rock paintings possess unique national artistic connotations and hold significant scientific research value. Based on an investigation into the current development of cultural and creative products related to the Zuojiang Huashan rock paintings, it has been found that many such products face difficulties including limited purchasing channels, a lack of innovation in design, and insufficient reflection of cultural connotations. Additionally, some designs remain in the conceptual stage, with the products yet to be realized or put into production. The design of cultural and creative products based on the Zuojiang Huashan rock paintings is closely linked to the protection and development of cultural heritage, the revitalization and utilization of cultural relics, the integration of local culture and tourism, as well as cultural exchange and mutual learning. Grounding the research on the design of cultural and creative products in the uniqueness of the Zuojiang Huashan rock paintings, and using them as the primary source of inspiration, can facilitate the creative transformation and innovative development of these ancient artworks.

Key words: Zuojiang Huashan rock painting; Cultural creative products; Design; Cultural heritage protection

贺兰山贺兰口岩画保护管理工作回顾与展望

张　旭

摘　要：本文简要梳理了贺兰口岩画保护历程及采取的主要保护措施，回顾了多年来所开展的岩画调查建档、设立保护机构、制定岩画保护条例、编制保护规划、实施岩画基础防护及本体保护项目、实施数字化保护工程等方面的工作。同时，展望今后的保护管理工作。

关键词：贺兰山岩画；保护管理；回顾；展望

贺兰口是贺兰山岩画的集萃之地，分布着6000多幅原始先民制作的岩画，生动地记录了几千年前远古人类放牧、狩猎、祭祀等生活生产场景及动植物图案。在国际岩画界享有着崇高的地位，被誉为“石头上的史书”“史前人类文化艺术长廊”，具有很高的文化、历史、艺术价值。

贺兰山贺兰口总体上岩画本体保存现状较好，岩画环境基本保存完整，但经过千百年的自然与人为影响，有部分岩画还是遭受到不同程度破坏，存在如空鼓崩裂、风化水蚀、泥石流冲击、冻融暴晒、生物破坏、人为移动或触碰踩踏等情况。贺兰山贺兰口岩画自发现以来，保护管理工作就成为最重要的任务。2002年，银川市贺兰山岩画管理处成立后，开始对贺兰山贺兰口岩画进行有效管理。经过二十多年的努力，目前，岩画的保护管理工作取得长足进步，并在国内岩画保护管理的前列。

作者简介：
张旭，男，宁夏银川市贺兰山岩画管理处助理馆员。研究方向：文物研究。

一、贺兰口岩画保护管理工作回顾

（一）开展岩画调查整理、记录建档工作

1969年，李祥石在贺兰山贺兰口发现岩画，并于1979年开始进行岩画的初步调查和整理研究工作。1983年，李祥石完成宁夏第一篇贺兰山岩画调查报告——《宁夏贺兰山贺兰口岩画调查报告》。随后，宁夏考古研究所开始了贺兰山岩画的系统调查整理工作，历时十余年，在包括贺兰口在内的17个山口发现岩画万余幅，记录2000余幅。

2000年10月，正在筹建中的贺兰山岩画管理处开始对贺兰口沟口内外12平方公里范围内的岩画进行了系统性调查，具体包括精细测量、科学编号、详细记录、整理建档等工作，经过反复踏勘、摸排调查，于2003年5月完成了贺兰口岩画的第一次调查工作，最终共登记建档了2319组5679幅岩画，并将这些岩画线绘图全部录入电脑。同时，按照岩画的分布和地形的特点，将贺兰口岩画划分为ABCDEF六大区域，此次普查为划定贺兰口岩画保护范围和对岩画实施有效管理提供了科学依据。

自2003年后，银川市贺兰山岩画管理处在日常工作中持续开展新岩画的发现与记录工作，后又相继对银川市境内其他12个山口岩画进行了普查建档，建立了贺兰山岩画档案和数据库。2019年，随着新技术在岩画普查中的应用及对历年来新发现岩画的整合需求，贺兰山岩画管理处启动了对贺兰口岩画六大区域的复查工作，目前已完成ABCDE五个区域的岩画复查工作，正在开展F区岩画的复查。

贺兰山贺兰口岩画调查整理、记录建档工作是岩画保护管理的必要前提和基础，没有详细科学的调查数据和现状调查，岩画的后续保护管理工作就无法开展。

1

2

图1 贺兰山贺兰口岩画普查

（二）成立岩画保护管理机构、划定岩画保护范围

2000年4月，宁夏回族自治区将全国重点文物保护单位贺兰山岩画移交由银川市直接管理。为了更好地保护管理好贺兰山岩画，银川市人民政府决定筹建银川市贺兰山岩画管理处，负责管理贺兰口岩画的保护开发工作。2002年6月，银川市贺兰山岩画管理处正式成立，为银川市人民政府直属的正处级事业单位，成为当时我国有岩画分布的省（区、市）中唯一直属地方政府的岩画管理保护专门机构。同年10月，宁夏回族自治区文物局、银川市贺兰山岩画管理处、宁夏贺兰山国家级自然保护区管理局，向银川市人民政府联合行文《关于划定贺兰山岩画保护范围的意见的报告》，12月，银川市贺兰山岩画管理处的管理范围被最终确定。

银川市贺兰山岩画管理处的成立及贺兰山岩画管理处保护范围的最终确定，使贺兰口岩画保护管理工作进入新的时期。管理处根据划定的保护范围开始实施制定保护管理工作制度、编制保护规划、开展安全巡查保护行动、实施各项保护工程及开展岩画保护交流会议等工作。

（三）制定岩画保护条例

为了加强贺兰山岩画保护工作，推动岩画保护法规制定。2003年3月，银川市贺兰山岩画管理处协同有关部门起草了《银川市贺兰山岩画保护条例（草案）》。2003年6月27日，银川市第十一届人民代表大会常务委员会第三十次会议审议通过了《银川市贺兰山岩画保护条例》。2003年7月18日，宁夏回族自治区第九届人民代表大会常务委员会第四次会议批准了《银川市贺兰山岩画保护条例》，并于2003年9月1日起正式施行，成为全国第一部岩画保护方面的地方性法规。在此基础上，2011年8月5日，宁夏回族自治区第十届人民代表大会常务委员会第二十五次会议通过了《宁夏回族自治区岩画保护条例》，于2011年10月1日起正式施行。

《银川市贺兰山岩画保护条例》《宁夏回族自治区岩画保护条例》两部岩画保护法规的制定与实施，从法律层面推动了岩画的保护管理工作，让岩画保护有法可依，对贺兰山岩画保护管理、活化利用、可持续发展有着重要且积极意义，也为全国各地岩画保护法规的制定起到引领示范作用。

图2 《银川市贺兰山岩画保护条例》

（四）编制岩画保护规划及方案

银川市贺兰山岩画管理处成立以后，先后起草了《银川市贺兰山贺兰口岩画2004——2005年抢救性保护设施建设项目可行性研究报告》《贺兰口岩画“十一五”保护规划》《贺兰口岩画“十二五”保护规划》，让岩画阶段性保护工作有计划地合理开展。2009年1月，银川市贺兰山岩画管理处编制完成了《银川市贺兰山贺兰口岩画保护总体规划》，从保护区划、保护措施、防洪工程规划、环境规划、展示规划、基础设施规划、管理规划等方面出发，将贺兰口岩画保护管理与发展利用工作规划至2025年，成为处理贺兰

山贺兰口岩画保护与合理利用的关系，促进贺兰口岩画保护事业的可持续发展，成为贺兰口岩画及其环境得到有效保护的纲领性文件。目前，川市贺兰山岩画管理处开始筹备编制《银川市贺兰山贺兰口岩画保护总体规划（2025—2045年）》，为下一阶段贺兰口岩画保护管理工作前瞻谋划、长远布局。

图3 《贺兰山贺兰口岩画保护总体规划》

（五）实施岩画环境防护工程及本体保护项目

岩画的环境防护及本体保护问题，一直是岩画保护的重点内容，为了解决山洪泥石流、动物踩踏、人为破坏及岩面风化、雨蚀、剥落、空鼓等问题，银川市贺兰山岩画管理处历年来实施了多次岩画防护工程和本体保护项目。

1. 实施岩画防护工程，减少环境破坏。先后在贺兰口岩画保护核心区域建设防洪工程，修筑拦洪泄洪堤坝、沟底清淤、修筑紧急避险道、坡面冲沟防护、水流截引等，有效缓解了山洪泥石流对岩画的破坏威胁。建设完善岩画保护区安全围栏、遗址区安全防护栏及参观木栈道等，对人为破坏岩画的行为采取有效预防保护措施。升级改造了安防工程，通过保护区巡查系统、视频监控系统、出入口控制系统及监控指挥中心系统等，提升岩画保护管理技防措施。开展了贺兰口岩画看护管理用房的修整与拆除、卫生环卫设施、自然灾害防范设施、保护开发垃圾清运等保护区环境保护整治工作。

2. 实施岩画本体保护项目，加强岩画本体保护。2003年，银川市贺兰山岩画管理处成立"岩面保护及防风化处理研究课题组"，并启动了《贺兰山岩画岩面保护及防风化处理》的研究工作。2008年，在岩面保护及防风化处理研究成果的基础上，与南京博物院合作，对贺兰口岩画进行现场勘测、取样、实验等，编制了《贺兰口岩画抢救性保护方案》，为贺兰口岩画本体保护工作拓展了思路和方法。2013年，委托南京博物院实施了贺兰山岩画石质文物抢救性保护工程，对贺兰口沟内20处风化剥离严重的岩画进行了脱落石皮的灌浆加固、微生物清理、裂隙封堵等抢救性保护工作，迈出了科技应用在岩画保护上扎实的一步。2017年，与兰州大学、兰州理工大学合作，对贺兰口沟内山体危岩、坡面型泥石流的分布进行调查，就沟内泥石流及危岩体的危险性进行评价，对山体岩石物理、水理、力学和热学性质进行测试，最终经过科学评估与研判，实施了贺兰山岩画载体坡面泥石流与危岩体抢险加固工程。2021年，与复旦大学合作开展了宁夏贺兰山岩画本体保护前期勘察研究项目，项目内容主要包括对岩画病害特征调查与危害分级评估、岩画保存状态及本体岩体性能检测评估、岩画环境条件监测及本体岩体保存状态研究、岩画已实施保护项目保护材料应用及效果跟踪监测评估、岩画修复加固新材料、新技术试验研发等。通过本项目的各项措施，可以查明导致岩画产生病害的环境因素，了解贺兰山地质构成对岩画的影响，并对岩画病害分类与分级提出新的标准。通过对已实施项目的追踪监测，可以了解这些项目的实施情况，特别是环氧树脂等保护材料在一定时间后产生的变化，从而为岩画保护材料的研究提供新的依据。

图4　贺兰山贺兰口岩画修复加固新材料的应用

图5　危岩体防护工程

（六）实施岩画数字化保护工程，搭建数字化交流平台

尽管贺兰口岩画的保护管理工作采取了多种保护措施，并实施了多项保护项目，但这些措施仍具有时效性，这些措施不能保证岩画的长期留存，因此借助现代数字化技术进行岩画的保护留存显得尤为重要。2018年，银川市贺兰山岩画管理处启动了“贺兰山岩画区域测绘与本体数字化留存项目”，运用非接触式数字化技术测绘技术，以三维激光扫描技术为主，配合近景摄影测量和无人机倾斜摄影等多种先进技术手段，多维度、高精度地对贺兰口岩画现状信息进行真实、完整、全面地记录与存档。同时，实现了对岩画保护区三维影像的留存及三维精细模型的制作，并建立了多源数据管理系统和三维展示平台。贺兰山岩画区域测绘与本体数字化留存项目，丰富了贺兰山岩画保护管理、开发利用及研究成果展示，为贺兰山岩画深入推进数字化保护工作奠定了基础，积累了保护传承的可贵经验。两个系统的建立，既完善了贺兰口岩画数据资料的留存工作，也为未来岩画保护管理和研究利用提供了数据支持，更为今后岩画保护宣传提供了高精度的资料。

图6　数字化三维可视化平台

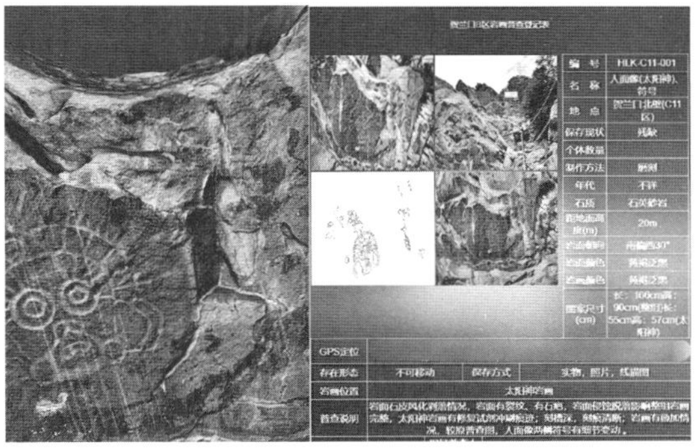

图7　数据管理系统界面

（七）岩画保护展示利用与宣传研究

2008年，银川市贺兰山岩画管理处在贺兰口岩画保护区建成了世界上规模最大、中国最早的岩画类专题博物馆——银川世界岩画馆，并以此为依托，建立了与国内外岩画界的联系机制，举办了九届贺兰山岩画艺术节和国际岩画交流活动，召开岩画保护研讨交流，成立了“中国岩画保护研究联盟”，并发布中国岩画保护研究联盟《银川宣言》。2017年，挂牌了中国岩画研究博士硕士工作站、中国北方岩刻类岩画资料中心、中国岩画保护工程技术中心等，使贺兰山岩画保护管理工作迈向新征程，助力中国岩画保护利用事业蓬勃发展。2015年，全国第三座韩美林艺术馆在贺兰山岩画保护区落成开馆，既是贺兰山岩画在新时代保护利用发展的新篇章，也借助名家效应，让岩画的艺术价值为大众所了解。

同时，银川市贺兰山岩画管理处先后成立了贺兰山岩画研究小组、贺兰山岩画保护研究学会、贺兰山岩画专家委员会、贺兰山岩画保护研究工程丛书编辑委员会，又聘任岩画专家、学者为顾问，指导贺兰山岩画的保护和研究工作。创办《石语》（内部报纸），出版《岩画世界》《贺兰山岩画精品解读》《贺兰山岩画研究》《岩画百题》《2008年首届中国银川国际岩画研讨会论文集》《2009年中国银川国际岩画研讨会论文集》《2014年贺兰山岩画论文集》《惟石能言——银川世界岩画馆》《文明的印痕——贺兰口岩画》等书籍。2017年正式整理出版了贺兰山岩画保护与研究工程丛书，一套八册，包含《世界岩画欣赏》《岩画与文字》《贺兰山贺兰口岩画》《时空岁月——贺兰山的根与魂》四本专著和《文明的印痕——贺兰山高伏沟至小贺兰口岩画》《贺兰山岩画研究集萃》两本文集，与中国岩画研究中心联合翻译，并出版了《世界岩画——原始语言》《岩画与神圣景观》两本专著，充分展示了贺兰山岩画在岩画保护与研究领域的丰硕成果。

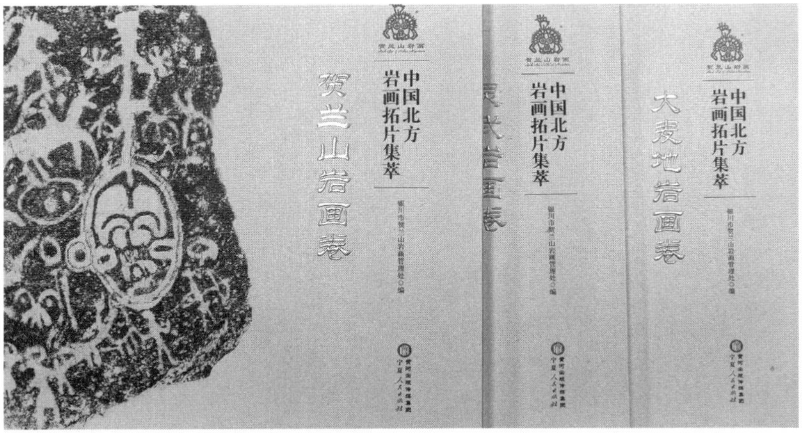

图8 贺兰山岩画保护研究工程丛书

图9 中国北方岩画集萃

二、贺兰山贺兰口岩画的保护管理未来展望

二十多年来，银川市贺兰山岩画管理处对贺兰山岩画进行了有效的管理和科学的开发利用。通过划定保护范围、编制发展规划、建立“四有”档案、制定保护条例、实施保护项目、建设资料中心，尤其是银川世界岩画馆和韩美林艺术馆的建成开放，以及岩画保护研究交流活动的举办，有力地推进了贺兰口岩画保护管理和学术研究工作，贺兰山岩画保护传承与开发利用工作模式逐步成为国内乃至国际同行业的典范。新时代，贺兰山岩画保护管理既要坚持常态化保护举措，也要有新办法、新理念，要利用好新的保护技术和保护研究成果。一是要坚持贯彻好“保护第一、加强管理、挖掘价值、有效利用、让文物活起来”的新时代文物工作方针，执行好《宁夏回族自治区岩画保护条例》《银川市贺兰山岩画管理保护条例》等相关法规、文件精神，遵循新修编的《银川市贺兰山贺兰口岩画保护总体规划（2025—2045年）》，履行好岩画保护管理职责，全力推进贺兰山岩画及其他文物保护工作。二是要持续夯实岩画调查整理和资料记录建档工作。利用新技术、新设备，脚踏实地做好贺兰口岩画的新一轮的复查工作，规范岩画调查整理、记录建档工作方法和标准，重新摸清贺兰口岩画的最新数据，计划出版《贺兰山贺兰口岩画复查报告》。同时，持续推动多源数据管理系统和三维展示平台两个数据库的资料补充和展示利用工作。三是要继续实施岩画保护管理的防护工程和本体保护项目。实施好安全防范工程，加强基础防护设施建设，做好岩画保护区环境风貌整治。针对岩画面临的病害威胁，依托高等院校、科研机构等联合做好岩画保护材料的研究及保护技术的开发。利用岩画本体

保护前期勘察研究项目成果，逐步推动岩画本体保护工程有序进行。四是推动岩画数字化平台共享平台的搭建。依靠贺兰山岩画目前正在实施的岩画数字化保护工程，在多源数据管理系统和三维展示平台两个数据资料管理和展示平台的基础上，建设一个面向公众的资源共享与互动交流的展示平台。通过数字化平台，通过资料共享拓展公众参与岩画保护管理的渠道，打造线上博物馆，让公众可以在线上探索欣赏岩画。五是做好文旅融合高质量发展。岩画资源的合理开发与利用是保护工作的延续，要深度挖掘利用和扩大贺兰山岩画文化、自然、地理、地质等资源及元素社会教育价值和功能，传播文化科普知识，巩固和拓展全国优秀社科普及基地、全国研学旅游示范基地工作成果，进一步推动贺兰山岩画“旅游+研学”“文化+研学”“国潮+旅游”融合发展。

参考文献：

［1］贺吉德，丁玉芳. 贺兰山贺兰口岩画［M］.银川：宁夏人民出版社，2017.

［2］银川贺兰山岩画志编纂委员会.管理处银川市贺兰山岩画志（2002—2017）［M］.银川：宁夏人民教育出版社，2020.

［3］左长缨，潘晓，刘思文，马波，张航宇. 宁夏贺兰山岩画的数字化保护与利用［J］.民族艺林，2023（1）.

［4］潘晓. 宁夏岩画保护研究的问题与对策［J］.甘肃开放大学学报，2024（1）.

［5］束锡红，潘光繁.数字人文视域下岩画保护模式新探［J］. 贵州民族研究，2022（1）.

Review and Prospects of Protection and Management of the Helankou Rock Art in Helan Mountain

Zhang Xu

Abstract: The Helankou rock art site is a concentrated area of the Helan Mountain rock art and the core scope of its protection efforts. Since the establishment of the Helan Mountain rock art protection administration, significant work has been done in the preservation, management, and revitalization of the Helankou rock art. This paper briefly reviews the history and main measures of Helankou rock art protection.

By documenting and archiving the rock art, establishing protective institutions, drafting protection regulations, preparing protection plans, implementing basic safeguarding and protection projects for the rock art, carrying out digital preservation initiatives, effective scientific management and protection have been achieved for Helankou rock art. The paper also discusses future directions for the protection and management of Helankou rock art.

Key words: Helan Mountain rock art; Protection management; Review; Prospects.

发现
Discovery

2023年宁夏石嘴山新发现岩画调查简报

刘思文　潘　晓　马　波　杨惠玲

摘　要：2023年8月底，根据当地文物爱好者提供的线索，宁夏文物保护中心岩画研究科与平罗县文物管理所工作人员，一同前往石嘴山地区调查新发现的岩画遗存。此次调查进一步明确了石嘴山地区贺兰山沿线岩画的分布情况，并掌握了一批重要的岩画资料。

关键词：石嘴山；岩画；新发现

一、调查范围及其自然地理环境

此次调查的范围包括贺兰山北段小水沟、大水沟（南沟、北沟）和小风沟四个地点，均位于贺兰山国家级自然保护区内。

这四个地点的岩画大多分布在山沟两侧的岩石或山壁上，仅大水沟南沟内一个小规模分布区位于山坡坡面。四条山沟内都有较为充沛的水源，极端天气常有洪水，因此沟内地表呈现出乱石堆叠的现象，并见有干涸的河道、浅滩，均系洪水冲刷所致。保护区生态环境良好，植被较为丰富，集中分布在河滩两侧的坡面，常见岩羊、石鸡等野生动物出没。

作者简介：
刘思文，女，宁夏文物保护中心（岩画研究中心）副研究馆员。研究方向：岩画学、考古学。
潘晓，女，宁夏文物保护中心（岩画研究中心）馆员。研究方向：岩画学、科学史。
马波，男，宁夏文物保护中心（岩画研究中心）馆员。研究方向：岩画学、民族学。
杨惠玲，女，宁夏文物保护中心（岩画研究中心）研究馆员。研究方向：岩画学。

二、岩画概况

本次调查共统计编号岩画石37块，画幅43幅，单体图案307个。其中，小水沟岩画点4块，大水沟北沟岩画点9块，大水沟南沟岩画点19块，小风沟岩画点5块。内容题材以动物为主，多见马、鹿、牛、羊、虎等，人物题材不多，有骑者、射手、舞者等，在小水沟、大水沟北沟还发现有人面像岩画。主要采用敲凿法制作，部分岩画还在敲凿的基础上加以磨刻，使图案更加精致和美观，同时也见晚期加刻行为对早期岩画的破坏。表现形式包括线条式、轮廓式和剪影式，刻痕深浅、粗细表现出差异性，制作水平和精美程度参差不齐，艺术风格多样。

（一）小水沟岩画

小水沟岩画位于贺兰山国家级自然保护区小水沟管理站的管辖区内。管理站入口处两侧的山坡上有崇岗村一号、二号烽火台遗址，沿沟口向里走约1.4公里，可见部分长城遗迹。

图1　小水沟岩画点环境

图2　小水沟岩画点长城遗址（1）

图3　小水沟岩画点长城遗址（2）

图4　XSG-001

XSG-001（图4）

海拔1208米，石面朝向西北326°，整幅画面长144厘米，宽87厘米。

石面灰褐色，有深浅不一的纵横裂纹，局部剥落。共有个体图像11个，均为鹿。其中7只完整，为剪影式，造型特征比较一致，头朝右，一双长直角，背部有脊状凸起，臀部浑圆，肌肉线条明显，用较细的线条刻画前倾的双腿，可能用坚硬的工具划刻而成，腿部关节明显，制作精致、美观大方，凸显出鹿的矫健。1个鹿图案腿部因石面剥落而残缺；另有2个未完成的鹿图案，1只仅刻画头部，1只仅有身体部分，似未完成，为轮廓式；石面右下角刻画1只简化（符号化）的鹿头图案，圆眼，喙状嘴。左下角另有1轮廓式鹿，造型与上述图案均不相同，双角较短，腿部凿点明显。

XSG–002（图5）

海拔1205.885米，石面朝向西250°，画面长和宽均为13厘米。

位于XSG–001的西侧，石面灰褐色，有若干裂纹。岩面上仅有1个图案，为骑者，线条式，坐骑个体较小，似马，头朝左，双耳竖起，仅刻画前后肢，短尾，人形头部呈蘑菇形，一手策马，一手向上伸，不见腿部，整体图案造型简洁、粗犷；右下方有一长5.5厘米的刻痕。

XSG–003（图6）

海拔1211.901米，石面朝向东北65°，长10厘米，宽11厘米。

位于XSG–001西南方，石面灰褐色，上有若干凿点、刻痕，似现代涂鸦。石面仅有1个近似圆形的符号，中间似乎有一圆点，刻痕浅，较粗糙。

XSG–004（图7）

海拔1211.901米，石面朝向东北65°，整幅画面长174厘米，宽118厘米。

岩画在距沟口约2.5公里的一个拐弯处，距离XSG–001~XSG–003岩画约400米。凿刻在靠近沟底的一块岩面上。石面灰褐色，横向裂纹较多，部分石面脱落。图案集中在石面上下区域，上部靠右区域共有人面像2个，其中略大的一个椭圆形轮廓，头上有两条很长的竖线，双眼用近似圆形的凹穴表现，嘴用圆圈表现，上下长54厘米，其中头顶的两根竖线高29厘米，面部宽15厘米；略小的一个为尖圆形轮廓，头上一长一短两条竖线，五官比较模糊，据观察似与另一人面像相似，头顶竖线长14厘米，人面宽16厘米；左侧有一个较小的椭圆形轮廓，似未完成的图案。人面像整体刻痕不深，制作也略显粗糙。画面下部区域的图案以动物为主，约有9个，其中3个轮廓式动物不完整；有3个鹿图案，轮廓式，头朝左，角呈树枝状，背部有脊状凸起，前后肢微曲折，呈动态；有1个似羊的图案，粗线条式，头朝右，似有4腿；其他图案均比较模糊，只能推测有2~3个动物。

此次调查中，调查组沿主沟路线前行探寻岩画，仅发现4块岩画石。据悉小水沟侧沟内尚有多幅岩画，限于时间等原因，未能前往调查。

（二）大水沟北沟岩画

大水沟北沟岩画位于贺兰山国家级自然保护区大水沟管理站的管辖区内。沿大水沟明长城遗址继续向西北方向走约2公里，即

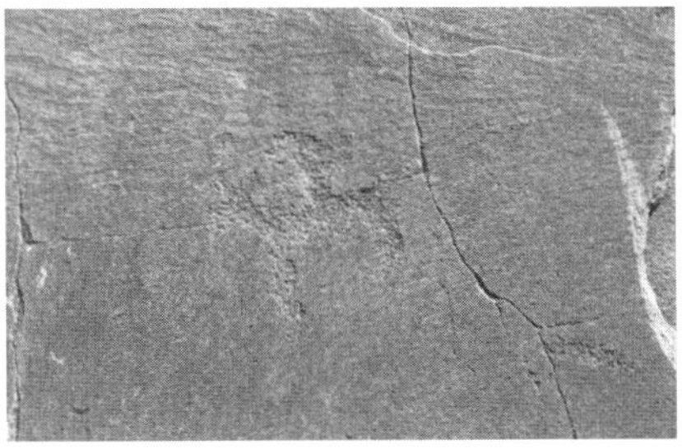

图5　XSG–002

图6　XSG–003

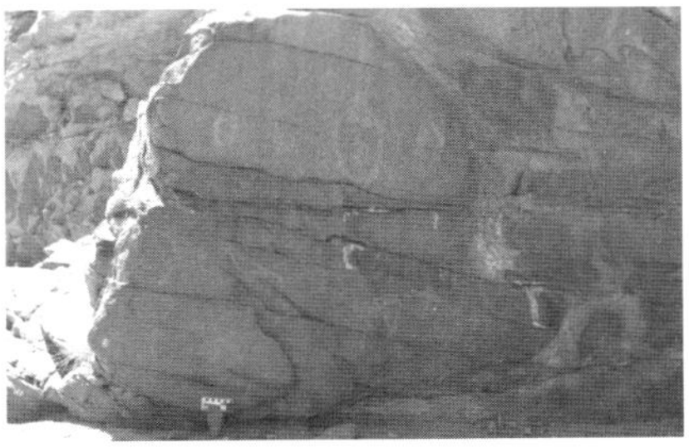

图7　XSG–004

可到达大佛寺，以往发现的大水沟岩画就位于此处，保护碑完好。此次复查发现岩画保存状况基本稳定，但由于山洪冲刷带来较多泥沙，已经将原大水沟1号岩画石部分掩埋。大水沟由此处分为北沟和南沟，继续向北偏西方向前行约2.2公里，即可到达大水沟北沟岩画，石嘴山市人民政府曾在此处设立保护碑，但可能因洪水冲刷已不在原位。该岩画点共编号9块岩画石。

图8　大水沟北沟环境

图9　大水沟明长城遗址

其中DSGBG-001~DSGBG-003号位于沟内溪水东岸的天然小台地上（图10）[①]。

DSGBG-001（图11）

海拔1383米，石面朝向西南243°，石面长180厘米，宽76.5厘米；画面长90厘米，宽44.5厘米。

石面红褐色，边缘处有剥落。仅有1个图案，似牛，轮廓式，用敲凿法刻制，凿点浅且稀疏，风格粗犷，制作粗糙，头朝右，身体壮硕，前后肢有肌肉线条，图案右侧有若干凿点和刻痕，似有线条式动物图案，但比较模糊。

图11　DSGBG-001

① 大水沟北沟DSGBg-001~DSGBg-003号岩画为早年发现，于2010年被公布为平罗县文物保护单位，设有保护碑，此次调查未在岩画附近见到保护碑，推测可能被洪水冲走。004-009号岩画为此次调查新发现。

DSGBG-002（图12）

海拔1385.264米，石面朝向西南239°，石面长188厘米，宽91厘米；画面左右长188厘米，上下宽62厘米。

位于DSGBG-001西侧不远处，石面褐色，有若干裂纹，局部有剥落。

画面至少有7个图案，其中有人形2个，粗线条式，一个人形双手平伸，身体细长，双腿岔开，一个人形一手下垂一手上举，身体细长，双腿微岔开，两个图案刻痕都较浅，并且打破了下面的动物图案；动物图案可能为虎，轮廓式，居于石面正中，尺寸较大，头可能朝左，似未完成，臀部圆润，饰有涡纹，长尾，后肢较细，爪子模糊不清，前肢似被其他图案打破，细节不清；虎图案的左下方有1圆形轮廓，内部有若干刻痕；虎图案左侧有1个轮廓式动物，头朝左，长颈，4腿，略显粗糙；画面左上角有2个线条式动物，头朝左，长颈，2条腿，线条相互交错，难以辨清；虎图案右侧有若干线条式或轮廓式图案，似为动物，但线条杂乱难以辨认。

图12　DSGBG-002

DSGBG-003

海拔1388米，石面长365厘米，宽138厘米。

DSGBG-003-1，石面朝向西南227°，画面长75厘米，宽30厘米。（图13）

DSGBG-003-2，石面朝向西南227°，其中4号人面像长25厘米，宽27厘米，5号人面像长20厘米，宽25厘米。（图14）

位于DSGBG-002西侧一较平整的石面上，石面褐色，相对平整，有若干裂纹。石面左右两部分均刻有人面像图案，共5个（1-5号），但造型风格和刻痕颜色有明显差异。其中石面左半部分（编号DSGBG-003-1），凿刻有人面像3个。1号人面像位于最左，椭圆形轮廓，双眼呈“悬挂式”，由竖线与圆圈（位于竖线下端）组合而成，额、鼻也是圆圈与竖线的组合，圆圈位于竖线上端，下端贯穿用圆圈表示的嘴，整体造型抽象且有装饰感；2号人面像位于中间，圆角方形轮廓，用短弧线表现双眼，眼下似留两行泪，鼻用竖线与圆圈（位于竖线下端）组合而成，嘴用小圆圈表现，整体风格与1号人面像相似；3号人面像似未完成，方形轮廓，左边线与2号人面像右边线重合。3个人面像刻痕较深，颜色与石面对比不明显，制作精致，线条规整，美观大方。石面右半部分也凿刻有3个人面像（编号DSGBG-003-2），4号人面像居左，方形轮廓，头上偏右的位置向上延伸一条竖线，轮廓内中间用1条竖线将面部分为左右两部分，双眼均用倒“山”字形来表现，很有特色；5号人面像居中，造型特征与4号人面像一致，唯没有头饰，该人面像右侧似有一个方形轮廓，刻痕极细极浅，模糊不清。4、5号人面像整体刻痕非常浅，制作略显粗糙，刻痕颜色与石面对比不明显，似乎是晚期仿1、2号人面像所为。

图13　DSGBG-003-1

图14　DSGBG-003-2

DSGBG-004（图15）

海拔1393米，石面朝向东南138°，画面长25厘米，宽9厘米。

位于沟西侧山坡底部的岩石上，DSGBG-001~DSGBG-003对面。

石面灰褐色，局部剥落严重。仅有1个似虎的动物图案，轮廓式，头可能朝右，已残缺，身体内部有装饰性刻痕，后肢残损。画面左上角有一片凿点。

图15　DSGBG-004

DSGBG-005（图16）

海拔1402米，石面朝向东86°，画面长16厘米，宽11厘米。

位于DSGBG-004西侧山坡半山腰处，石面浅褐色，有若干裂纹。仅有1个动物图案，轮廓式，头部似未完成，尾巴向后平伸，身体壮硕，有肌肉线条，前后肢较细，凿点细密，头部前方有一近似三角形的刻痕。

DSGBG-006（图17）

海拔1447米，石面朝向东81°，石面长58厘米，宽47厘米；画面长17厘米，宽31厘米。

位于沟西侧的半山腰处，距离DSGBG-005西北方向约600米。

石面灰褐色，有深浅不一的纵横裂纹，局部石面剥落。可识别2个图案，均为动物。其中1个似岩羊，粗线条式，头朝右，双角向两侧弯曲，前后肢呈奔跑状；羊图案下方的动物似兽类，头朝右，双耳，前2腿似未刻完，后2腿弯曲，呈蹲伏状，可能为犬或狼。羊图案上方还有一些刻痕，但无法辨别具体图案。

DSGBG-007（图18）

海拔1463米，石面朝向东南138°，石面长91厘米，宽65厘米；画面长33厘米，宽25厘米。

位于DSGBG-006岩画石上方约28米处。

石面褐色，有较多纵横裂纹，下部边缘剥落。可识别出4个图案，均为动物。其中3个刻画完整，线条式，可能为羊，1个头朝左，1个头朝右，1个头朝左上，均仅有2条腿，微曲，尾巴向后平伸；另1个动物图案仅用稀疏凿点敲凿出轮廓，并未进一步加工完成，仅能大致辨认出动物头朝右，4条腿。

DSGBG-008（图19）

海拔1426米，石面朝向东北45°，石面长59厘米，宽169厘米，画面长37厘米，宽114厘米。

该岩画可能从山顶滚落到路旁，已离开原位。石面呈较浅的黄褐色，有若干裂纹，边缘处剥落。整幅画面刻痕颜色与石面基本一致，很难辨识，用水冲洗之后稍显清晰。从上到下可识别4个完整的图案，最上方有1动物图案，轮廓式，头很小，朝右，双耳，长颈，身体有肌肉线条，2条腿，长

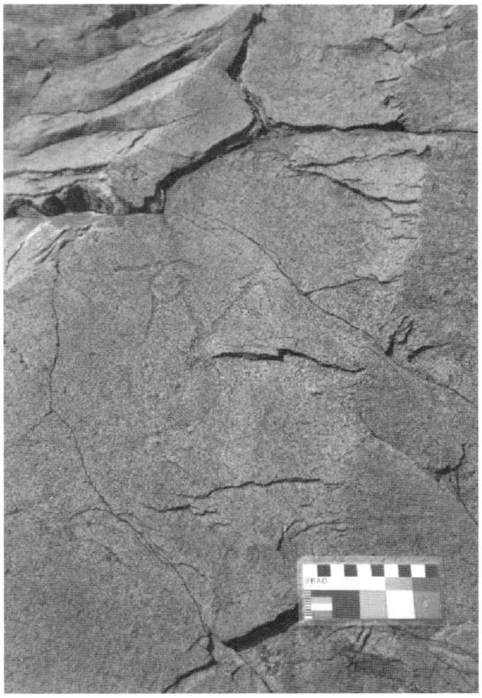

图16　DSGBG-005

图17　DSGBG-006

图18　DSGBG-007

图19　DSGBG-008

尾，刻痕很浅，凿点细小略显稀疏；该图案右下有1人形图案，剪影式，圆头，1手上举，1手平伸，身体近似长方形，双腿微曲，左下似有1个未完成的人形，仅见圆头和身躯；下方1较大的羊图案，剪影式，头朝右，一双大角长且呈波浪状弯曲，长颈，身体壮硕，内部仅加工凿刻了一半，另一半仅见轮廓，长尾向后伸展，4条细腿呈奔跑状，腿间有杂乱刻痕；下方1蹲踞式人形，线条式，圆头，双手向下弯曲，一腿弯曲，一腿未完成；几乎每个图案周围都有若干凿点、刻痕，有些与图案有打破关系。

DSGBG-009（图20）

海拔1387米，石面朝向西北335°，画面长110厘米，宽36厘米，距地202厘米。

图20　DSGBG-009

该岩画位于DSGBG-001东南60米处。石面灰褐色，有几条很深、很宽的裂纹将石面分割成若干部分。可识别3个虎图案，均为轮廓式，身体内填有不同的装饰性花纹。其中2个虎位于画面右上，居上的虎头朝左，石面破裂严重导致虎头细节无法辨认，身体内填折线，身体近似三角形，臀部圆润，肌肉线条明显，内填似曲线的花纹，但有些模糊，前后肢呈趴伏状，有利爪，长尾下垂，末端蜷曲；居下的虎头也朝左，双耳竖立，张大口，整体造型与位于其上的虎基本相同，唯身体内的花纹不同，颈部及前身为折线纹，臀部及腿则为涡旋纹与点状纹饰的组合；这2个图案左侧还有1个图案，线条模糊难以辨认，像1个面对二虎的人形；下方有1虎图案，头朝右，模糊不清，造型与上述两个老虎图案基本相同，身体内部用“⊙”纹饰装饰，该虎头前方有1个羊图案，似为被追逐、捕食的对象，剪影式，头朝右，前后肢呈动态。

（三）大水沟南沟岩画

大水沟南沟岩画位于上文所述大佛寺的西南方向，在距西北轴承厂旧址约1.6公里处开始逐渐有岩画石，分布在主沟两侧的岩壁或坡面上，共编号19块，其中DSGNG-003~DSGNG-005、DSGNG-008~DSGNG-019集中分布在沟北侧一处叫“黄驼坡”的山坡上，006、007集中分布在距001约2.3公里的转弯处。

图21　大水沟南沟环境

DSGNG-001（图22）

海拔1384米，石面朝向西北298°，画面长87厘米，宽56厘米。

石面灰褐色，表面多裂纹，局部剥落，岩石下部被掩埋，后由调查人员挖掘。可识别11个图案，其中有3个公鹿图案，造型基本相同，粗线条式，两只头朝右，一只头朝左，鹿角很大，呈树枝状，四腿直立，有生殖器，站立状；有2个动物图案，粗线条式，有双耳（或双角），一只头朝右，一只头朝左，4腿直立，身下有两条短竖线刻痕，似母兽的乳头；有2个马图案，粗线条式，位于画面下方，头朝右，4腿微曲，长尾下垂，在其中一个马图案的身下还有1个线条式的小动物图案，似羊，头朝右，4腿直立，头部细节较模糊；另有3个动物图案，似犬类，粗线条式，头均朝右，颈下似有牵绳，4腿直立，卷尾上翘。

图22　DSGNG-001

整幅画面图案风格一致，凿痕较深，颜色与石面对比较明显，画面布局经过精心设计，充分利用了石面的空间。

DSGNG-002（图23）

海拔1400米，石面朝向东北37°，画面长42厘米，宽10厘米。

距DSGNG-001约441米，位于沟西侧一个斜坡岩壁上，石面灰褐色，较平整，在下边缘处横向排列有3个

图23　DSGNG-002

图24 DSGNG-003

图案，均为羊，线条式，刻痕较浅，与石面颜色对比略明显，其中2只造型基本一致，头朝左，弯角，2腿直立状，短尾上翘；另一只非常小，位于右侧羊的身下。画面还有未完成的刻痕。

DSGNG-003（图24）

海拔1469米，石面朝向东90°，画面长96厘米，宽130厘米。

石面呈褐色，有若干处断裂，中部剥落严重。画面中有2~3个图案交错在一起，线条杂乱难以辨认。其中有一“⊙”形图案，另有若干刻痕。刻痕整体较浅，与石面颜色对比不是特别明显。

DSGNG-004（图25）

海拔1481米，石面朝向西266°，画面长23厘米，宽44厘米。

石面呈褐色，有若干裂纹。可识别1个羊图案，头朝左，弯角，双腿直立，表现腿部肌肉和关节，身体部分线条较粗，刻痕较浅，与石面颜色对比不明显；另有一些模糊的刻痕。

DSGNG-005（图26）

海拔1491米，石面朝向南187°，画面长26厘米，宽55厘米。

位于DSGNG-004以北约30米处，石面黑褐色，有若干裂纹面，风化严重。可识别5个羊图案，最上方1只羊为轮廓式，覆盖橙黄色地衣，头朝右，双角向两侧弯曲，双腿，似岩羊，有生殖器；下方2只羊为线条式，一大一小刻痕较深，头向一左一右，弯角，双腿呈动态；下方有刻痕，可能是未完成的羊；石面左侧有1只羊，线条式，头朝右，小角，双腿直立，造型简单粗糙；最下方有1只线条式羊，头朝右，造型与其他线条式羊基本相同。

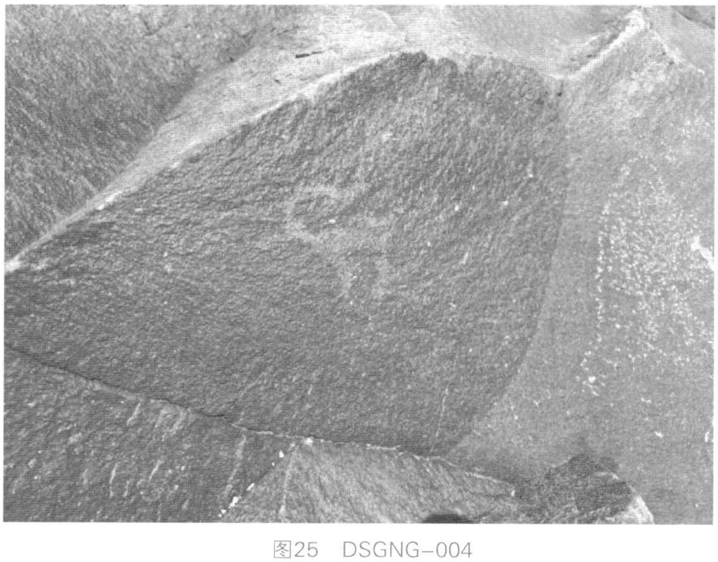
图25 DSGNG-004

图26 DSGNG-005

DSGNG-006-1（图27、图28）

海拔1467米，石面朝向东北56°，画面长127厘米，宽81厘米。

距离DSGNG-003约487米。石面呈泛白的灰色，有若干纵横裂痕，边缘有多处剥落。可识别至少12个图案。1号图案位于画面最左侧，鹿图案，轮廓式，头朝右但呈向左回望状，一对长直角，圆眼，长颈，臀部所在石面剥落，腿部模糊不清；2号图案位于1号图案上方，石面的左上角，似未完成的蹲踞式人形，圆头，双手向上弯曲，腿部细节不清，左下有一片凿点、刻痕，无法识别具体图案，右上有若干刻痕，似动物；3号图案是1个较大的人形，轮廓式，头戴尖帽或头饰，似有发辫，宽肩细腰，双手上举，手持锤状物和类似套索的工具，着长袍，上面饰有勾云纹，有男性生殖器，双腿用细线勾勒，呈岔开状，有双足，体形高大，该人形高63厘米，最宽处41厘米；4号图案位于3号右侧，为造型特征基本相同的人形，尺寸略小，长袍上的纹饰略有不同，但具体图案不清，该人形高55厘米，最宽处25厘米；5、6号图案为两个线条式人形，位于3、4号两个大人形中间，呈舞蹈状，圆头，1个舞者一手叉腰一手上举，1个舞者双手一上一下，图案略显模糊，细节不清；7号图案是一个人骑，位于石面右上方，骑者为线条式，圆头，一手持缰一手向后伸，腰间佩带武器，坐骑为轮廓式，头朝左，体形壮硕，前后肢直立，长尾下垂；8、9号图案位于人骑后方，似2个飞禽（鹰）的图案，线条式；10号图案位于3、4号人形头上方中间位置，为一个由若干卷曲线条（似勾云纹或缠枝纹）构成的复杂符号；11号图案位于7号左上方，由若干线条组成，具体图案不明；12号图案，位于石面最下方，是上下两排手拉手呈舞蹈状（连臂舞）的人形，上排隐约可辨认出4个舞者，下排残存4个舞者，最左的舞者已残损，这些舞者均为线条式，造型简单，个别人形腰部佩带锤状物。

画面所在岩石从山坡上一直延伸至沟内，常被水流冲刷，导致岩画刻痕非常浅，且与石面颜色对比不明显，刻痕边缘由于水蚀而变得光滑。

图27 DSGNG-006-1局部（1）

图28 DSGNG-006-1局部（2）

DSGNG-006-2（图29）

海拔1466米，石面基本朝向上方，画面长85厘米，宽71厘米。

与DSGNG-006-1位于同一块岩石不同的石面。石面呈泛白的灰色，不十分平整，有若干纵横裂纹，边缘处有剥落现象。可识别约6个图案，其中4个是人形，与DSGNG-006-1中3、4号人形造型特征相似，更简化一些，尺寸也小得多，其中一个人形头部不见明显帽子或头饰，其他3个人形头部或未完成或已残损，身上的长袍不再有复杂的纹饰，其中2个人形长袍为通体凿刻的剪影式，另2个人形的长袍为简单的轮廓式，3个人形有明显的男性生殖器；石面右上角有2个羊图案，线条式，头朝右，弯角，长颈，双腿直立，2羊上下交叠呈交媾状。

图29　DSGNG-006-2

图30　DSGNG-007

DSGNG-007（图30）

海拔1466米，石面朝向北344°，画面长52厘米，宽73厘米。

位于DSGNG-006岩石上方，距离很近。石面呈褐色，有若干纵横裂痕，两条较深的裂痕将石面划分为三个小区域，裂痕附近的石面有剥落现象。可识别5个图案，最上方的图案已残损，似马，剪影式，仅存部分身体和前后肢，体形壮硕，双腿细长，刻画出关节；石面中间和下方有4个人骑图案，剪影式，骑者头部圆形，一手持缰，一手向后伸展，马头朝右，双耳上竖，双腿呈动态，尾巴弯曲，整体呈策马奔驰状，图案刻痕较深，与石面颜色对比略明显，制作精美。

DSGNG-008-1（图31、图32、图33）

海拔1491米，石面朝向西南198°，左半部石面长135厘米，宽156厘米；画面长114厘米，宽150厘米；下方有若干图案的刻痕，右半部石面长45厘米，宽155厘米，画面长44厘米，宽135厘米。

石面红褐色，岩石从中间完全裂开，损坏比较严重，石面被分为左右两部分，左部所在岩体呈倾倒状，表面不平整，局部剥落。可识别近30个图案。

左半部石面上方有若干刻痕，隐约可辨认出有2~3个线条式动物；有1个轮廓式图案，下方有2~3个线条式动物，其中1个可能为羊，其他细节不清；石面右上方边缘处似有1个线条式直立人形，头为圆形，双臂向两侧伸，双腿微分开，右侧似有1个线条式人骑，马头朝左，4腿直立，长尾下垂；下方有1个较大的轮廓式动物，仅余颈部和身体（头应该在右侧石面上），体形壮硕，内有若干刻痕，可能为装饰图案，后肢细长，刻画出关节，有生殖器，尾巴上折；该轮廓动物臀部上方有1个线条式动物，仅能辨认出身体和双腿；轮廓动物身下有2个动物图案，一个动物身体线条很粗，头朝右，双耳上竖，长颈，双腿曲折呈动态，关节明显，有生殖器，长尾下垂，一个动物为剪影式，似羊，有弯角，头朝右，体形壮硕，双腿较细，短尾上竖；下方还有2个线条式动物，居左的动物头朝左，有双耳，身体线条很粗，双腿呈动态，长尾上竖，居右的动物头朝右，有双耳（或双角），四肢较短呈直立状，尾下垂，这两个图案周围还有若干刻痕；上文所述较大的轮廓动物左侧还有若干刻痕，可能为3个轮廓式蹄印图案，右侧还有1个线条式的小动物图案，头部细节不清，仅能辨认出身体和双腿；画面下方还有1个较大的轮廓式动物，基本特征与上述轮廓动物基本相同，比较完整，头较小，朝右，一对小耳上竖，颈部粗长，身体壮硕，臀部圆润，后肢较细，未见前肢，长尾下垂；该动物上方有1个直立人形图案，剪影式，头圆形，身体通体凿刻，一手上举，一手平伸，双腿微分，有双脚，被右侧1个线条式动物图案打破；较大的轮廓动物下方还有约4个线条式动物，头向不一，造型及制作的精细程度也不同，相互之间有叠压打破关系；靠近石面右侧边缘的位置有1个水平方向的人形图案，头左脚右，剪影式，头圆形，双臂向下曲折，下腹部圆润，双腿分开，有男性生殖器；人形右侧有一个由于石面断裂而残损的车辆图案，该石面仅存车舆、车轴、两个车轮和部分车辕，车舆前圆后方，通体凿刻，两个车轮也通体凿刻为实心圆形，人形与车辆应为组合图案，可能想表现“人驾车”，该车辆另一部分在右侧石面上，为背对背的对马和车轭，两匹马均为剪影式，是商周时期典型的车辆图案；下方还有另外一组人形与车辆的组合图案，与上述图案特征基本一致，唯尺寸略小，相对完整，但被1个轮廓式内有纹饰的动物图案打破，该动物头朝右，与车辆图案交错，细节不清，体形壮硕，四肢细长，身体后半部分打破1个线条式动物；石面右下角有1个线条式羊图案，大弯角，头朝右，双腿微曲。

右半部石面至少有20余个图案，最上方有一个直立人形，左侧有一条延伸很长的线条，推测人形可能为人射，并刻画出箭矢飞行轨迹，但由于风化和苔藓的覆盖已无法识别弓箭等细节，人形头为圆形，双腿细长，双脚为圆形；人射下方有4~5个线条式动物，大部分仅刻画两条腿，刻痕颜色与石面对比不明显，且被苔藓覆盖，因此无法辨认细节；下半部分石面上的图案刻痕颜色略鲜明，互相叠压、打破现象尤其复杂，大多图案线条杂乱难以辨认细节，其中有1个人形图案，圆形头，身体部分通体凿刻，一手上举呈投掷状，一手向前伸，双腿弯曲，右侧有一较小的车辆图案，与左半部石面上的车辆造型相同，马匹部分已无法辨认，仅能看清车舆、双轮、部分车辕；车辆图案右侧有至少3个动物，似羊，身体部分似剪影式，头均朝右，双腿直立，长尾下垂；下方可辨认至少14个动物图案，其中有3个剪影式，7个身体线条很粗，刻痕较深、制作精细，剩余的图案线条较细、模糊，动物种类大部分为羊，有1个树枝状角的鹿（打破了左侧的羊图案），1个尾巴很长的兽（追逐右侧的羊图案）；左下角有1个直立人形，头及上半身与残留的马拉车辆图案交错，仅两条细长的腿明显，有双脚和男性生殖器。

图31 DSGNG008-1断裂现状

图32 DSGNG008-1左半部

图32 DSGNG008-1右半部

DSGNG-008-2（图33）

海拔1490米，石面朝上，画面长87厘米，宽30厘米。

与DSGNG-008-1为同一块岩石的不同面，石面灰褐色，部分残缺，表面有横向裂痕。有7~8个动物图案，其中2个羊图案身体线条很粗，双角双腿，与另1个动物图案交错，细节不清；其余几个动物尺寸略小，均为线条式，头向不一，线条杂乱、制作粗糙，另有一些刻痕；其中有1个特别小的羊图案，尺寸为3.5×5厘米。

DSGNG-009（图34）

海拔1474米，石面朝向东南125°，画面长28厘米，宽21厘米。

石面灰褐色，中间呈脊状凸起，有若干裂纹。石面上半部有制作粗糙的刻痕，凿点杂乱、浅，似晚期模仿制作，刻画的图案可能是动物，很随意；下半部分石面上有3个动物图案，线条式，两大一小，头均朝右，一只双角向两侧弯曲，似岩羊，一只双角很大，向头后弯曲，似北山羊，均有4条腿，整体图案刻痕浅，略显粗糙，有后期人为加刻痕迹。另有1似未完成的动物图案。

图33　DSGNG-008-2

图34　DSGNG-009

DSGNG-010（图35、图36）

海拔1474米，石面朝向东南125°。

石面灰褐色，不平整，风化严重，有多处断裂和剥落，把石面划分为几个部分。可辨认出4个马图案，其中2个为剪影式，在石面一个相对完好的部分，一大一小，头朝左，一双小耳上竖，长颈，较大的图案4腿两两并在一起，长尾下垂，小的图案略粗糙，似乎只刻画2条腿，长尾下垂，该部分画面尺寸左右长61厘米，上下宽18厘米；另外2只为粗线条式，一上一下，头均朝左，双耳上竖，长颈，身体线条较粗，有生殖器，4条腿两两并在一起，长尾下垂长尾，该部分画面长23厘米，宽24厘米。

图35　DSGNG–010局部（1）

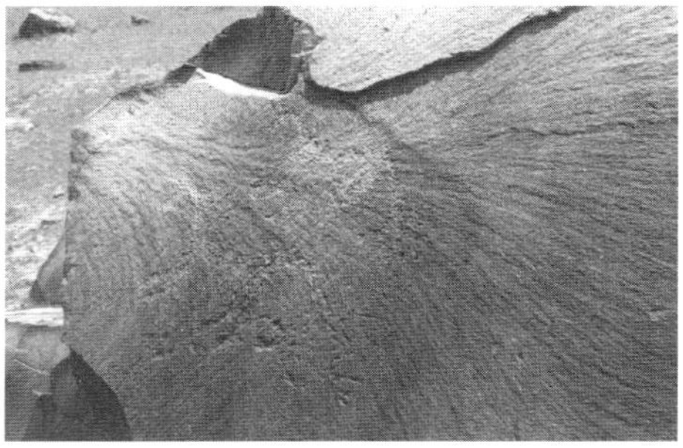

图36　DSGNG–010局部（2）

DSGNG–011（图37）

海拔1469米，石面朝西，画面长125厘米，宽97厘米。

石面黄褐色，表面有若干裂痕、断层，边缘处有剥落。画面图像线条杂乱、漫漶不清，部分被苔藓覆盖难以辨认。可以辨识出的完整图案约6个，马2匹，剪影式；人骑2个，骑者为线条式，马匹为剪影式；人射2个，线条式，弓在左侧，箭在弦上；另有若干动物图案。整体刻痕较浅，与石面颜色对比不太明显。

DSGNG–012（图38）

海拔1463米，石面朝向西南158°，画面长20厘米，宽8.5厘米。

石面灰褐色，相对平整，局部有剥落现象。在石面的左上角处有1个马图案，线条式，头朝左，小耳上竖，弯颈，4腿呈动态，长尾下垂，刻痕较浅，与石面颜色对比略明显。

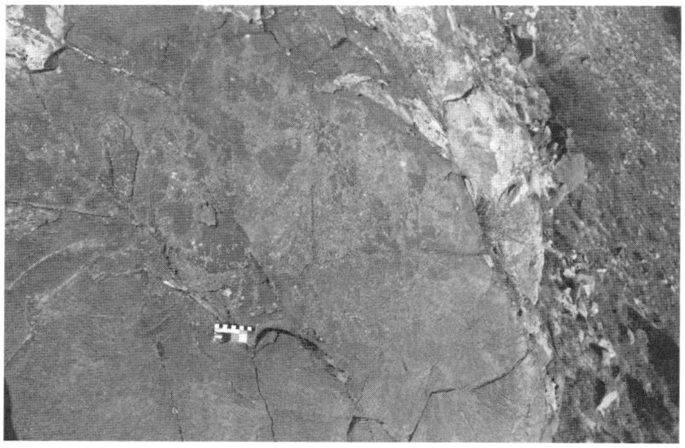

图37　DSGNG–011

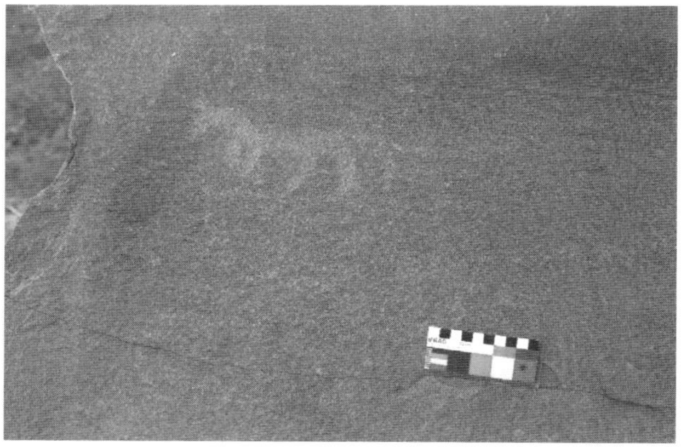

图38　DSGNG–012

DSGNG–013（图39）

海拔1466米，石面朝向西南205°，画面长117厘米，宽130厘米。

石面褐色，不平整，表面若干裂痕，局部有苔藓覆盖，边缘处剥落。可识别9个图案，最上方是1幅人牵马题材，粗线条式，人右马左，人为圆形，与身体分界不明显，躯体修长，双腿较短且弯曲，双臂曲折，左手牵马，右手五指张开，刻画出男性生殖器，马匹头朝右，双耳上竖，身体线条较粗，

4腿微曲，表现出马蹄，长尾下垂；人牵马下方为2个动物图案，刻痕不太深，颜色与石面对比不明显，细节模糊，左侧的图案可能为马，略小，线条式，头朝右，身体线条较粗，4腿直立状，长尾弯曲下垂，右侧的图案略大，剪影式，头朝左，4腿呈动态，尾巴上竖；左下方有1个动物图案，刻痕较深，颜色与石面对比不明显，头朝右，双耳（或双角）上竖，4腿较短呈直立状，长尾弯曲下垂；下方有约4个线条式动物，被苔藓覆盖，仅能辨认部分身体和四肢，似有马、羊；石面中部偏右区域有4~5只线条式动物图案，刻痕很浅且与石面颜色对比不明显，仅能辨认部分身体和四肢；石面右下角有1个动物图案，似老虎，轮廓式，头朝右，身体内有散乱的凿点，前肢曲折，爪子张开，后肢模糊，整体刻痕较浅且石面颜色对比不明显。

该岩石另一侧面（朝向东南）也有若干刻痕，由于石面风化、局部断裂剥落，无法识别具体图像。

DSGNG-014-1（图40、图41）

海拔1468米，石面朝北，整体画面长156厘米，宽314厘米。

石面红褐色，风化严重，局部断裂、剥落现象严重。画幅很大，约可识别18个图案，可分为上下两部分。

上半部分图案均为马，完整的约有10匹，其中轮廓式马1匹，其余均为剪影式，头向不一，有的呈奔跑状，有的呈站立状，有的仅刻画出前后两条腿，有的四腿俱全，大多数有生殖器，这些马身体壮硕，肌肉线条明显，刻痕边缘规整流畅，凿点细密，制作精致，造型生动形象；轮廓式马头部缺失，身体壮硕，两腿呈直立状，长尾下垂，线条简约。

下半部分图案中有两个“对马”图案，其余还有7~8个马图案，均为剪影式。“对马”图案中的两匹马头对头一左一右排列，吻部相连，4腿或两两并在一起或分开呈动态，其中一个对马图案中间的图案值得注意，可能为一个双手上举、同时牵两匹马的人形（下半身残缺），也可能是某种拴马柱（石）。其余的马图案与上半部分石面的马图案造型特征基本一致。

整幅作品以马为主要题材，造型风格、制作方法基本相同，应为同一时期的作品。

图39 DSGNG-013

图40 DSGNG-014-1局部（1）

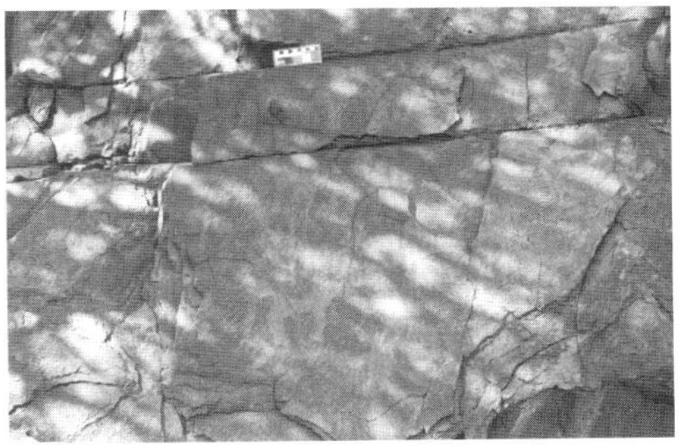

图41 DSGNG-014-1局部（2）

DSGNG-014-2（图42）

海拔1464米，石面朝向东北38°，画面长157厘米，宽122厘米。

石面褐色，有若干纵横裂痕，局部石面有剥落现象。可识别至少12个图案，其中有10个马图案，头向不一，剪影式，2腿微曲，大部分刻画出生殖器，尾巴弯曲下垂，刻痕均比较浅，其中有似晚期仿刻的图案；另有1个鹿图案，剪影式，双角呈夸张的树枝状，刻痕极浅，也像晚期仿刻制作；左下角有1个线条式动物图案，比较模糊。

图42 DSGNG-014-2

DSGNG-014-3（图43、图44）

海拔1466米，石面朝上，画面长172厘米，宽122厘米。

石面红褐色，有若干纵横裂痕，有大面积剥落现象。可识别至少10个图案，大多数为马。有2个尺寸较小的人形图案，1个为人射，头为圆形，身体剪影式，双腿分开，一手持弓，一手弯曲发力，弓箭在右侧，但不完整，另1个人形姿态不明，有男性生殖器；画面上其余图案以马为主，大多为剪影

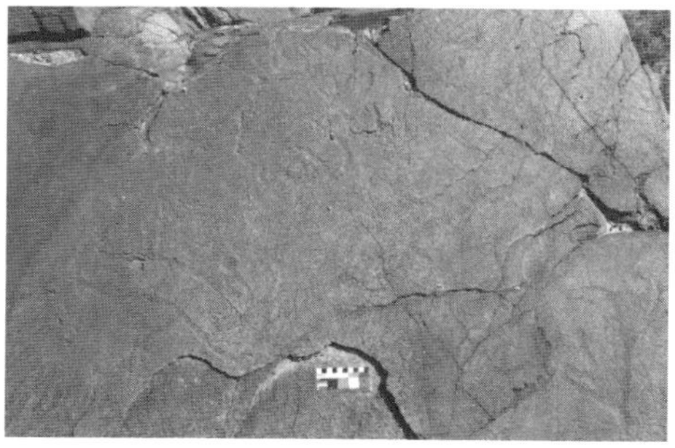

图43 DSGNG-014-3局部（1）

图44 DSGNG-014-3局部（2）

式，头向不一，身体壮硕，大多刻画出4腿、圆形蹄和生殖器，少量仅刻画2条腿，其中一匹马生殖器夸张，长尾下垂且末端为硕大的圆形（实心），造型特殊；轮廓式马图案仅2个，1个尺寸很大，一双小耳上竖，颈部很粗，体型壮硕，4腿较短，生殖器夸张，长尾下垂，较小的图案特征与大马基本相同，唯缺少生殖器；另有2~3个线条式动物，比较模糊，细节不清楚。整体刻痕略深，但石面颜色对比不明显，少量图案之间有叠压打破现象。

DSGNG-014岩石朝西的侧面有4~5个线条式动物图案，其中1个图案可能为羊，头朝左，双角上竖，2条腿呈直立状，身下还有一个较小的动物图案，其余图案大多被苔藓覆盖，细节不清。（图45）

图45　DSGNG-014号岩石侧面

DSGNG-015（图46）

海拔1461米，石面朝北，画面长80厘米，宽90厘米。

石面灰褐色，表面有纵横裂痕，上部被苔藓覆盖，边缘处有剥落现象。可辨认出4个马图案，轮廓式，头朝右，颈部较粗，身体近似长方形，4腿微曲，马蹄为点状，刻痕很浅，与石面颜色对比不太明显，制作粗糙，细节模糊，另有若干杂乱刻痕。

图46　DSGNG-015

DSGNG-016（图47）

海拔1459米，石面朝南，画面长128厘米，宽128厘米。

石面灰褐色，表面有若干纵横裂痕，局部有剥落现象。画面整体线条杂乱、模糊不清，勉强可辨认出7个图案，其中有1个人骑，线条式，骑者似乎未刻画完整，尺寸非常小，且不见双臂，马头朝左，长颈，4腿呈直立状，长尾下垂；其余图案均为马，大多为剪影式，头向不一，4腿或直立或呈动态，有的刻画出生殖器。

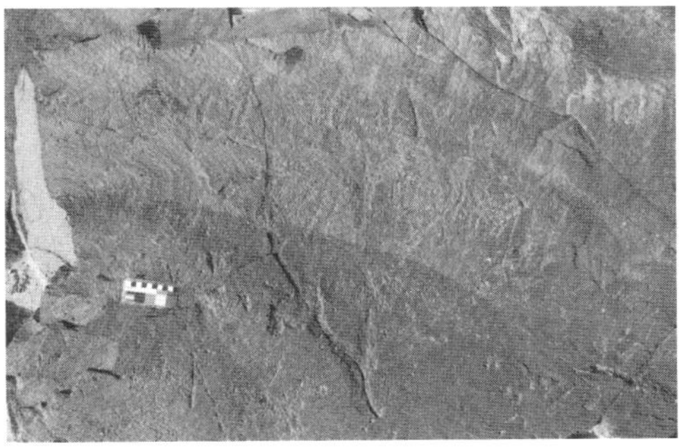
图47　DSGNG-016

DSGNG-017（图48）

海拔1455米，石面朝向东37°，画面长64厘米，宽60厘米。

石面灰褐色，表面有若干纵横裂痕。可辨认出4个图案，其中有2个羊图案，线条式，头朝右，居上的羊颈部较长，4腿弯曲呈动态，短尾上翘，右下角的羊双角向两侧弯曲，似岩羊，短颈，身体弯曲，2腿微曲，不见尾部；中间有1个身体呈方形的轮廓式动物，头朝右，双腿微倾斜，尾巴向后伸，身体内有纵向排列的竖线，该图案制作粗糙，刻痕很浅，似晚期仿刻之作；下方有1个人射，身体呈长方形轮廓状，一手持弓，一手似举过头顶，双腿弯曲，刻画出双脚，腰间配有棒状器物，箭矢的轨迹射向岩羊图案。画面中另有若干模糊刻痕。

图48　DSGNG–017

DSGNG–018（图49、图50）

海拔1455米，石面朝上，画面长135厘米，宽33厘米。

石面灰褐色，有若干纵横裂痕，局部有剥落现象，风化严重。可识别4个图案，其中1个为剪影式动物图案，似马，头朝右，双耳上竖，颈部较粗，双腿呈动态，尾巴长直向后伸展，背部上有刻痕，不知是否为未完成的人骑；1个线条式鹿图案，头朝左，鹿角呈夸张的树枝状，双腿直立；鹿图案左侧有1个线条式动物图案，头朝右，似乎与鹿的头部有叠压，双腿较短呈直立状，长尾弯曲下垂；线条动物左侧有1个似人形的图案，线条式，头部细节不清，似乎牵着线条式动物。整体刻痕较浅较模糊，与石面颜色对比不明显。

图49　DSGNG–018局部（1）

图50　DSGNG–018局部（2）

DSGNG019（图51）

海拔1453米，石面朝向西南214°，画面长168厘米，宽165厘米。

石面灰褐色，中间有一条弯曲裂痕，局部有剥落现象。可识别至少7个图案，其中有2个轮廓式动物，一大一小，造型特征基本相同，头朝右，双耳（或双角）上竖，几乎不见颈部，身体中间窄两端宽，双腿弯曲，长尾蜷曲；石面上方有2个线条式动物，造型特征基本相同，头朝左，有耳（或角），颈部较短，双腿微曲，尾巴向后伸展，两个图案尺寸都很小；石面右侧边缘处有3个线条式动物，刻痕颜色与石面对比明显，与上述几个图案不同，头均朝右，颈部不明显，双腿直立，其中两个图案双腿的线条贯穿身体，短尾下垂。画面中另有若干模糊刻痕。

图51　DSGNG-019

（四）小风沟岩画

小风沟岩画位于小水沟岩画点东北方向约9.5公里处，距北武当风景区约9公里，属于贺兰山国家级自然保护区。从沟口处向里走约2.3公里开始有岩画分布，在2公里左右的距离编号5块岩画石，其间还发现有塔及其他建筑遗址、若干处疑似墓葬遗址①。

图52　小风沟环境

图53　小风沟塔及其他建筑遗址

①据最新线索，小风沟深处仍有多幅岩画，有待后续调查。

XFG-001（图54）

海拔1228米，石面朝向东84°，画面长36厘米，宽12厘米。

石面灰褐色，风化严重，有若干纵横裂痕，有大面积剥落现象。可辨认出4个图案，均为羊，线条式，1只头朝右，弯角，身体线条较粗，4腿呈动态，短尾上竖，3只头朝左，1只整体比较模糊，另外2只双角向两侧弯曲，似岩羊，其中1只4腿呈动态，另1只腿部模糊。图案整体制作较粗糙，线条杂乱。

该岩画石位于沟西侧半山坡上，坡面以南的区域有塔和建筑遗存，地面散乱砖、瓦残件。

图54　XFG-001

XFG-002（图55、图56）

海拔1202米，石面朝向北20°，画面长435厘米，宽138厘米。

石面灰色，有若干纵横裂痕，上有“八六年四月”的现代刻痕，对岩画造成了破坏，岩面倾斜陡峭，难以攀爬，因此部分岩画无法近距离观察。大致可以辨认出10个图案，均为动物。1号图案为羊，轮廓式，头朝左，双角向两侧弯曲，身体壮硕，4腿微曲，尾巴弯曲下垂；2号图案似岩羊，轮廓式，头朝右，双角向两侧弯曲，身体中间细，前后两部分肌肉线条明显，4腿呈动态，短尾下垂，整体造型生动、线条流畅；3号图案为羊，轮廓式，头朝左，双角模糊，身体较窄，臀部圆润，4条腿微倾斜，尾巴下垂；4号图案为羊，轮廓式，头朝左，有双角，身体前部宽、后部窄，有2条腿，整体比较模糊，细节不清；5号图案为羊，线条式，尺寸很小，头朝右，有双角，4腿呈动态奔跑状，尾巴上翘；6号图案为羊，轮廓式，头朝左，低头状，双角弯曲，身体前宽后窄，其他细节不清；7号图案为羊，轮廓式，头朝左，微低头，双角弯曲，身体较窄，4腿呈直立状，尾巴下垂；8号图案为1个人射，头为圆圈形，一手持弓、一手发力，双腿微曲，弓在左侧，细节模糊，似乎很大，箭在弦上，射向左侧的动物；9号图案为1动物，即8号人射的射猎对象，轮廓式，头朝左，身体略窄，4腿呈动态，尾巴细节不清；10号图案为动物，线条式，头朝左，长颈，2条腿微向内收，长尾下垂。

该岩画位于沟东侧，与XFG-001相对，其右侧（背向石面）岩石上刻有剪影式羊图像，因难以测量，所以未统计。整体图案刻痕较浅，与石面颜色对比极不明显，难以辨认。

图55　XFG-002局部（1）

图56　XFG-002局部（2）

XFG-003（图57）

海拔1212米，石面朝向东100°，石面长31厘米，宽42厘米；画面长14厘米，宽17厘米。

石面红褐色，风化严重，有若干纵横裂痕。图案线条杂乱、模糊，可能有一上一下两个动物，上面的动物为轮廓式，头部细节不清，长尾下垂，腿部线条杂乱；下面的动物为剪影式，凿点明显，头部缺失，后腿粗壮，长尾下垂，其余细节不清，另有些凿点和刻痕。

图57　XFG-003

XFG-004-1（图58）

海拔1210米，石面朝向北354°，画面长50厘米，宽44厘米。

石面黄褐色，下部断裂，表面有横向裂纹，局部石面剥落。可辨认出3个动物图案，可能均为马，其中2匹为剪影式，1匹头朝右，细节不清，身体近似长方形，比较壮硕，4腿基本呈直立状，长尾下垂；1匹为垂直方向，头朝下（实为左），细节不清，其余特征与另1匹相同；另1匹马为轮廓式，刻痕极浅，似仅敲凿出轮廓但并未加以磨刻修整，头朝右，其余特征与另2匹均相同。剪影式马图案的刻痕边缘经过修整，制作精致，但由于风化严重，整体比较模糊，刻痕较浅，与石面颜色对比不明显。

图58　XFG-004-1

XFG-004-2（图59）

海拔1209米，石面朝向北南179°，画面长90厘米，宽53厘米。

石面黄褐色，有若干横向裂纹，边缘处局部石面剥落。可识别约5个图案，均为动物，其中有2个图案虽然头部细节不清，但身形似马，剪影式，比较壮硕，4腿呈直立状，长尾下垂；画面中间有1个很大的鹿图案，头朝左，鹿角线条复杂似树枝状，颈部较粗，头部和颈部通体敲凿，身体部分为轮廓式，比较壮硕，推测可能本应制作成剪影式，但未加工完成，4腿模糊，细节不清，鹿角和臀部被似马的动物图案打破；画面右上角可能有2个剪影式动物，头部细节不清，其中一个动物4腿呈直立状，另一个动物腿部细节不清楚。

图59　XFG-004-2

整体造型风格、制作手法与XFG-004-1的图案一致，剪影式动物图案通体敲凿，凿点较细较密，刻痕边缘经过修整，但刻痕较浅，与石面颜色对比不明显，部分图案之间线条交错。

XFG-005（图60）

海拔1259米，石面朝向正北，画面长112厘米，宽119厘米。

图60　XFG-005

石面灰褐色，中间有较深、较宽的断裂带，另有若干裂纹，局部石面剥落，风化较严重。可识别10个图案，有3个人骑图案，两大一小，均为线条式，其中两个骑者头戴有檐尖帽，马头朝右，4腿直立状，尾巴上扬或先后伸展，整体造型简单、制作粗糙；另有6个动物图案，均为线条式，似羊，其中2只羊上下叠立，呈“交媾”状；另有1只背部凸起的动物，种属不明。

小结

本次田野调查，共登记岩画石37块，编号画幅43幅，可识别单体图案306个，其中动物图案多达237个，占77.5%，人物形象（射手、骑者、舞者等）图案约50个，占16.3%，人面像图案7个，占2.3%，其他如车辆图案、符号类等图案数量较少。动物图案占大宗的特点与宁夏岩画乃至我国北方岩画总体特征一致，此次调查的4个岩画点中，宁夏岩画最常见的羊图案的数量约为49个，占所有动物图案总数量的20.7%，马的数量约有71个，占比为30.0%，且多集中在大水沟南沟岩画点，此处发现66个马图案；其他动物图案包括鹿、牛、飞禽、野兽等，数量均较少。符号类图案中以圆形居多，也有些可能为蹄印，数量较少；在大水沟南沟发现了车辆岩画，单辕双轮，有车舆，双马拉车，车后有人形图案，不排除为驭者的可能。

通过实地调查及后续对资料的分析研究，可将此次调查的收获总结为以下几点。

一是进一步了解宁夏北部岩画的分布情况。在近几年对石嘴山境内新发现岩画调查的基础上，结合目前所掌握的文物线索，表明该地区岩画的分布覆盖贺兰山东麓北段沿线几乎所有的山水沟。以往资料中岩画分布的差异性表象，实则源自田野调查工作的限制。同时，结合以往的档案资料，可以发现宁夏北部岩画与长城等相关遗迹空间关系密切，岩画点附近常见长城城墙、烽燧、墩台及其他建筑遗迹。石嘴山境内的长城遗迹大部分为明代所筑，多修筑于贺兰山与黄河之间的交通要冲地带，年代晚于该地区岩画主要流行的时期，相关区域也发现不同年代的建筑基址、墓葬等遗存，充分说明宁夏北部是不同民族交往交流交融的过渡地带，游牧与农耕两大经济体系族群在此长期交流互动，其界线随着不同历史时期彼此势力的消长而不断变化，且自青铜时代起延续了很长的时间。

二是丰富了宁夏北部历史时期动物种群图像资料。石嘴山地区曾经是适合老虎生存、活动的地区，以往该地区发现的岩画资料已经有了相关的佐证，例如在大西峰沟内发现多幅制作精美的大幅虎岩画，艺术价值极高，分布也比较集中，此次在大水沟北沟也有相同的现象——在XFG-003号岩画所在台地附近，集中发现5个虎图案，其中一幅“群虎图”，共有3个虎图案，另2个虎图案彼此相距也很近，台地一面靠山，一面临水，地势相对平坦开阔，推测这里是岩画创作者选择的“虎崇拜”“虎图腾”之地，当时可能常有虎在此出没；此外，正如上文列出的数量比例，不像其他岩画点动物图案中最多的是羊，大水沟南沟（尤其是黄驼坡分布区）马图案数量最多、最集中，这些马图案通常与车辆、人形共存，且多为“马群”形，其中不乏“对马”的表现形式，说明古代先民已驯养了大量的马匹，用于自身的生产、生活；值得一提的是，此次调查在大水沟南沟发现了特殊人形图案（大水沟南沟006号），尤其是两个有特殊头饰、身着特殊纹饰长袍的人形，尺寸很大，图案造型在以往发现的宁夏岩画人形中非常少见，位于整幅画面的中心，周围分布着动物、特殊符号、双人舞者、骑者等较小的图案，从构图来看是创作者重点突出的形象，很可能是“巫师”“萨满”或其他具有重要地位的人物；在这两个人物图案下方石面，还发现了两排连臂舞者图案，这是目前宁夏岩画发现的第三幅连臂舞者图案，之前的两幅均位于贺兰口岩画点，本次发现的连臂舞者图案，由于长期受到水流冲刷而十分模糊，未发现服饰、头饰等细节，仅能辨认出每排3~4个舞者手牵手的姿态。

总体而言，本次调查收获颇多，其中很多特殊图案可作为进一步分析研判岩画年代、族属及内涵等问题的重要线索，相关研究将另撰文详述。限于多方面原因，对于小水沟、小风沟的调查仍有缺憾，后续将择期前往调查。

附记：参与本次田野调查的成员有杨惠玲、马波、潘晓、刘思文（宁夏文物保护中心）、田文兵（平罗县文物管理所），感谢长城保护员李凤爱、向导张辉的协助，资料记录、整理由刘思文、潘晓负责，摄影由马波负责，测量由杨惠玲、潘晓负责。

The Report of New Rock Art Survey in Shizuishan Area Ningxia，2023

Liu Siwen，Pan Xiao，Ma Bo，Yang Huiling

Abstract：From August 30th to September 2nd，2023，according to the clues provided by local cultural relics enthusiasts，Ningxia Cultural Relics Protection Center and Cultural Relics Administration conducted an survey on new rock art discovered in Shizuishan area together. The survey further clarified the distribution of rock art along the Helan Mountain in Shizuishan area，and obtained some important materials.

Key words：Survey；Shizuishan；New rock art

宁夏青铜峡芦沟湖岩画调查简报

马　波　刘思文

摘　要：2024年10月，宁夏回族自治区文物保护中心（岩画研究中心）对宁夏青铜峡芦沟湖岩画进行了实地调查，并在调查过程中发现了一些新的岩画。芦沟湖岩画内容丰富，主要以人面像、动物、手印、蹄印等为主，且风格多样，对地方早期人类社会生活、经济形态等多方面的研究都将起到重要的推动作用。

关键词：芦沟湖岩画；田野调查；人面像；动物

宁夏青铜峡芦沟湖岩画最早发现于1987年，当时，宁夏文物考古研究所组成了贺兰山岩画考察小组，对宁夏境内岩画进行普查时，在芦沟湖沟内两侧山崖上，发现一些分布零散的岩画，据统计，共有25幅①。

之后，又有一些岩画在芦沟湖主沟北侧山崖上陆续被发现。2012年，宁夏岩画研究中心对青铜峡岩画进行了系统性的调查，在芦沟湖对上述新发现的岩画资料进行了采集，取得了重要收获；2024年10月，宁夏文物保护中心（岩画研究中心）在青铜峡开展岩画田野调查工作时，于芦沟湖主沟以北的侧沟内又发现了一些新的岩画，并进行了详细的测量、记录。对上述两次采集的岩画资料进行整理后，现简报如下。

芦沟湖位于贺兰山南端余脉的东麓，距青铜峡市区约55公里，属青铜峡市与中宁县交界地带，平均海拔约1300米。这里山体高耸，山外则是平坦的丘陵地带，山下明长城顺山势蜿蜒而下。在沟口的一片盐碱湿地中，发现有

作者简介：
马波，男，宁夏文物保护中心（岩画研究中心）馆员。研究方向：民族学，岩画学。
刘思文，女，宁夏文物保护中心（岩画研究中心）副研究馆员。研究方向：岩画学、考古学。

①许成，卫忠：《贺兰山岩画》，北京：文物出版社，1993年，第2、166页。

芦沟湖新石器遗址，这里曾发现大量的石斧、石臼、刮削器、尖锥器等石器遗物，以及一些罐、碗、夹砂陶片等；另有芦沟湖古寺庙遗址，遗址基地为黄土夯筑，在遗址四周散落极少的青砖残块和大量不规则的沙石块。这些都表明芦沟湖地区是早期人类生活比较频繁的区域。

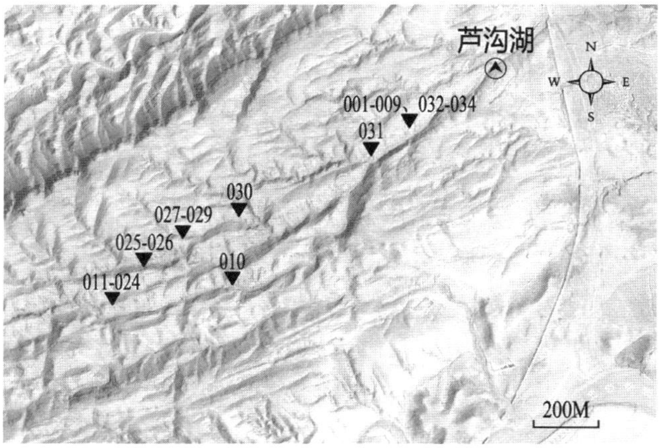

图1　芦沟湖岩画分布图

芦沟湖岩画主要分布于芦沟湖主沟北侧绵延2公里的山崖上及主沟以北的侧沟沟底（图1）。岩画石则以粉红色砂岩为主。岩画共34幅，按照主沟由东向西，侧沟由西向东的顺序，依次编号为LGH–001～LGH–034。

LGH–001（图2）：画面高75厘米，宽84厘米。位于芦沟湖入沟约500米处的主沟北侧斜坡上。石面呈深褐色，较平整，中间有裂隙，石面上方断裂，下方部分没入泥土中。画面中有7个人面像图案和1个残痕，均由磨刻法制作而成，刻痕清晰，线条较粗。这些人面像造型各异，其中画面右方的人面像为锥形轮廓，连眉，额头刻有7颗小圆点作为装饰；其余人面像均为椭圆形轮廓，大小不一，其中左下方的人面像还刻有双臂及双手。

LGH–002（图3）：画面高22厘米，宽18厘米。位于芦沟湖入沟约500米处的主沟北侧斜坡上。石面呈深褐色，较平整，有多处裂隙。画面中有1人面像图案，位于石面上方，由敲凿法刻制而成，刻痕较清晰，但因石面断裂，部分遭到破坏。人面像为椭圆形轮廓，面部刻画简单，仅能看到中间1根较粗的横线及数根较细的竖线。

LGH–003（图4）：画面高78厘米，宽22厘米。位于芦沟湖入沟约500米处的主沟北侧斜坡上。石面呈褐色，较平整，但断裂严重，有石皮剥落现象。画面中有3个人面像图案，自上而下整齐排列，均由敲凿法刻制而成，刻痕较浅。画面上方的人面像为圆形轮廓，但在轮廓内部仅刻画了嘴部，属未完成的岩画图案；画面中间的人面像为椭圆形轮廓，左边部分刻痕因石面断裂遭到破坏，轮廓内部刻有双眼、嘴巴，面部也有装饰性线条；画面下方的

图2

图3

图4

人面像为圆形轮廓，刻有双眼、鼻子和嘴巴，轮廓下方整齐排列着4根线条，应为装饰物或胡须。

LGH–004（图5）：画面高15厘米，宽19厘米。位于芦沟湖入沟约500米处的主沟北侧斜坡上。石块是断裂后滑落至此，裂痕较新，石面呈深褐色。画面中有1圆形轮廓的人面像图案和1处刻痕，由敲凿法刻制而成，刻痕较深且清晰。人面像刻画简单，轮廓内部有4个大小不一的圆点，分别为双眼、鼻子和嘴巴。

LGH–005（图6）：画面高78厘米，宽41厘米。位于芦沟湖入沟约500米处的主沟北侧斜坡上。石面呈黑色，断裂、剥落现象严重。画面中4只羊和1个未知符号，均由敲凿法刻制而成。4只羊的刻痕均不完整，且造型各异，其中画面左方的2只羊因石面断裂，部分刻痕遭到破坏；画面中间的2只羊均为未完成的图案；1个“日”字形符号位于画面右下方，刻痕较深且清晰。

LGH–006（图7）：画面高166厘米，宽222厘米。位于芦沟湖入沟约500米处的主沟北侧斜坡上。石面呈黑色，断裂、剥落现象严重。画面中有约10个人面像图案，均由敲凿法刻制而成。这些人面像位于石面的上方和右方，但因石面剥落、断裂及风化严重，大部分仅能看到圆形轮廓，面部刻痕模糊不清。

LGH–007（图8）：画面高128厘米，宽80厘米。位于芦沟湖入沟约500米处的主沟北侧斜坡上。石面呈黑色，剥落现象严重。画面中有5个人面像图案，均由敲凿法刻制而成，刻痕较浅。这些人面像自上而下斜向排列，画面最上方的人面像为圆形轮廓，轮廓内部刻有5个同样的圆点；其下方的椭圆形人面像因石面剥落遭到破坏，仅留下部分刻痕；画面中间的人面像最为完整，且造型复杂，刻有双眼、双耳和嘴巴，面部和额头有不同的装饰性线条，头顶有2根弯曲的线条，可能为头发或装饰物；画面下方的2个人面像刻痕较浅且模糊，仅能看到外部轮廓和部分刻痕。

LGH–008（图9）：画面高108厘米，宽88厘米。位于芦沟湖入沟约500米处的主沟北侧斜坡上。石面呈黑色，较平整，剥落现象严重。画面中有3个人面像图案、2个蹄印和1个实心圆图案，均由敲凿法刻制而成。画面左方的人面像为圆形轮廓，头顶和脸部两侧共刻画有3根半圆弧线，额头有3根装饰性竖线条，五官的刻痕则模糊不清；画面中间的圆形人面像，因石面剥落，部分轮廓遭到破坏，五官的刻痕模糊不清；画面右方的人面像刻痕清晰，椭圆形轮廓，头顶有1根半圆弧线，刻有双眼、鼻子和嘴巴，脸颊有装饰性的圆形图案；2个不同形状的蹄印分别刻画于上述人面像的两侧，刻痕清晰。

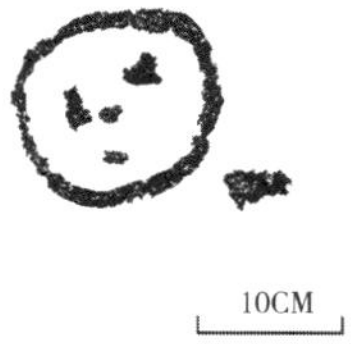

图5

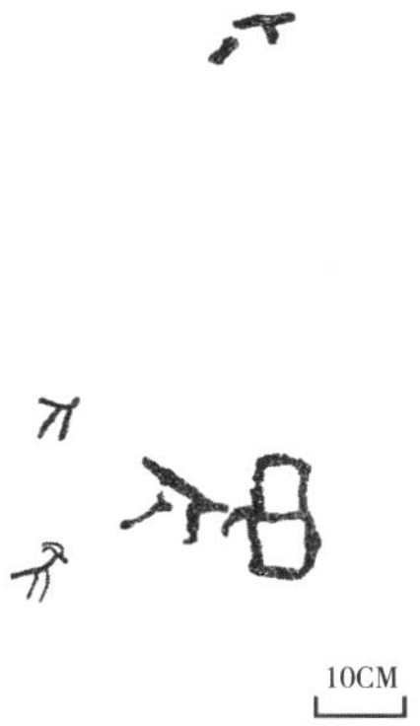

图6

图7

图8

图9

LGH-009（图10）：画面高24厘米，宽32厘米。位于芦沟湖入沟约500米处的主沟北侧斜坡上。石面呈褐色，较平整，有剥落现象。画面中有1个脚印图案，由敲凿法刻制而成，刻痕清晰，图案完整。这是1个左脚的轮廓式脚印，线条较细，脚掌和5根脚趾刻画得形象、逼真。

LGH-010（图11）：画面高48厘米，宽113厘米。位于芦沟湖入沟约1.5公里处的主沟沟谷的石壁上。石面呈深褐色，有多处裂隙。画面中有5个线条式的动物图案，均由敲凿法刻制而成，刻痕较浅。画面左上方有2只羊，其中1只羊刻有双角、四腿，短尾上翘，另1只羊体形相对较大，但未刻画出羊的前腿；画面右下方有1只动物，刻有双腿、短尾，未刻画头部；画面中间有2个未完成的动物，均只刻画出躯干和1条腿，但在刻痕颜色上，这2个动物图案与画面中其他动物图案存在明显差别，应是不同时代所作。

LGH-011（图12）：画面高73厘米，宽36厘米。位于芦沟湖入沟约3公里处的主沟北侧山坡上。石块是断裂后滑落至此，石面呈深褐色，风化现象严重。画面中有3个人面像图案，均由敲凿法刻制而成，且造型一致——均为圆形轮廓，刻有双眼、耳朵和嘴巴，头顶有3根竖线，可能为头发或装饰物。

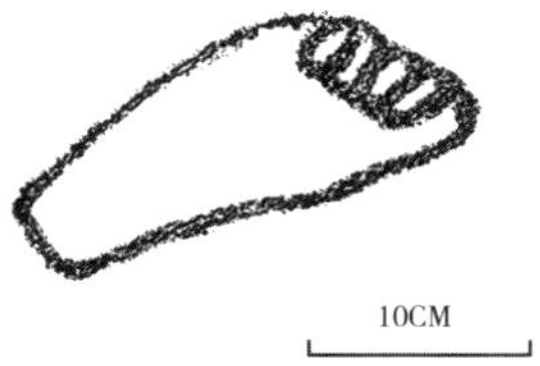

图10

LGH-012（图13）：画面高24厘米，宽105厘米。位于芦沟湖入沟约3公里处的主沟北侧山坡上。石面呈深褐色，较平整。画面中3个动物图案，均由敲凿法刻制而成。画面右方有1只未完成的羊，体形较小，为线条式，独角呈弯曲状，只刻有前腿；其他2个动物图案刻痕较模糊，无法准确识别。

图11

LGH-013（图14）：画面高26厘米，宽87厘米。位于芦沟湖入沟约3公里处的主沟北侧山坡上。石面呈深褐色，有风化和石皮剥落现象。画面中3个动物图案，均由敲凿法刻制而成。其中画面左方和中间的2个动物朝向不同，但造型一致——均为线条式，身体躯干平直，双腿直立呈站姿，动物的角和尾部均卷曲成圆环状，这种造型的动物比较罕见；画面右方动物图案体形较小，因刻痕模糊，只能看到部分躯干和双腿。

LGH-014（图15）：画面高118厘米，宽37厘米。位于芦沟湖入沟约3公里处的主沟北侧山坡上。石块是断裂后滑落至此，石面呈黑色，有多处裂隙。画面中有1个人面像和1个动物图案，均由敲凿法刻制而

图12

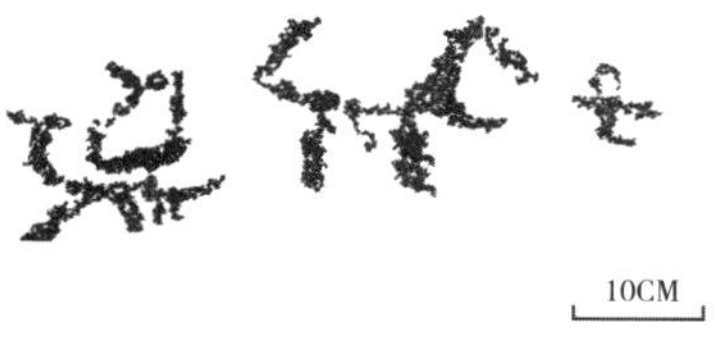

图13

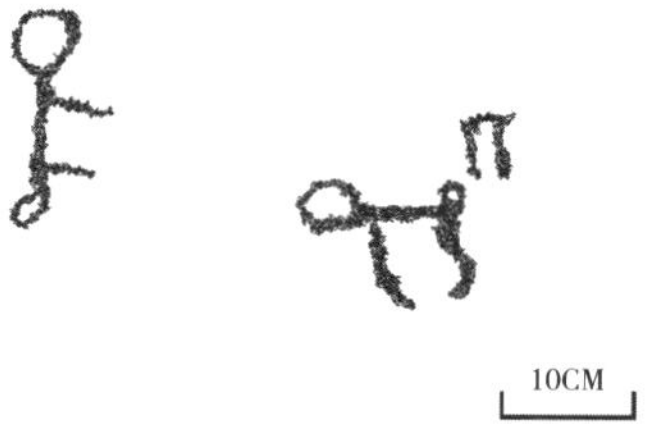

图14

图15

成，刻痕清晰。人面像位于画面下方，椭圆形轮廓，刻有双眼、鼻子和嘴巴，额头上有装饰性图案；1个未完成的动物图案位于画面上方，体形较小，仅刻画出部分躯干、后腿和短尾，从造型上看，可能是1只羊。

LGH-015：位于芦沟湖入沟约3公里处的主沟北侧山坡上。在一块巨大的石壁及其下方，均刻有岩画，分别编号为LGH-015-1（图16）、LGH-015-2（图17）。LGH-015-1：画面高99厘米，宽283厘米。石面较大且平整，呈深褐色，有几处裂隙。石面上岩画图案数量较多，内容丰富，有人面像、人形、人骑、动物等，均由敲凿法刻制而成，刻痕清晰。人面像有4个，均为圆形轮廓，但造型各不相同；人形有3个，位置相近，形态各异，有轮廓式的，也有线条式的；有1个人骑位于画面下方，马刻有双腿，直立呈站姿，长尾下垂，马背上的骑者手扶马鞍；画面上方有2头不同造型的鹿，其中左侧的鹿为轮廓式，刻有双耳、双腿，眼睛呈圆环状，鹿嘴较长，且刻画成鸟喙状，右侧的鹿为线条式，体形较小，刻有四腿，鹿角较长，呈树杈状；约有15只线条式的羊和1只轮廓式的羊，体形都较小，主要刻画在画面下方。LGH-015-2：画面高95厘米，宽85厘米。石面平整，呈深褐色。画面中有1个人射、3只羊、1匹马及多个未知符号和刻痕，均由敲凿法刻制而成，刻痕清晰。人射位于画面中间，射手呈站姿，手持比自己身形还要大的弓箭做射箭状；3只羊均为线条式，其中画面左方的2只羊刻有双腿，短尾上翘，画面中间的1只羊刻有四腿，双角较长且向后弯曲；1匹马位于画面下方，躯干较长且平直，四腿直立呈站姿，长尾下垂，刻画有生殖器官。

LGH-016（图18）：画面高29厘米，宽122厘米。位于LGH-015的左侧。石面较大且平整，呈深褐色，有多处裂隙。画面中有2个人形、2个手印、10个动物和多个符号和刻痕，均由敲凿法刻

图17

图16

图18

制而成，刻痕清晰。2个人形造型一致，身体躯干均为轮廓式，双腿直立，双臂上举；2个手印位于人形图案的右侧，一大一小，造型一致；画面中的动物图案以大角羊居多，且有多只羊叠压在一起；画面下方有1匹马，但只刻画出身体的后半部分。

LGH-017（图19）：画面高102厘米，宽285厘米。位于芦沟湖入沟约3公里处的主沟北侧山坡上。石面较大且平整，呈褐色，风化现象严重。石面上岩画图案数量颇多，内容丰富，有人形、人骑、动物、手印、蹄印、几何符号等，均由敲凿法刻制而成，这些图案叠压现象较多，刻痕颜色也有差别，应是不同时期所作。画面中，人形有3个，均位于画面中央，造型各异；人骑有10个，马均为线条式，除了画面上方的1个人骑，骑者手中持有弓箭外，其他人骑的大小、造型类似；动物有百只左右，绝大多数为羊，这些羊的造型和表现手法多样，有线条式、轮廓式、剪影式等，其他种类的动物有鹿、马等，但数量较少；画面中还有一些几何符号图案，但多造型怪异，无法识别，其中比较醒目的是画面左方的1个网状图案，呈圆形，内部横、竖线条交织有序。

LGH-018（图20）：画面高13厘米，宽18厘米。位于芦沟湖入沟约3公里处的主沟北侧山坡上。石面平整，呈褐色。画面中有1个人骑和1只羊，均由敲凿法刻制而成，刻痕较浅。人骑位于画面左方，马刻有双腿，直立呈站姿，长尾下垂，身体躯干弯曲，马背上的骑者一手持马鬃，一手扶着马背；画面右方的羊为线条式。双腿前倾，短尾上翘，羊角较长，呈卷曲状。

LGH-019（图21）：画面高62厘米，宽55厘米。位于芦沟湖入沟约3公里处的主沟北侧山坡上。石面平整，呈深褐色。画面中有2只羊、3只鹿、3个无法识别的动物图案和1个几何符号，均由敲凿法刻制而成。画面左上方的羊为轮廓式，刻有双腿、短尾、双角，嘴部较长，另1只羊位于画面左下方，体形较小，为线条式，从刻痕颜色上看，应晚于画面中的其他图案；3只鹿位于画面的中间及下

图20

图19

图21

方，均为轮廓式，多刻有双腿、双耳、眼睛及鸟喙状的嘴部；另有3个动物，因刻痕较浅，无法准确识别。

LGH–020（图22）：画面高13厘米，宽10厘米。位于芦沟湖入沟约3公里处的主沟北侧山坡上。石面呈黑色，石皮剥落严重。画面中有1只羊，为轮廓式，刻有双腿、双耳（或双角），嘴部较长，部分身体躯干因石皮剥落遭到破坏。

图22

LGH–021（图23）：画面高20厘米，宽7厘米。位于芦沟湖入沟约3公里处的主沟北侧山坡上。石面呈深褐色，有多处裂隙。石面上方有1只未完成的羊，只刻画出头部，造型与LGH–020中的羊一致；石面中间有1个可能为未完成的人形图案，由敲凿法刻制形成，刻痕清晰。

图23

LGH–022（图24）：画面高8厘米，宽9厘米。位于芦沟湖入沟约3公里处的主沟北侧山坡上。石面较大且平整，呈深褐色，中间有石皮剥落现象。画面中有1未完成的羊，线条式，由敲凿法刻制而成，刻痕清晰。

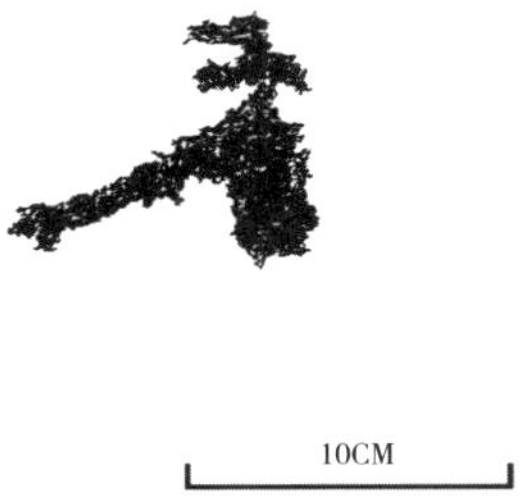

图24

LGH–023（图25）：画面高30厘米，宽210厘米。位于芦沟湖入沟约3公里处的主沟北侧山坡上。石面较大且平整，呈黑色，有石皮剥落现象。画面中横向排列着3个人面像图案和1只羊，均由敲凿法刻制而成，刻痕清晰。3个人面像均为圆形轮廓，脸部有对称的半圆弧线，嘴鼻部刻画成三角形，其中画面左方的人面像还刻有双眉，眼睛下方似有“泪痕”，中间的人面像额头上刻有弧线，头顶有2个三角符号，右方的人面像嘴部有密集的锯齿状刻痕；画面中的羊体形较小，为线条式，刻有双腿、短尾和独角。

LGH–024（图26）：画面高52厘米，宽90厘米。位于芦沟湖入沟约3公里处的主沟北侧山坡上。石面较大且平整，呈深褐色，有多处裂隙。画面中2只鹿、7只羊和多处刻痕，均由敲凿法刻制而成。2只轮廓式的鹿位于画面右上方，其中1只体形较大，双腿前倾，尾部下垂，身体轮廓内部刻有许多凿点作为装饰，鹿嘴较长，呈鸟喙

图25

图26

状，眼睛则运用了阴刻的制作技法，其右侧另有1只相同造型的鹿，体形相对较小，但头部刻痕模糊不清；7只体形较小的羊，造型不尽相同，有剪影式的，也有线条式的。

图27

LGH–025（图27）：画面高39厘米，宽130厘米。位于芦沟湖主沟以北的侧沟沟底，LGH–024东北方向约150米处。石面呈深褐色，风化和石皮剥落现象严重。画面中有2个人射、8只羊和2处刻痕，均由敲凿法刻制而成，刻痕清晰。2个人射造型相似，都是射手手持巨弓，做射箭状；8只羊均为线条式，绝大部分呈卧姿，其中画面最上方的羊只刻画出身体躯干和头部。

图28

LGH–026（图28）：画面高21厘米，宽14厘米。位于芦沟湖主沟以北的侧沟山坡上。石面较小，呈黑色，裂隙较多。画面中有2只羊，均由敲凿法刻制而成，刻痕清晰。2只羊分别为线条式和轮廓式，均四腿直立呈站姿，双角较长且向后弯曲。

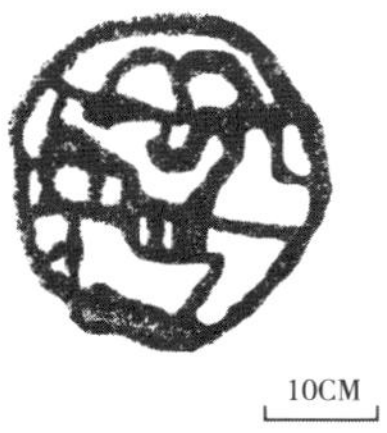

图29

LGH–027（图29）：画面高34厘米，宽30厘米。位于芦沟湖主沟以北的侧沟沟底。岩画刻制在一块由山坡滚落至沟底的巨石上，石面呈深褐色，较平整，有数条裂隙。画面中有1个人面像图案，由敲凿法刻制而成，因风化原因，刻痕较浅。人面像为圆形轮廓，轮廓内部造型复杂。

LGH–028（图30）：画面高39厘米，宽53厘米。位于芦沟湖主沟以北的侧沟沟底。石面较大，呈深褐色，中间有1条较宽的裂隙。画面中有3个自上而下斜向排列的几何符号，均由敲凿法刻制而成，刻痕较浅。画面上方是1个由3个圆形组成的同心圆，画面中间有1个由5个圆形连接在一起组成的图案，画面下方则是1个模糊的圆形符号。

LGH–029（图31）：画面高10厘米，宽12厘米。位于芦沟湖主沟以北的侧沟沟底。石面较大，呈深褐色，中间有条较宽的裂隙。画面中有1只羊，由敲凿法刻制而成，刻痕清晰。这只羊为线条式，体形较小，刻有双腿、短尾和双角（或双耳）。

LGH–030（图32）：画面高24厘米，宽66厘米。位于芦沟湖主沟以北的侧沟沟底。石面呈黑色，有石皮剥落和风化现象。画面中

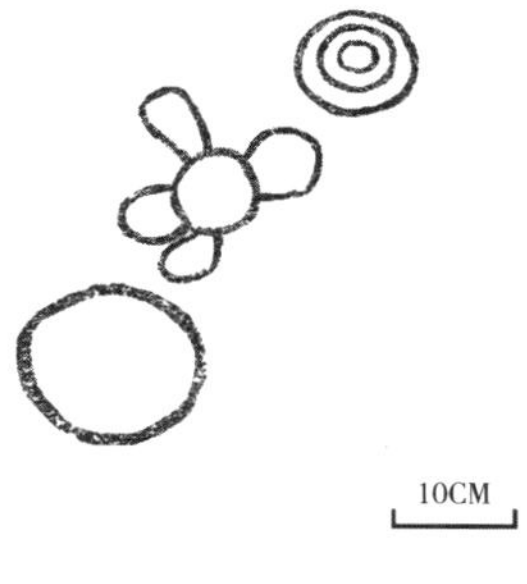

图30

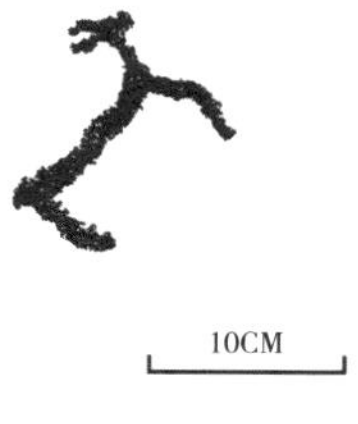

图31

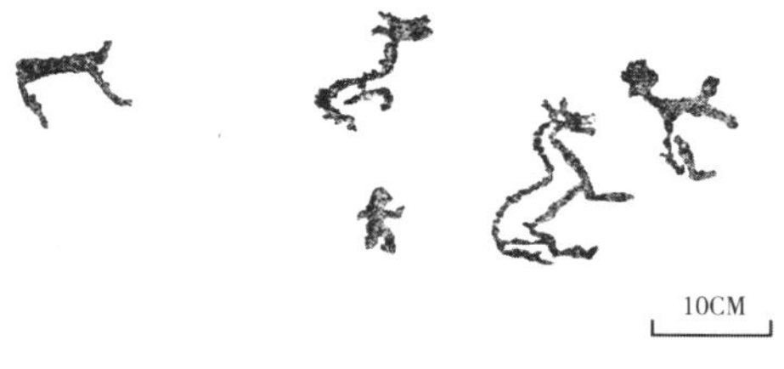

图32

有2匹马、2只羊和1个未知图案，均由敲凿法刻制而成，刻痕清晰。2匹马位于画面中间，其中1匹马体形较大，为轮廓式，双腿前倾，长尾下垂，身体躯干弯曲，眼睛则运用了阴刻的制作技法，另有1匹未完成的、造型相似的马位于其左上方；2只羊分别位于画面的左右两侧，均为线条式，其中左侧的羊的头部刻痕因石面剥落遭到破坏。

LGH-031（图33）：画面高17厘米，宽35厘米。位于芦沟湖主沟以北的侧沟沟底。石面部分没入泥土中，呈深褐色，风化现象严重。画面中有2只羊，均由敲凿法刻制而成，刻痕较浅。2只羊均为线条式，位置相近，相对而立。

LGH-032（图34）：画面高40厘米，宽92厘米。位于芦沟湖主沟以北的侧沟沟底。岩画刻画在一块独石上，石面呈黑色。画面中有2个线条式的几何符号，均由敲凿法刻制而成。其中画面左方的几何符号为矩形轮廓，轮廓内部刻有对称、规则的横、竖线条，刻痕清晰；画面右方的几何符号、部分刻痕因石面剥落遭到破坏。

LGH-033（图35）：画面高50厘米，宽45厘米。位于芦沟湖入沟约500米处的主沟北侧斜坡上。石面较大、平整，呈黑色。画面中有1个蹄印、1个手印和1个残破的人形图案，均由敲凿法刻制而成，刻痕较浅。蹄印位于画面左上方，呈弧形轮廓；手印位于蹄印的右侧，是1右手手印；画面右下方有1残破的人形，因石面剥落，仅能看到人形的部分腿部和双脚。

LGH-034（图36）：画面高24厘米，宽32厘米。位于芦沟湖入沟约500米处的主沟北侧斜坡上。部分石面没入土中，呈黑色。画面中有2个同样大小的人面像图案，位置相近，均由敲凿法刻制而成，因苔藓覆盖，刻痕较模糊。画面右方的人面像为圆形轮廓，脸部两侧刻有对称的半圆弧线，额头上有梳状造型；画面左方的人面像同样为圆形轮廓，轮廓外部刻有多根线条，但因石面剥落，部分刻痕遭到破坏。

从岩画的制作环境上看，芦沟湖岩画整体上是呈规律性分布的。芦沟湖主沟内共有岩画26幅，均位于沟谷北侧，而且除了LGH-010发现于沟底外，其余均刻画在山坡上；芦沟湖侧沟内共有岩画8幅岩画，除了LGH-026刻画在山坡上，其余均发现于谷底。另外，这些岩画多刻画于山体的石壁上，具有不可移动性，为数不多的几块可移动的岩画石，从裂痕来看，也都是石面断裂后形成的石块，并且已偏离了原来的位置。从芦沟湖岩画的分布规律可以看出，除了个别的、比较零散的岩画，其分布点的选择具有随机性和偶然性外，大部分岩画在环境的选择上是经过考虑的。

芦沟湖岩画内容丰富，主要有人面像、动物、人骑、人射、手

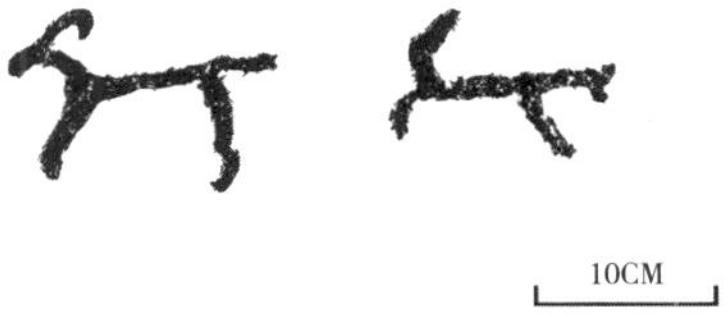

图33

图34

图35

图36

印、蹄印和几何符号等，反映的题材和场景主要有放牧、狩猎、原始崇拜等。其中人面像图案均发现于主沟内，且数量众多，造型多样，这成为芦沟湖岩画的一个主要特点，彰显了其独具特色的文化内涵。这些人面像岩画在造型和表现手法上与贺兰山北段的归德沟、大水沟、贺兰山中段的贺兰口、苏峪口等地的人面像岩画相似，具有贺兰山地区人面像岩画的典型特征，说明其在传播和形成过程中，相互间发生过密切的联系；手印、蹄印等图案在芦沟湖也有较多发现，且多以组合图案的形式出现；岩画中的动物图案则以羊为主，且数量颇多，约占动物总数的93%，故可知当时的先民从事的生业以游牧经济为主。

表1　芦沟湖岩画图案类型统计表

图案类型	人面像	人形	人骑	人射	羊	鹿	马	未知动物	手印	脚印	蹄印	几何符号	刻痕
共计	44	10	12	2	150	8	3	19	4	1	4	16	34

从制作方法和表现风格上看，芦沟湖岩画中，除了少数人面像图案是由磨刻法制作而成，其余均采用了敲凿法，这是贺兰山岩画最普遍应用的手法。岩画图案则以线条式、轮廓式为主，而且从造型特征来看，同样题材的岩画图案，也往往会呈现出不同的风格特征和表现手法，说明这些岩画存在时间上的间隔，属于不同的发展阶段。

总的来说，芦沟湖岩画题材、风格多样，与分布在贺兰山地区的其他岩画之间既存在着普遍的共性，又具有一定的区别，具有丰富的文化内涵和艺术价值。这些岩画是反映地区古代游牧民族生产、生活等方面内容的重要实证资料，对探索该地区社会发展、经济形态等问题提供了重要的线索。

Preliminary Investigation Report of the Lugouhu Rock Art in Qingtongxia，Ningxia

Ma Bo，Liu Siwen

Abstract：A working team from Ningxia Cultural Relics Conservation Center（Rock Art Research Center）investigated the Lugouhu rock art in October，2024，and in the investigation process，some new patterns were discovered. The Lugouhu Rock Art have rich content，such as human faces，animals，hand print，hoof print，and will be helpful to research on early human social life，economic forms，and other aspects in the local area.

Key words：Lugouhu rock art；Investigation；Human faces；Animals

中国台湾高雄市万山岩画调查

张嘉馨

摘　要：万山岩画是台湾岛内目前发现的唯一一处岩画遗址，地处中央山脉南端，鲁凯族的传统狩猎区之中。2018年在鲁凯族原住民的协助下，对万山岩画展开了实地调查，勘察了万山岩画所在的地理环境、地质特点、制作方法、岩画图像、岩体的保护等，并在对万山岩画本体进行调查的基础上，结合原住民的口述历史和日本殖民时代的历史遗存，对岩画周边的石板屋、索道、吊桥等进行了初步的记录，旨在全面记录万山岩画及其周边的遗迹。

关键词：万山岩画；鲁凯族原住民；岩画调查；地质条件；岩画保护

本文系2024国家社科基金青年项目“中华民族早期文明中的台湾岩画遗产与两岸文化同一性研究”（项目编号：24CMZ085）、中国社会科学院研究阐释中华民族现代文明创新项目“推进民族地区现代化与建设中华民族现代文明的关系研究”（项目批准号：2023YZD048）阶段性成果。

作者简介：
张嘉馨，女，中国社会科学院民族学与人类学研究所助理研究员。研究方向：岩画与原住民文化、文化政策与族群认同。

一、万山岩画的地质环境与位置

台湾位于亚洲东部、太平洋西北侧，地处琉球群岛与菲律宾群岛之间，西隔台湾海峡与中国大陆相望，面积约3.6万平方公里，山势高峻，地形海拔变化大，山脉大多呈东北偏北—西南偏南走向，平原狭窄，仅台湾西部与东部地区纵谷内有少量平原，地震频繁，温泉与火山皆多。北回归线横跨中南部，气候介于热带与亚热带之间，自然景观与生态资源丰富而多元。台湾境内共有五大山脉，分别是：海岸山脉、中央山脉、玉山山脉、阿里山山脉、雪山山脉。中央山脉北起宜兰县苏澳镇南方澳与东澳之间的乌岩角，南到最南端的鹅銮鼻，呈北东至南西走向纵贯台湾，为台湾最长的山脉，也是台湾各水系的主要分水岭，万山岩画就位于中央山脉的南端。

依据地质演化的历程和地层及岩性的不同，台湾目前共分为七大地质区，自西而东是：

Ⅰ.澎湖群岛（更新世玄武岩）

Ⅱ.西部滨海平原（第四纪冲积层）

Ⅲ.西部麓山地区（新第三纪碎屑岩）

Ⅳ.中央山脉西翼地区（第三纪亚变质岩）

a.雪山山脉带 （硬页岩或板岩）

b.脊梁山脉带（板岩或千枚岩）

Ⅴ.中央山脉东翼地区（先第三纪变质杂岩）

a.太鲁阁带（片岩、大理岩、花岗岩）

b.玉里带（片岩、蛇纹岩）

Ⅵ.东部纵谷地区 （板块缝合带）

Ⅶ.海岸山脉地区（新第三纪火山岩）

万山岩画所在的区域是中央山脉西翼为第三纪亚变质岩，该岩层主要由硬页岩、板岩、千枚岩、砂岩构成，岩体中含有大量的石英脉及石英晶体。台湾多台风地震，加之南部的山体结构不够稳固，山上的岩石容易出现松动、泥石流（茂林区的鲁凯族原住民称为“土石流”），根据当地原住民的口述，也正是由于这个原因，万山岩画自发现至今，考察路线已变更十余次。

具体而言，台湾万山岩画位于台湾高雄市茂林区中央山脉的西侧，浊口溪上游（岩画西侧有马里山溪溪谷），万头兰山（1475米）北麓。茂林区内山体海拔在230~2700米之间，气候属典型的亚热带及温带雨林型气候。在行政区划上，茂林区位于高雄市东南方，北临桃源区，西邻六龟区、台湾省屏东县高树乡，东邻台湾省台东县延平乡，南接台湾省屏东县三地门乡、雾台乡，是台湾人口最少的市辖区，亦是台湾本岛人口最少的三级行政区。下有万山里、多纳里、茂林里三个里（“里”行政区划，类似于“村”）。依照台湾的《地方制度法》，茂林区系“直辖市山地原住民区”，为具有公法人地位的地方自治团体，与高雄市其他市辖区性质不同，享有相当于乡镇市的地方自治权，茂林区公所为其自治事项之行政机关，非高雄市政府的派出机关，并设置茂林区民代表会作为其自治事项之立法机关。茂林区居民以台湾原住民鲁凯族为主，三里族语互异（多纳语Thakongadavane，万山语'Oponoho，茂林语Teldreka），此鲁凯语群的三种族语均指定为本区地方通行语。

万山岩画所在的浊口溪流域位于台湾南部，属于高屏溪水系，为荖浓溪第二大支流，河长55公里，流域面积529平方公里。水系最远源流为马里山溪，发源于卑南主山西侧，先向西南后转南流，与源自大鬼湖的山花奴奴溪会合后，始称浊口溪。主流向西北转西南流经万山、茂林，于大津注入荖浓溪。浊口溪命名原为“触口”，因溪流两侧坡度陡峭，溪水侧切厉害，剧烈的蚀刻下，经常造成悬崖相对，远望如“两牛相斗的角”，因此就称“触口溪”，后来改为“浊口溪”。台湾原住民在环境与文化的互惠和对话中逐渐塑造出社会形态和精神文化，孕育了万山岩画等一系列表征原住民文化信仰的艺术。

二、万山岩画的发现

岩画所在的区域属于万山旧社的传统狩猎区，至今岩画附近仍然有许多旧的石板屋。岩画周边的区域也曾被作为万山旧社的耕地。目前所查到的最早文字记录是荷兰殖民时期的户口调查资料，最晚在1647年万山社已在现浊口溪上游一带生活。后来，在日本殖民时期，为了方便对原住民的统一管理，将万山旧社的原住民从中央山脉迁徙出至今“万山里”（也称“万山部落”，或“万山新社”）。根据对当地的调查，在迁徙出万山旧社之前，万山部落及周边多纳、茂林、桃源等部落的原住民，是知晓万山岩画的存在的，并有相关的传说流传，但并不为外界所知。1978年在屏东师范学院读大二的吕一平（今万山部落大头目）向美术老师高业荣反映了万山岩画的情况，1979年范织钦（吕一平堂弟）再次向高业荣描述了万山岩画，引起了他的重视，并于同年，在万山村长林启临、林福宝父子的陪同下徒步进入万山，考察岩画，发现了孤巴察峨（TKM1）。1980年发现了祖布里里（TKM2），并以当地的地名对岩画进行了命名。1984年，高业荣、刘益昌在万山岩画的考察途中，发现了莎娜奇勒娥（TKM3）。1989年，内政部指定为三级古迹（孤巴察峨、祖布里里、莎娜奇勒娥）。2002年发现“大轧拉乌”。2008年岩画遗址考察时，又发现“祖布里里”一幅新岩画点及“大轧拉乌”3幅新的岩画。到目前为止，万山岩画共计4处岩画点14幅岩画图像。2008年万山岩画被指定为台湾官方确定的第七处遗址（在台湾，目前官方确定的遗址共七处）。

根据笔者对吕一平、范织钦的了解，高业荣在美术课上讲到大陆的岩画（根据他们的描述，笔者推测当时讲的可能是贺兰山岩画），他们注意到在万山旧社也有类似的遗存，并向高业荣描述了万山岩画的地理位置、图像和部落中相关传说。高业荣在村长父子的带领下进山考察后，向外界公布了万山岩画的情况，称之为“万山岩画的发现”。在随后的岁月里，高业荣一生十几次入山调查，撰写了相关研究著作，万山岩画逐渐被岛内外知晓和重视。此外，根据多纳原住民杨忠福（1979年生，阿美族，长期生活在多纳）

的口述，在日本统治时期就有万山岩画的照片，今已遗失，笔者查阅高雄市和茂林区的相关档案文献，亦未查到在日本殖民时期对于万山岩画的任何图像和文字记录。根据台湾文化部、高雄市文化局、台东史前博物馆提供的相关资料和数据，综合对原住民的相关访谈资料和相关学术论文、著作，以公元纪年整理的相关万山岩画的发现过程，如下表1。

表1 台湾万山岩画发现及研究历程表

时间	研究项目
1978年	高业荣和鲁凯族林启临、林福宝等三人，发现鲁凯族传说之第一号孤巴察峨岩画
1979年	高业荣再进行调查，发现第二号祖布里里岩画
1984年	高业荣于艺术家杂志发表《迈向原始之路》调查简报；高雄登山队洪国胜等人至孤巴察峨岩画从事测量、摄影、拓印工作；高业荣、刘益昌前往考查，回程发现第三号莎娜奇娜娥岩画（TKM3）；刘其伟、张志远、婿直强、李玫瑰前往孤巴察峨岩画调查
1989年	高业荣和茂林乡民、内政部史迹小组，勘察孤巴察峨、祖布里里、莎娜奇娜娥三处岩画；召开评议会议，公告指定“万山岩画”为台湾第三级古迹
1991年	高业荣出版《万山岩画——台湾首次发现摩崖艺术之研究》
2001年	成功大学在方再发带队下考察了孤巴察峨、祖布里里、莎娜奇娜娥，并进行GPS 卫星定位
2002年	11月，高业荣在卢有吉等鲁凯族人的带领下，发现第四号大轧拉乌岩画
2003年	2月，高业荣再度前往大轧拉乌进行详细的勘察，稍后，吴奕德师生亦进行了考察活动 7月，张素吩、杜奉贤等前往孤巴察峨、莎娜奇娜娥、大轧拉乌岩画进行考察
2004年	高雄县文化局组队进行大轧拉乌岩画的考察活动，并在旁边发现-2、-3岩画
2005年	成功大学曾逸仁等人于考察中发现大轧拉乌的-4、-5岩画
2006年	2月，成功大学曾逸仁等一行，再次前往祖布里里、大轧拉乌岩画考察，于大轧拉乌附近再发现-6、-7岩画
2008年	2月，文建会文化资产总管理处筹备处“遗址审议委员会万山岩雕现勘专案小组”召集人刘益昌率团进行遗址现勘，发现祖布里里-2新岩画及大轧拉乌-8、大轧拉乌-9、大轧拉乌-10三座新岩画。目前总计“万山岩画群遗址”分布于4 处，共14 座岩画被发现 8月22日，行政院文化建设委员会公告指定“万山岩雕遗址群”为台湾第七处遗址 10月22日，台北县立十三行博物馆举办“岩画·岩画史前艺术特展”，让民众穿越时空，一同探索“万山岩画遗址群”神秘的传说 11月25日，高雄市文化局进行例行的巡查活动，曾逸仁进行3D扫描；严廷伃进行考古发掘；许胜发进行周边地区的测量工作

续表

时间	研究项目
2011年	12月23日，国立台湾史前博物馆举办“岩绘·岩雕——石头画布上的史前史 Rock Art”岩画特展，将万山岩画以及一些世界知名岩画一同进行了展出

万山岩画被台湾确立为“第七处‘国定’遗址”的依据为[①]：

1. 万山岩画图案母题具有族群文化发展的高度价值，同时具有高度叙事的意涵。岩画母题有具体构图，非为杂乱无章即兴之作。族群社会利用图案母题表现故事，显示该社会已有高度发展：万山岩画群遗址在文化人类学、建筑学以及相关台湾南岛语族研究上有重要意涵。

2. 为岛内唯一大型雕刻遗址。自19世纪70年代被学术界研究以来，历经民族学、人类学、艺术学等不同学科之研究，已具有学术研究的初步价值，开创台湾岩画研究领域。

3. 岩画就考古学来讲，岩画的技法、母题及其相关的组成，均具有丰富的意涵。

4. 万山岩画群遗址在台湾具有数量上的唯一性。

5. 除部分岩画本体受自然风化及人为损害外，岩画本体及周围环境，仍具完整性。

6. 岩画具有独特性且深受世人瞩目，有其特殊性之展示教育意义和潜力。

7. 为台湾唯一的岩画群，但在大陆及太平洋地区都有类同之文化体系。未来，万山岩画群遗址有其跨国研究之意义，并可能与南岛语族之起源研究有关。

相比台湾同级别的圆山遗址、卑南遗址、凤鼻头遗址等，万山岩画距离人群聚居区较远，通常从万山部落徒步2天左右才能到达岩画点，加之这一区域的气候条件的限制，只能在3~11月的旱季进入万山岩画所在的区域，该区域台风地震多发导致的泥石流、落石等因素致使考察路线经常有变更的可能，且四个岩画点相聚较为分散，这给调查和研究带来了困难，也造成了万山岩画的资料和研究的不足。

三、万山岩画的考察

在岩画研究中，研究者对岩画的实地勘察尤为重要。作为一名岩画研究者，首先要获取岩画的一手资料，按照国际岩画调查标准对岩画进行系统

① http：//khm.gov.tw/exhibition/rock/taiwan04.html（此处7个依据为台湾官方评定万山岩画作为遗产所承载的价值和意义，由台湾官方对公众公布，引自台湾文化部官网）。

的测量和图像记录。同时，实地勘察还能够更多地获取图像中不能读取的信息，如：岩画的刻痕、岩画的叠压关系、岩画所在位置的朝向、岩画与周边环境的关系、岩画所在地的神圣性、岩画与太阳光线的关系等。这些信息对于“万山岩画”本体的研究和万山岩画的与其他岩画的比较研究都至关重要。对于岩画的实地勘察是系统研究的基础，也是研究的必要条件之一。

本次考察经台湾文化事务主管部门批准，依托高雄市文化局对万山岩画的考察（高雄市文化局每年的3月和11月会分别对万山岩画进行考察，主要是对万山岩画周边的监控数据进行处理，并对岩画表面进行简单的清理），在原住民的协助下一同进山。途中，经历了原住民打猎、捕鱼、砍柴、垒灶等活动，这些是原住民在山中的日常生活方式；也途经石板屋、日本殖民时期的遗存等。结合万山岩画的考察，对相关活动和遗址一并进行了记录。

（一）万山岩画的位置与考察路线

万山岩画是目前台湾发现的唯一一处岩画。山中植被茂密、地形复杂，万山岩画所处的地理环境为始新世（Eocene）毕禄山层，岩性主要为砂岩。目前发现的万山岩画群共有4处，孤巴察峨 Kopaca'e（TKM1）、祖布里里 Kopaca'e（TKM2）、莎娜奇勒娥 Sanaginaeh（TKM3）、大轧拉乌 Takalravoe（TKM4），因气候条件和之前泥石流、落石的影响，导致本次考察中莎娜奇勒娥 Sanaginaeh（TKM3）未能到达，其余三个岩画点，在冒雨攀行中艰难抵达，具体地理坐标如下。

表2　万山岩画各岩画点所在地理位置

岩画点	TWD67二度分带坐标值（X，Y）	WG84经纬度坐标值	所在地号
孤巴察峨TKM1	227471，2539599	22° 57′ 20.530″ N 120° 47′ 18.193″ E	高雄市茂林区达克车段28号
祖布里里TKM2-1	226350，2539863	22° 57′ 29.059″ N 120° 46′ 38.823″ E	高雄市茂林区沙古吾段25号
祖布里里TKM2-2	226362，2539831	22° 57′ 28.018″ N 120° 46′ 39.248″ E	高雄市茂林区沙古吾段25号
莎娜奇勒娥TKM3	226425，2541050	22° 58′ 7.651″ N 120° 46′ 41.397″ E	高雄市茂林区达克车段28号
大轧拉乌TKM4-1	226919，2539307	22° 57′ 11.012″ N 120° 46′ 58.832″ E	高雄市茂林区沙古吾段13号
大轧拉乌TKM4-2	226911，2539299	22° 57′ 10.749″ N 120° 46′ 58.551″ E	高雄市茂林区沙古吾段13号

续表

岩画点	TWD67二度分带坐标值（X，Y）	WG84经纬度坐标值	所在地号
大轧拉乌TKM4-3	226846，2539322	22° 57′ 11.494″ N 120° 46′ 56.265″ E	高雄市茂林区沙古吾段13号
大轧拉乌TKM4-4	226820，2539376	22° 57′ 13.248″ N 120° 46′ 53.351″ E	高雄市茂林区沙古吾段13号
大轧拉乌TKM4-5	226758，2539337	22° 57′ 11.977″ N 120° 46′ 53.176″ E	高雄市茂林区沙古吾段13号
大轧拉乌TKM4-6	226850，2539353	22° 57′ 12.502″ N 120° 46′ 56.406″ E	高雄市茂林区沙古吾段13号
大轧拉乌TKM4-7	226731，2539347	22° 57′ 12.301″ N 120° 46′ 52.226″ E	高雄市茂林区沙古吾段13号
大轧拉乌TKM4-8	226768，2539326	22° 57′ 11.602″ N 120° 46′ 53.526″ E	高雄市茂林区沙古吾段13号
大轧拉乌TKM4-9	226769，2539335	22° 57′ 11.916″ N 120° 46′ 53.562″ E	高雄市茂林区沙古吾段13号
大轧拉乌TKM4-10	226780，2539338	22° 57′ 12.121″ N 120° 46′ 53.950″ E	高雄市茂林区沙古吾段13号

本次2019年3月21~25日万山岩画考察项目，由高雄市文化局主办。基于万山岩画考察中的现实困难，研究者经过申请和批复后通常与高雄文化局的考察团队一起进山。高雄市文化局会根据参加考察的人数按照1：1.5或1：2的比例组织原住民担任向导和助理。

图1　万山登山口

图2　登山前在登山口进行的简单祭祀

图3　山中标定路线的垒石

2019年3月22日上午，9点从万山里文化广场出发，在河谷中颠簸两个多小时，于11点30到达登山口，在登山口原住民举行了一个简易的祭拜仪式，树下的一块40厘米左右的平坦石面成为一个临时祭坛，放置了白酒（金门高粱酒）、食品（肉粽、罐头、面条），并用一个空罐头盒作为小香炉，插了三根香烟。每次登山原住民都会在登山口进行简单的祭拜，一方面是所到达之处为万山旧部落，是祖先生活的地方，对来此惊扰表达歉意，一方面是祈求祖先庇佑考察顺利。

在祭拜之后，做了些登山前的准备工作，下午1点从登山口开始登山，下午5点左右陆续到达一号营地，安营扎寨，准备第二天的考察工作。按照计划，第二天上午考察2号岩画、4号岩画，在4号岩画午餐后，考察1号岩画，然后回到营地。第三天考察3号岩画。第四天返回。但是由于本次考察第二天、第三天下雨，山高路滑，加之之前地震造成山体滑坡和山石的滚落与崩塌，致使第三天去往三号岩画的路下切点被堵住，无法到达。

图4　万山岩画考察经过的山谷景观

图5　滑坡（圆圈位置）

台湾南部的山体与内蒙古阴山山脉、宁夏贺兰山山脉不同，山谷多为溪流乱石，无法驾车行驶，只能徒步。由于台湾南部夏季多台风、常年多地震，山体滑坡、落石、崩裂等频繁，造成徒步较为困难，也较危险。多数时候无法在溪谷直接行走，只能走山腰的兽径或翻山而过，才能到达目的地。图5圆圈中没有植被覆盖的部分，为山体滑坡所致，几乎每座山都有这样的现象，这也增加了万山岩画考察、研究和保护的难度。

图6 2019年3月22~25日万山岩画考察途中

万山岩画考察的道路多较为陡峭岩壁小径，原住民为了岩画考察每年都会提前踏勘（主要是对道路情况进行实地查看）[①]，根据原住民的口述，由于台风造成的滑坡和崩塌等，使得自万山岩画发现至今，从登山口到达岩画点的路线已经更换了十几次。山中的路径通常只有20厘米左右，一侧是山体，另一侧就是乱石溪谷，如果下雨，加之山中落叶，路径更加湿滑，稍有不慎就容易滑落山谷之中。原住民在勘察的过程中，在一些较为陡峭的路段，系了辅助的绳索，以助于攀爬；考察路途中，几乎一半的道路需要绳索辅助。

图7 万山岩画考察中驻扎营帐（一号营地）

①岩画的考察道路是原住民专门为平地人踏勘的，原住民打猎的时候多会走“兽径”。

一号营地位于山腰的一处平台，一面背山，溪谷在山下环绕。在营地能够清晰地听到溪谷的流水潺潺。营地是专门为考察岩画和狩猎而“建设”的，营地上遗有石板屋的旧址，有高30厘米左右的石板堆叠成的长形“矮墙”。在营地的山洞里储备了常用的防雨布等。基本每年的岩画考察都会用一天的时间到达营地，在第二天开始从营地出发去往各个岩画点。同时，这里也是万山部落的传统狩猎区，是“万山青年会”上山狩猎时的休息处。“万山青年会”全部由万山部落男性青年组成，主要是向长辈学习狩猎等传统技术，继承原住民的传统技艺。

（二）万山岩画图像记录

在考察过程中，通过卫星定位、影像、测量等方式对万山岩画进行了初步的记录，并结合对原住民的访谈进一步充实了万山岩画调查。关于万山岩画四个岩画点的名称，皆为万山语的音译，根据万山语老师骆秋香（鲁凯族万山部落，生于1958年）的解读，孤巴察峨的意思为“石头上的图案”，来自《吃蛇女人》的故事。其余三个岩画点的名称皆为地名，在访谈中暂时没有知晓这三个地名有任何的引申或象征意义。

图8　万山岩画第一组孤巴察峨三维扫描图（由马乐提供）

图9　万山岩画孤巴察峨（由马乐提供）

1. 孤巴察峨 Kopaca’e（TKM1）

孤巴察峨位于1430米的悬崖顶上，高7.5米，长11.4米，宽6米，面积约为80平方米，是万山岩画四组中图像最为丰富和最具有代表性的，岩体距离浊口溪河谷约400米，岩体位于缓坡之上，可从岩体北侧与缓坡交接处登上岩体，岩体南侧下缘有一凹洞，可避风雨，偶尔会有狩猎的原住民在此停留或过夜。岩体上布满落叶，岩体的刻痕和沟槽内存有积水不易排出，由于气候湿热，岩体大部分长满了青苔，有的岩画图像被青苔覆盖。

图10 孤巴察峨“同心圆人面像”1

图11 孤巴察峨“同心圆人面像”2

经观察在岩面上有人面像、人形、同心圆、涡旋纹等，由于风化和青苔的原因，很多图像不易辨识，其中该组中最典型的是如图10 、图11“人面像”和“涡旋纹”的组合。根据笔者的现场观察，图10、图11中，人面像和同心圆应不是一个时期完成的，同心圆用石器工具凿刻而成，人面像用金属工具制作而成，应为先有同心圆之后再添加的人面像。其中的涡旋纹，制作方式一致、风格统一，凿刻而成，根据对制作方法的观察，两个图像中的涡旋纹应为同一个时期的作品。

图12 孤巴察峨中的同心圆1

图13 孤巴察峨中的同心圆2

图14 孤巴察峨“卷云纹”

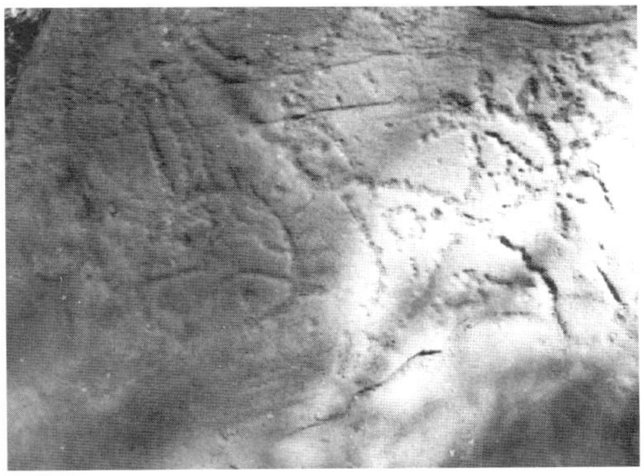

图15 孤巴察峨“人面像”

如图12、图13 是同心圆，也是万山岩画中出现最多的图形之一，岩面上有双线同心圆，也有多重同心圆，其中图13多重同心圆，在笔者之前的考察中，河南具茨山、舞钢，江苏连云港将军崖等中原和中东部地区出现的多为双线同心圆，在浙江仙居、福建仙字潭有少量的多重同心圆岩画出现。如图14“卷云纹”画面有沿中线呈对称分布，类似图案在大陆较为少见，但在南岛语系的图像中比较丰富。

图16　孤巴察峨“人面像”

图17　孤巴察峨“人形纹”

在万山岩画中，人面像和人形主要集中在第一组孤巴察峨之中，如图10、图11人面像与同心圆组合在一起，视觉上形成同一个图形，但通过刻痕辨识可知，这两个岩画中的人面像是用金属工具刻制，制作时间在同心圆之后。如图16“人面像”，根据刻痕可知是金属工具制作，图像风格不似传统的“人面像”古朴、稚拙，刻画相对随意，可能是近代人为添加所致。图17为万山岩画中唯一一个人形图像，头上有芒线，两手上举，两腿有屈膝的姿势。周围围绕着同心圆和涡旋纹。

孤巴察峨岩画点有多种不同的主题在同一块巨大的岩石上，在鲁凯族和排湾族人眼中，涡旋纹被看作太阳的符号，象征着宇宙中的灵力，人面像和凹穴象征着生殖崇拜和巫术功能。在原住民的观念中，人面像是百步蛇湖神（aididinga）的化身，当地原住民认为孤巴察峨的整个画面描述了鲁凯族的祖先自湖池云雾中诞生的古老创生神话。

图 18　孤巴察峨岩体上的刻痕

2. 祖布里里（TKM2）

位于万山溪峡谷的南方，万头兰山北麓，海拔940米，岩体崩落成两块，岩体东侧紧邻悬崖，悬崖下是溪谷。岩体长约400厘米，宽360厘米，高220厘米，在岩体的东西两侧各有一个石板屋的遗迹，根据当地原住民介绍，应为猎寮，这种建于悬崖边的猎寮，一方面方便观察动物，一方面用于防御外族入侵，类似于岗哨。此外，在祖布里里附近还有农耕的痕迹。

图19　祖布里里背向悬崖的一面

图20　祖布里里面向悬崖的一面

图21　祖布里里中的“足掌纹”

图22　祖布里里中的“凹穴”

祖布里里岩体呈现三层阶梯状，在横向的平面上刻有“足掌纹”“凹穴”，其中“足掌纹”有密集的点敲凿组合而成，有的“足掌纹”上有一条或两条斜线，并有图形的叠加现象。整个画面中纹样的视觉导向为从左向右，台湾本土的岩画学者认为这是在描述部落迁徙时的方向和路径。

根据观察，该岩画点中的“足掌纹”“凹穴”，应为台湾学者的误判。根据笔者判断，如图21、图22，岩面上的痕迹应为自然风化形成，而非人为加工刻制而成，虽然刘益昌、高业荣将其认定为岩画，之后台湾文化部和高雄文化局也将其作为万山岩画遗址的一部分，但仔细观察可见，岩面上的纹路缺少规律性，分布呈现较为自然的状态，纹路的边缘没有任何加工的痕迹，似雨水滴漏和青苔腐蚀造成的。关于这一界定的争议，笔者把相关图像提供给国际岩画联合会主席罗伯特·G.贝德纳里克先生，得出了同样的判断。

3. 莎娜奇勒娥 Sanaginaeh（TKM3）

莎娜奇勒娥岩画点位于孤巴察峨岩体西北方2公里处，隔着万山溪峡谷，与祖布里里岩画遥遥相对，海拔1080米，距河谷落差50米，面积300平方米左右，由两块砂岩构成，两块砂岩的裂缝（30~80厘米）之中有人为的石板叠砌；岩面上有凹穴和沟槽。本次考察由于地质原因，去往莎娜奇勒娥的道路被山体滑坡和落石阻挡，所以这次考察该岩画点未能成行。根据笔者的进一步了解，高雄市文化局的负责万山岩画普查和保护工作的人员，在上一次的普查中，因为同样的原因也未能到达莎娜奇勒娥，致莎娜奇勒娥的监控器长期处于未管理的状态，目前莎娜奇勒娥状况及在上一年度的雨季中遭受的破坏不明。

根据原住民的叙述和相关文字资料，部分岩画位于岩石顶部的水平岩面上，有些在侧面的岩画已经被周围的土和积叶覆盖，岩石右前方有一株直径约60厘米的枯木，也有一些图像被树根缠绕覆盖，加之，岩石上长年生长的青苔，画面已经严重剥落、破损，难以辨识。

根据高业荣早年的调查，记录如下：“莎娜奇勒娥岩画顶端有一个自然形成的大凹坑，坑内被敲凿了密密麻麻的凹点，自坑内延伸出许多长长卷曲的抽象线条，这些线条或交叉，或相互缠绕，或断裂。整个岩体纹样除了正面终端有一个类‘目’字形符号外，其他几乎都是由这些自顶端书展开来的线条及密布的点状文所围绕。”[①]并解释：“其顶部的大凹坑代表‘本源’的意象，抽象线条代表氏族分派、成长及繁衍之意。”[②]

4. 大轧拉乌 Takalravoe（TKM4）

在大轧拉乌岩画点方圆200米的范围内，已发现10处岩画，是整个万山岩画群中数量最多且最密集的区域。大轧拉乌有人面像、人形、网格、涡旋纹、凹穴、同心圆、蛇纹，其中凹穴数量较多，在人面或人形中，又有头部呈菱形的人面像、蹲式人形、怀孕状人形。由于受到雨季降水的影响和地势的特点，大轧拉乌不适宜长时间的居住，故很难形成大型聚落，当地民俗学家认为此处为原住民间歇性停留的场所。

如图23、图24岩面上的刻痕皆为磨刻而成，其中图23中的“同心圆”图像刻痕呈“U”形，每个圆圈的宽度与间隔接近等同，如水中荡起的涟漪。图24是三排平行排列的凹穴，凹穴被青苔覆盖，与第2个岩画点祖布里里中的“足掌纹”“凹穴”不同，该凹穴能明确判断由人为制作而成，且这种排列方式在全球的凹穴岩画中较为普遍，其中江苏连云港、河南具茨山有较多此类岩画的分布。

①高业荣.《万山岩雕》，台湾：行政院文化建设委员会文化资产总管理处筹备处，2011年，第66-68页。
②高业荣.《万山岩雕》，台湾：行政院文化建设委员会文化资产总管理处筹备处，2011年，第68页。

图23　大轧拉乌中的“同心圆”

图24　大轧拉乌中的凹穴

张光直也曾论述在对史前史的研究中生态环境是不可忽视的要素之一，“首先，人们认为越是简单的文化对环境的依赖越强，而考古学研究的往往正是这些相对简单的文化；其次，考古学对时空问题的关注使得它总是把考古聚落放置于思维的物理世界的一个固定的范围中，而这个范围自身在时间中的变化是清晰并可以追踪的；再次，考古遗存都是实物性的，研究它们的属性不可避免地要联系其物质的来源、自然属性等及其所具有的作用。”① 岩画这一古老的艺术形式大多创作于对环境依赖性较强的史前时期，气候条件、物种类型及其响应下的生计方式和意识形态都对岩画的创作和类型产生影响。从地理位置而言，万山岩画所在的位置多位于溪流旁平台高低适合眺望与居住之处，且为万山旧社原住民传统狩猎区及狩猎的必经之地，与原住民的生活领域有很大的关系。可能为早期原住民居住和停留之所，极有可能有更多岩画在苔藓和落叶的覆盖之下，隐藏于茂密的原始山林中至今未被发现。在文化连接上，除了《吃蛇女人》的故事，万山社与岩画并无仪式或其他文化活动的直接关联。只是当地原住民狩猎等活动经过岩画时，有把岩画上的落叶清扫干净的习俗。

四、结语

岩画作为早期人类对世界观和自我的表达，狩猎和食物采集表征出了当时人们的生活方式，武器、工具及其他器物表征出了当时人的技术能力，一些表现神话和信仰的图像，其背后根植于当时人的精神世界和对人、自然、超自然关系的认识。岩画可以被用来理解象征、宗教系统、性别关系、文化边界、文化演变、艺术起源和信仰，岩画的研究会使我们对人类历史的构建、特定族群文化的认知产生重要的影响，对岩画的“阅读”是我们探知史前文化方方面面的一个通道，生动古朴的画面中承载着人类初期的历史和记忆。万山岩画是目前台湾发现的唯一一处岩画，具有丰富的人面像、凹穴、同心圆、蛇纹等内容，对于与中国大陆和南岛语族岩画的比较与研究具有重要的价值。

Survey of Wanshan Rock Art in Kaohsiung，Taiwan，China

Zhang Jiaxin

Abstract：The Wanshan Rock Art is the only rock art site discovered on the island of Taiwan till now，located in the southern end of the Central Mountain Range within the traditional hunting area of the Rukai tribe. In 2018，with the help of the Rukai

①张光直：《考古学专题六讲》，北京：三联书店，2013 年，第 48 页。

aborigines, a field survey was conducted on the Wanshan Rock Art, which analysed its geographical environment, geological characteristics, production methods, rock art images, and rock body protection. On the basis of exploring the Wanshan Rock Art itself, combined with the oral history of the aborigines and historical relics from the Japanese colonial era, a preliminary record was made of the slate houses, cableways, and suspension bridges that surround the rock art. The purpose was to record the Wanshan Rock Art and its surrounding relics in a comprehensive manner.

Key words: Wanshan rock art; Rukai tribe aborigines; Rock art survey; Geological conditions; Rock art conservation

钩沉

History

从将军崖到贺兰山

——记“中国岩画微腐蚀断代工程”开展十周年

杨惠玲　马　波

当下，伴随着数字技术的飞速发展与日趋成熟，一些新的技术、手段及方法在岩画研究和保护领域之中得到了推广。如在近年来开展的岩刻画研究中，基于摄影测量的三维建模与图像增强技术已经在世界范围内得到应用，研究者除将采集到的多种岩画数据进行留存，通常还借助照相机和图像增强工具或插件，用以帮助识别与记录那些通过肉眼已然无法清晰辨识的岩画图像。鉴于效果的显著，这项技术在一定程度上推动了岩画资料记录与研究方法的革新。除此之外，困扰学界多年的直接断代问题也获得了新的解决途径。岩画断代是指基于岩画真实年龄的可信性估算，但由于之前所使用方法的科学性存有争议，致使测年结果常常被质疑，整体而言目前依然是一个非常复杂的难题。

自2007年起，同一个地点，同一批人员，澳大利亚格里菲斯大学奥伯特（Maxime Aubert）及其团队先后多次对东南亚岩画进行科技测年，通过铀系测年方法，将印度尼西亚岩画的年代判断在51200年，这一最新结果刊登在2024年7月*nature*上，题目为*Narrative cave art in Indonesia by 51，200 years ago*。研究者认为这些制作于51200年前的印度尼西亚洞穴艺术是现存最早具代表性的叙事性岩画作品。经过十多年的努力，这些不断被更新的测年数据不仅为科学判断岩画年代及探寻艺术的起源提供了新的方法论，更改写了曾长期垄断学界关于艺术和精神文明起源的“欧洲中心论”，其意义可谓十分

作者简介：
杨惠玲，女，宁夏文物保护中心（岩画研究中心）研究馆员。研究方向：岩画学。
马波，男，宁夏文物保护中心（岩画研究中心）馆员。研究方向：民族学、岩画学。

深远。只不过，目前铀系测年方法尚只运用在岩绘画的断代上，对于岩刻画的年代判断依然是以微腐蚀断代方法居多，在我国最具代表性的是中外学者联合开展的“中国岩画断代工程”。

20世纪80年代，在世界岩画组织联合会主席罗伯特・G.贝德纳里克率先提出“直接断代”这一概念前，就已经有多种自然科学方法被应用于世界各地岩画的年代判断中。如^{14}C年代测定先后应用于北美地区岩画的测年，阳离子比率断代法在澳大利亚岩画的应用、草酸盐断代法应用于卡卡杜国家公园里的岩画等。其中，比较有影响的是微腐蚀断代法。所谓“微腐蚀断代技术”，是指研究者通过对岩石组成的细小颗粒进行显微观察、分析和计算，并推断出岩石在自然界中的腐蚀程度，从而达到岩画断代的目的。罗伯特・G.贝德纳里克将其改良完善后，自20世纪90年代起陆续在世界多个国家推广。由于我国在文字记录方面远远早于世界大部分国家，并且境内还分布有大量的岩刻画，并伴有广布的花岗岩和片麻岩，以及表面含有石英的片岩、千枚岩、粗晶砂岩、砾岩和角砾岩等各类岩石，这些都是支持微腐蚀断代应用的条件。1997年，汤惠生首次使用该方法对我国青海海西地区的岩刻画进行年代判断，其研究成果得到了学术界的认可，填补了我国岩画科学断代的空白。作为科学测年的积极践行者，他依托于河北师范大学国际岩画断代中心，经其后续的多番努力，最终促成了“中国岩画断代工程”项目顺利实施。

“中国岩画断代工程”中的三位核心人物，均为享誉世界的岩画重量级专家，在国内外学术界均有着广泛的影响力。其中，罗伯特・G.贝德纳里克先生是著作等身的科学实证主义者，吉里拉吉・库玛尔先生对印度岩画和考古学做出了卓越的贡献。汤惠生教授多年从事考古发掘外，还专注于岩画研究，无论是在萨满教、图腾、原始宗教，还是在彩陶纹饰及岩画等方面的研究中均有创新与突破。

2014年6月至7月间，罗伯特・G.贝德纳里克先生、汤惠生教授、库玛尔教授等人组成的考察组历时一个月，运用微腐蚀断代方法先后对河南省新郑具茨山、宁夏贺兰口和石嘴山以及江苏省连云港市将军崖进行了考古学调查，从将军崖到贺兰山，他们在上述这三个著名的岩画点获取了27个岩刻的微腐蚀年代和几组校正曲线，其研究成果后发表在*Rock Art Research*上。

宁夏岩画分布范围广、数量多、形式多样，是中国北方岩画体系的典范，虽然多年来在研究、保护和利用方面都取得了显著成果，在国际上也享有较高的知名度，但于岩画断代领域里一直难获得突破性进展，从而在一定程度上影响了宁夏岩画价值内涵以及研究成果的阐释与传播推广。通过微腐蚀技术对宁夏岩画进行断代，为更深入地研究宁夏岩画提供了可能，也为正确评价宁夏岩画的科学价值和重要意义提供主要依据，这无疑是一个巨大的突破。在对宁夏岩画开展的数天考察中，国内外专家们对石嘴山的黑石峁、双疙瘩、大水沟、归德沟等岩画点进行了认真细致的观察和分析，并采用当下的岩画微腐蚀断代技术，在这些岩画点采集了大量符合微腐蚀断代要求的数据和第一手资料，从而为研究宁夏岩画的制作年代和方法提供科学依据。我有幸参与了此次考察，时隔十年再回看，始觉其意义的重大。

2014年7月6日，考察正式开始。除了上述三位核心专家外，还有汤惠生教授的高徒——南京师范大学肖波博士，以及宁夏岩画研究中心三人和石嘴山文物部门工作者三人。考察第一站是银川市贺兰山岩画景区。在这里，专家们对岩画刻痕中存在的石英石进行了重点考察，还对岩画景区的发展建设以及岩画博物馆的布展提供了一些建设性的意见。第二天，全体人员乘车赶往石嘴山市。石嘴山市位于宁夏北部，是重要的工业城市，也是主要的煤炭生产基地。其境内的贺兰山北段，海拔2000米左右，山体绵延60公里，岩画就分布在贺兰山上。我们首先驱车赶到大水沟。在进入大水沟管理站约1公里处，我们见到了修筑于明弘治元年（1488年）的西长城遗址。经过西长城遗址不远，就发现了路旁不远处的一块巨石。这块矗立的巨石石面较为平整，高约3.5米，宽约2.3米。其上镌刻了满满的图像，内容为人面像、鹿、战争及交媾等，采用了凿刻与磨刻结合的制作手法，主体部分有打破、叠压关系，部分石面已风化。石面上的岩画图案之多、之集中、之繁复，在宁夏岩画中是比较少见的。大家一边拍照，一边低声讨论（图1），还考察了岩画点附近仅存的2处题刻。专家们在题刻上寻找坚硬且不容易发生氧化反应的石英石，并与附近的岩画做“蚀亏”对比，以此尝试对岩画做断代研究。上午11点，

图1　国际岩画团体联合会主席罗伯特·G.贝德纳里克与印度岩画学会主席库玛尔教授（左）在石嘴山大水沟岩画点进行微腐蚀观察

结束了对大水沟岩画和题刻的考察、记录工作后，全体人员赶往干沟，去寻找那里的题刻。

干沟位于石嘴山市平罗县境内，我们驱车一个小时后方抵达干沟沟口。因为沟内乱石嶙峋，道路崎岖不平，车辆无法驶入，大家只能下车从沟口徒步进去。炎炎烈日下，每个人很快就汗流浃背了，罗伯特出声询问几时能到？石嘴山市大武口区文管所的张忠所长每次都回答得十分爽利：不远，就半个小时！在第三次询问时得到的依然同样的回复后，罗伯特嘴里嘟囔着张忠的话才不可信！终于到了题刻所在之处，但当大家停下来想休息时，环顾四周才发现仅有一棵不高的树勉勉强强可以遮阴，我们以“亚洲蹲”的姿势聚拢在树冠下，闷热无比，这一刻深感“干沟”真是名副其实！以至于第二天早上出发前，罗伯特拿着笔记本询问汤惠生教授“干沟”地名由来时，他一本正经地强调：因为这里非常干，故名干沟！我们在旁边听着他们的对话，回想前一天大家挤在树下纳凉的情形，差点忍不住笑场。干沟题刻刻于沟内西侧石壁上，刻面高84厘米，宽55厘米，有槽线，字体为楷书。刻于嘉靖二十七年（1548年），阴刻竖行记录了在此修筑长城关隘事宜，保存状况相对较好。我们对题刻进行了拍照，并做了文字记录。罗伯特先生和汤惠生教授运用显微镜等仪器对石刻的“蚀亏”进行了观察及研究。由于题刻所在位置的地势陡峭，且几乎没有多余让人站立的地方，使用显微镜进行观测时非常困难，好在终于测量到一个石亏的数据。（图2）但由于在干沟题记中所观测的石亏宽度太小，经过粗略的观测，其石亏宽度仅有2微米左右。虽然有些不满意，但好在终有收获，也算不虚此行。

图2　国内外岩画界专家在宁夏石嘴山干沟开展微腐蚀断代工作

7月8日，一大早天空就乌云密布，望着窗外的小雨，大家不免有点担心今天能否顺利出行？经过商量后决定先去附近的黑石峁和双疙瘩山碰碰运气。汽车驶出大武口区，沿途经过路旁的大武口发电厂，于9点到达黑石峁山脚下。因为下雨路滑，考虑到安全，汤惠生教授决定先由自己和张忠所长去山上查看该岩画点附近是否有石英石存在。两人上山后，我们在山脚下等待消息。雨越下越大，好在一个小时后，两人下来了，不过很遗憾，他们没能在山上发现石英石，大家只得驱车继续前往不远的双疙瘩山。

上午11点，我们驱车离开公路，在经过一处公墓后，抵达双疙瘩山的山脚下，此时雨势稍微变小了些。双疙瘩山位于大武口区石炭井沟东侧，海拔1400多米，在山顶分布着三块巨石上都刻凿有大量精美的岩画。汤惠生教授和石嘴山市大武口区文化和旅游局的李玉宏局长决定先去山顶看看，留其余人在山下等候。大约一个小时后，他们安全归来，可惜和黑石峁一样，在山顶依然没有发现石英石。辛苦一天却毫无所获，此时天色逐渐阴暗，雨势不减，大家只好失望而返。

7月9日，我们考察了石嘴山附近的另一个岩画点——归德沟，归德沟位于贺兰山国家级自然保护区内，总面积68.8平方公里。这里的岩画分布十分零散。我们对四个岩画点（分别是三棵松、转弯口、三叉山和三岔口）进行了调查，但都因为缺少石英，没有获得微腐蚀的数据。考察三岔口时，因这里的岩画数量相对较多，刻痕也很清晰，罗伯特先生又对其中一幅螺旋纹与动物图案的岩画很感兴趣，用显微镜反复观察了很久，并与大家就其制作方法、制作年代和刻制工具等问题进行了交流探讨。下午4点，完成了归德沟的考察。至此，宁夏地区的微腐蚀观察全部结束。

此行考察历时4天，共考察了9个岩画点，不过仅在贺兰口岩画点获得了年代数据，且这些年代数据也仅仅是针对几个岩画图案的。专家从这四个岩画图案中获取了五个断代数据，研究后显示其制作年代从距今2400年到距今2000年，时间上也较为接近，这为间接断代中对贺兰山岩画年代的判定提供了有力证据。由于贺兰山缺少微腐蚀断代的校正曲线，故采用了河南德云山的校正曲线作为参考基数。

针对现实中出现的保护难题，第二年6月，我们特别邀请“中国岩画断代工程”中的三位核心人物，在“岩画微腐蚀断代及保护”高级研修班上为一线文物工作者进行专题讲授，希望通过拓展研究人员的方法和技术手段，加快宁夏岩画测年的科学发展，最终实现公众对岩画信息的共享。（图3）

时代的发展与技术的革新推动了我国岩画直接断代的改变。近年来，在国内岩绘画领域中实施直接断代的项目较多，其测年方法主要为^{14}C测年和铀系测年两种，已先后三次应用在广西左江花山岩画和云南金沙江岩画和沧源岩画上。回溯宁夏岩刻画所使用过的断代方法，从最初综合比较法的提出

图3 “岩画微腐蚀断代及保护”高级研修班

到近年来“微腐蚀断代法”的运用，从传统的间接断代向科学的直接断代转化，前后历经三十余载，一定程度上也反映了我国岩画学界对测年方法的探索与反思。作为一种世界性的文化现象，岩画的测年工作无疑也应融入世界岩画的大范畴内，以国际化的视野，借助新的技术和方法，推动实现我国岩画测年的科学发展。

参考文献：

［1］ 汤惠生，梅亚文.将军崖史前岩画遗址的断代及相关问题的讨论［J］.东南文化，2008（3）.

［2］ 汤惠生，高志伟，卜玉凤.岩画的断代——兼论青海岩画的微腐蚀断代［M］.西安：陕西人民美术出版社，1999.

［3］ 汤惠生，Giriraj Kumar等.张嘉馨译.2014年中国岩画微腐蚀测年报告［M］.宁夏岩画研究中心.岩画研究2019.银川：宁夏人民出版社，2019.

［4］ 汤惠生，高志伟.岩画断代技术、方法及其应用——兼论青海岩画的微腐蚀断代［J］.南京师范大学学报，2002（6）.

［5］ 汤惠生，张文华.青海岩画——史前艺术中二元对立的思维及其观念的研究［M］.北京：科学出版社，2001.

视野
Overseas

旧石器时代洞窟艺术的跨学科三维测绘：意义、方法和初步结果

普里西莉娅·巴尔比蒂等　吴丹丹译　张晓霞校

摘　要： 自19世纪末在法国发现旧石器时代艺术以来，洞穴岩画考察一直是科学考古工作的核心。无论是直接临摹、摄影，还是计算机制图，考古学家采用的方法和技术始终与当时的技术进步密切相关。近15年来，三维技术已经应用于史前考古学和岩画遗址研究的项目中。从数据采集、处理到管理，该领域根据不同的研究问题，不断适应、借鉴和整合三维数字生态系统。考古调查在其中占据怎样的位置？它对理解体积和表面特征方面提供怎样的帮助？三维工具应用于人文科学可以创建怎样的知识模型？本文将对这些问题进行探讨。

关键词： 史前；考古；图像处理；互操作性；知识建模

导　言

长期以来，隶属于法国文化部遗产和建筑总局的国家史前史中心（CNP），一直在探索如何将三维数字化工具应用于旧石器时代岩画遗址的研究。作为负责国家洞窟岩画政策的机构，国家史前史中心致力于遗址的保护、研究和推广。在此框架下，中心正在研究三维技术在旧石器时代图像研究中的科学应用，测试分析方法和工具，并分享其经验。

作者简介：
普里西莉娅·巴尔比蒂（Priscilia Barbuti），三维建模设计师，就职于法国国家科学研究中心（CNRS）。
奥斯卡·富恩特斯（Oscar Fuentes），史前考古学家，就职于法国佩里格国家史前史中心。
斯特凡娜·科尼克（Stéphane Konik），地貌学和地质考古学家，就职于法国佩里格国家史前史中心。
热纳维耶芙·潘松（Geneviève Pinçon），史前考古学家，就职于法国佩里格国家史前史中心。

译者简介：
吴丹丹，女，法国巴黎第三大学博士生。研究方向：翻译学、艺术史。
校者简介：
张晓霞，女，内蒙古师范大学美术学院副院长、副教授，博士。研究方向：岩画研究。

自2016年以来，国家史前史中心开展了一项关于研究人员使用三维工具的全国性研究，这些工具不是用于采集，而是用于处理和利用数字模型进行分析（Fuentes，2017）。作为文化部与法国国家科学研究中心（CNRS）框架协议的一部分，国家史前史中心正在与马赛的UMR 3495 Map（建筑与遗产模型和模拟）合作，开发了管理、利用和传播三维数据的方法和工具（CNP，2017；Seigneur，2019）。在过去的五年中，国家史前史中心接待了来自赛尔吉–蓬图瓦兹大学“计算机制图、遗产、可视化和三维建模”专业的学徒。直接在三维模型上进行跨学科岩画测绘，即通过摄影测量或激光测距采集生成的三维网格物体，就是这些合作成果的一部分。

通过深入研究将信息从二维文件转换到三维文件的方法为三维模型测绘奠定了基础（Fuentes，Lepelé，Pinçon，2019）。本文的目标是直接在三维模型中进行考古测绘，我们称之为“动态三维测绘”。“动态”指的是可以根据需要随意改变观察视角（与我们称之为“静态”的照片不同）。这种直接在三维模型上进行的表面研究，为接近和理解旧石器时代艺术提供了新的视角。

旧石器时代晚期的洞窟岩画是非常脆弱的考古遗址，通常很难进入。岩画代表了一种独特的遗产，需要适当的考古干预。对于洞窟和岩棚来说，传统的考古发掘可能会导致遗址的破坏，需要采用微创且非破坏性的技术方法来进行考古测绘。对难以进入或极其脆弱的遗址进行三维数字化采集，为研究这些遗址提供了新的解决方案。

三维数字生态系统现已成为研究岩画遗址的重要途径。这并不是要用仅在场外进行的操作来取代场地内的研究（场地内研究仍不可或缺），而是要将三维模型视为一套服务于综合研究的补充资源。

三维技术对旧石器时代艺术测绘的主要贡献在于测绘岩体表面的体积。长期以来，旧石器时代艺术的研究一直面临将原本三维的表面信息（如岩壁的凸起形态）转换到二维平面（如纸上或摹写纸上的平面测绘）的过程中所产生的失真问题。自19世纪末以来，法国洞窟艺术测绘的历史表明，技术创新在纠正这些变形方面表现出了极大的创造力。而直接在三维模型中进行测绘，终于提供了一个令人满意的解决方案。

工作中我们优先选择开源工具以及开放且可互操作的格式，并系统地编制元数据索引。我们还希望避免增加过多的工具，优先采用易于获取且能够处理大量格式的软件解决方案。

正是在这种背景下，我们选择了Blender软件进行旧石器时代艺术的三维测绘。

一、旧石器时代岩画测绘中三维生态系统的利用

岩壁的测绘、体积和失真：历史沿革

岩壁测绘是研究洞窟壁画科学过程中的重要组成部分。自19世纪末首次发现洞穴壁画以来，史前学家们便致力于通过各种可能的方式记录在岩壁上观察到的图像。索图奥拉（M. de Sautuola）于1878年发现了阿尔塔米拉洞穴（grotte d'Altamira）中的岩画艺术，立即对洞顶的岩画图像进行了记录，并公布其发现，证实了旧石器时代艺术的起源（Sautuola，1880）。因此，他拍摄了最早的洞顶岩画图像，也是最早的岩壁记录之一。1880年在法国，达洛（F. Daleau）对吉伦特省的佩尔农佩尔洞穴岩画（grotte de Pair-non-Pair）进行观察后，在笔记本上制作了非常详细的草图，并拍摄了照片（Daleau，1897）。在此之前，从1878年开始，希龙（L. Chiron）采用擦拓法记录加尔省沙博洞穴（grotte Chabot）的凿刻岩画（Chiron，1889），这一方法后来被里维埃（É. Rivière）从1895年起应用于多尔多涅省穆特洞穴（grotte de la Mouthe）的岩壁上（Rivière，1901）。为了使旧石器时代的艺术形式得到承认和接受，绘图和草图通常附带照片。

如何根据参考资料尽可能准确地再现观察到的元素？正是基于这一挑战，法国和西班牙旧石器时代艺术记录方法逐渐形成。然而，很快人们就注意到这种方法存在失真的问题。事实上，岩画图像很少出现在平面上，作品的创作往往考虑到岩壁的体积，甚至充分利用了这些体积的特性。"艺术"的姿态与岩画的形态紧密联系，而这一点是纸上或描图纸上的记录无法完全展现的。

当索图奥拉首次记录阿尔塔米拉（Altamira）洞顶的岩画图像时，他将多色野牛的图像、岩壁的凸起和裂缝相结合，从而为这些作品提供了背景（Sautuola，1880）。而这种方法在后来的步日耶神父（Abbé Breuil）的记录中并未完全延续，因为他在研究岩画时不再考虑岩壁的凸起。另一方面，这些图像的凿刻记录则是依据岩壁的形态信息进行的。这两种平行的方法使步日耶神父还原绘画图像的美感，并在特定情况下对岩刻进行技术研究。他在逢德果洞穴（Font-de-Gaume）和康巴里勒斯洞窟（Les Combarelles）也采用了相同的方法。他于1915年对科马尔克（Commarque）的凸起进行记录时（Capitan，Breuil，Peyrony，1915），这种将岩壁的体积和凸起融为一体的困难更加明显。虽然他努力还原人造凸起的体积，但并未详细描述这些作品的岩壁形态。

从20世纪50年代开始，岩画记录方法和技术的革新确立了一个新的范式：以与考古挖掘地层同样的精神来研究旧石器时代的图像。根据勒鲁瓦-

古朗（A. Leroi-Gourhan）提出的方法，这种研究方式开始采用地形平面投影法，以便更好地将遗迹与某个特定的居住时期联系起来。同样地，岩画图像的研究也应从整体上考虑岩壁的表面。例如，洛布朗谢（M. Lorblanchet）在20世纪70年代对圣欧拉丽洞穴（grotte de Saint-Eulali）的研究（Lorblanchet，1973）、帕莱斯（L. Pales）在维埃纳省拉马什洞穴（grotte de La Marche）的研究（Pales et Tassin de Saint Péreuse，1969）、维亚卢（D. Vialou）在阿尔代纳（埃罗省）的研究（Vialou，1979）、克洛德（Claude）和阿尔尚博（M. Archambeau）在多尔多涅省康巴里勒斯岩洞（grotte de Combarelles）的研究（Archambeau，Archambeau，1991），以及布丽吉特（Brigitte）和德吕克（G. Delluc）在多尔多涅省科马尔克的研究（Delluc，Delluc，1981）都采用了这种方法。

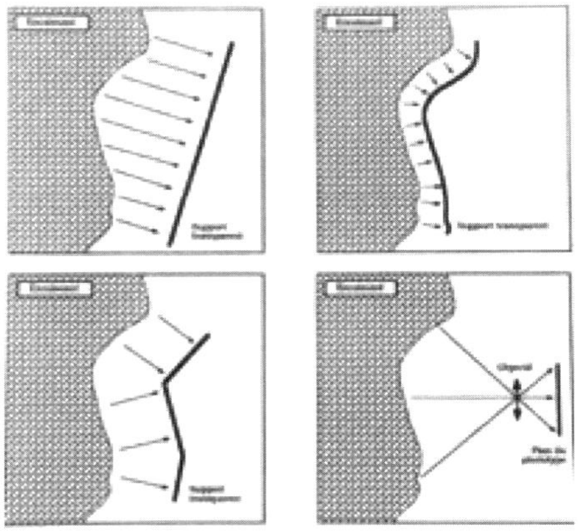

图 1　不同岩壁测量方法的变形机制

不同的投影模式：左上，正投影；右上，投影到可展开的表面上；左下，多面体投影，拼贴的每个元素都类似于一个平面；右下，锥形投影（Aujoulat，1993）。插图：奥茹拉；图片来源：文化部/国家史前史中心

间接测绘法，即在距离岩壁一定距离处使用描图纸进行描绘，虽然从20世纪20年代起由勒莫兹神父（Abbé Lemozi）在佩奇梅勒洞穴（grotte du Pech-Merle）试验过（Lemozi，1929），但这种方法在20世纪50年代格洛里（Glory）在拉斯科（Lascaux）的工作（Leroi-Gourhan，Allain，1979）以及沙布勒迪耶（L. Chabredier）的技术和方法研究（1966）中得到了推广。与岩壁保持一定距离是保护岩画表面所必需的（与直接在其上放置的描图纸不同），但这种做法增加了由投影而引起的新的变形度。在国家史前史中心，奥茹拉（N. Aujoulat）详细地分析了这些失真模式，无论采用何种投影方式绘图（Aujoulat，1987）。同时他指出了与测绘方法及其相对于平面投影有关的四种失真机制（图1）。

在20世纪80年代和90年代，采用基于照片拼贴的间接考察方法解决了一些难题，特别是能够在避免直接接触岩壁的情况下进行大面积区域研究。然而，体积转录的问题仍未得到完全解决。

在图像分析中，全面考虑岩壁信息至关重要。对大型岩刻岩棚的研究，例如巫师岩岩棚（Roc-aux-Sorciers）（Iakovleva，Pinçon，1997）、塞尔岩（Roc-de-Sers）（Tymula，2002）、加尔文坛岩棚（Chaire-à-Calvin）（Pinçon，2010）或白岬（Cap-Blanc）（Bourdier et al，2011），研究人员已经意识到记录这些大型岩画群，必须将岩壁上观察到的所有三维要素（无论是自然的还是人工的，包括材料的移除或添加）纳入其中。这种分析方法汇集了不同领域专家提出的互补视角，包括研究旧石器时代图像的史前学家、地质学家、地貌学家、遗址保护员和管理员的观点。

1999年起，潘松（G. Pinçon）及其团队和艺术图形与遗产公司合作，能够将巫师岩凸起的二维测绘适配到三维模型中，这一成果在遗产沙龙上进行了展示。自2010年以来，随着三维数字生态系统的普及和广泛使用，人们能够突破遗址的物理限制（如可达性和狭窄性），还能处理由二维到三维转化过程中测绘的变形问题（Fritz，Willis，Tosello，2016）。在图像背景理解和由此产生的诠释方面，这种视觉化贡献是巨大的。然而，在这种情况下，并非直接采用三维进行动态测绘。

二、岩画三维跨学科测绘：方法论

在之前的研究工作中（Fuentes，Lepelé，Pinçon，2019），我们探索了三维工具在研究和分析中的潜力，其中，绘制图的矢量标注被直接应用于三维模型。延续这一思路，我们开发了一种完全基于三维界面的岩画和岩刻测绘流程，符合科学方法的严谨性和精确性要求。这种方法并非完全照搬二维测绘工具的功能，而是利用三维软件特有的功能适应三维测绘的特定需求。

选择Blender软件进行岩画测绘

我们的研究延续了先前的工作，基于Blender软件2.8[①]版本。该软件专为建模、动画和三维渲染而设计，是目前市场上最强大的开源解决方案之一（图2）。

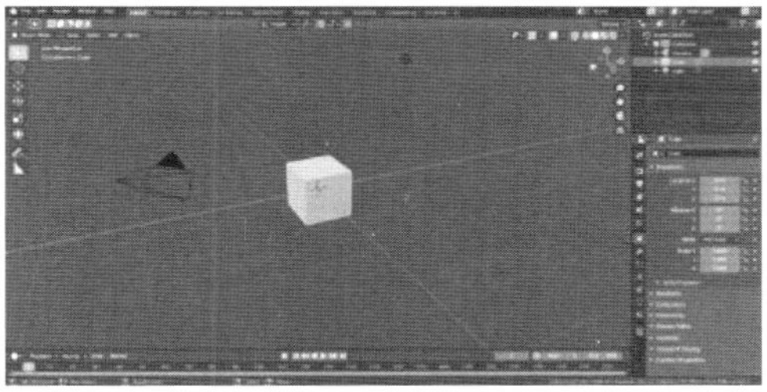

图 2　Blender软件的默认界面
图片来源：文化部/国家史前史中心

该软件是免费且开源的，能够适应标准配置，旨在为广大用户服务，无论专业人士或新手皆可使用。其丰富的工具套件能够将操作链的各个阶段集中在一个环境中，减少对其他软件的依赖。最后，定期更新以及活跃社区的众多贡献（基于资源共享），使该软件成为不断进化的工具。它拥有广泛的功能（尤其是实时渲染引擎，这在本文的研究工作中是一个显著优势），且具有足够的多功能性，能够轻松适应在完全虚拟的环境中进行岩画测绘等特殊用途。

尽管市面上能够满足三维模型测绘挑战的软件不在少数，但Blender已成为最适合研究人员实际工作的解决方案，在性能和易用性之间找到了恰当的平衡。

使用油脂笔工具进行岩画记录：岩刻的制图测绘

油脂笔（Grease Pencil）是Blender特有的三维绘图工具。最初，它仅限于简单的注释和粗略的描绘，但随着软件从2.79版本升级至2.8版本，它经历了重要的变革。如今，它已成为一款功能强大的工具，具备多种功能，在三维模型上直接进行测绘成为可能。这种方法特别适合记录岩刻、材料移除和岩壁形态，类似于二维矢量地图绘制的记录方法（Fuentes，Lepelé，Pinçon，2019）。这主要得益于图层系统，它允许多层次地解读岩壁，相对简单的操

① 2023 年 1 月，Blender 软件的版本为 3.4。

作使用户能够自由组织、分类、修改和快速显示信息组（图2）。

油脂笔凭借其特性，提供了极大的灵活性，并且是一种非破坏性工作方式（不会对三维对象或其纹理造成不可逆的修改）。研究人员可以将完全可参数化的绘图黏附在三维对象的表面，并随时进行修改（图3）。

油脂笔2.8版本提供了导入图形规范的可能性，这些规范以PNG格式的图像形式转换并作为纹理应用于构成绘图的三维对象。因此，绘制各种复杂线条（虚线、断线等）可以完全自动化。此新功能弥补了之前版本中的困难，使生成的文档标准化变得更容易，且显著提高了效率和精度，从而节省了大量时间。

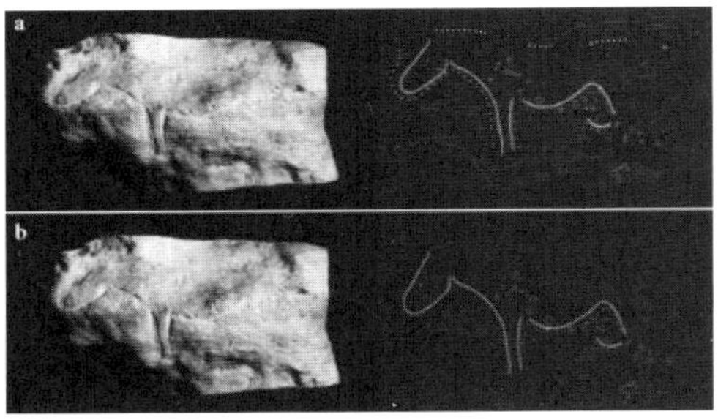

图3　使用油脂笔进行记录：
a. 使用油脂笔完成的完整记录；b. 根据参与分析的专家，通过图层管理对信息组进行分类和显示。国家史前史中心（数字模型：AGP；图片来源：文化部/国家史前史中心）

从长远来看，这一功能将有助于史前史学家更轻松地解读基于相同参考框架的分析（图4）。此外，油脂笔支持以矢量格式（SVG）导出，确保生成数据的互操作性。

作为一种图形库（参考标准），图形规范可以被导入并在其他Blender文件中重新利用。这避免了每次新绘制时都要重复创建图形规范的步骤，这些步骤可能会非常烦琐。

尽管油脂笔是一种创新工具，但它仍不完善，存在一些限制。虽然现有功能可以生成完整的绘图记录，但由于缺乏用户友好性、获取某些简单结果的步骤繁多，一些参数仍然不稳定，这些因素影响了工具的流畅使用。不过，许多问题与界面的开发有关，随着定期更新，这些问题往往会得到修正。此外，不断增加的新功能有时对考古研究尤为有用。

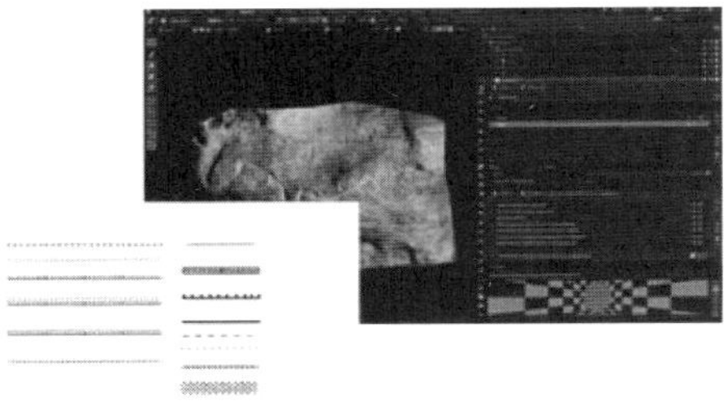

图 4　用于绘图记录的软件内置图形规范示例
国家史前史中心（数字模型：AGP；图片来源：文化部/国家史前史中心）

使用纹理绘制工具进行岩画测绘：绘画的图形记录

除了地图绘制类型的矢量图层外，岩画记录也遵循一种图形化的方法，表现出图像的美感。由于这种方法在研究者的工作中占据重要地位，我们认为使用其他更适合记录绘画图案的工具来辅助油脂笔是非常有益的。

Blender拥有一个特别有趣的工具，专用于三维物体的绘画，即“纹理绘制”。它以一种专用模式或工作区的形式呈现，集合了各种选项，允许用户直接且动态地在数字模型表面进行绘画（实时渲染），同时考虑到所有体积和视角。

尽管这一过程在大体上与考古学家常用的二维绘图软件相似，但纹理绘制在其初始结构中并没有参考图形软件（如Adobe Photoshop）那样的易用性、灵活性和强大功能。因此，有必要进行调整，以确保研究人员能够访问进行完整记录所需的最基本功能，同时通过改进工作空间的用户体验来优化记录过程。

这主要是指能够快速准确地再现线条的图形外观，或重现多色平涂的特征。然而，记录工作受限于Blender提供的唯一画笔。这种画笔的设置过程实际上非常耗时，有时相当复杂，总体而言，并不适合还原复杂的多色作品。

为了更接近传统绘图软件所提供的自由度，有必要将这项单一功能扩展为一个既更全面又易于使用的工具。最有效的解决方案是创建一个笔刷库，这些画笔是从原始笔刷和为此创建或从网上下载的纹理中衍生而来的。这些新的画笔被仔细归类在同一文档中，并以预设形式保存，可以直接导入到任何Blender文件中。为了便于视觉识别，每个笔刷都配有一张图片（图5）。因此，用户可以直接从工作区中选择最适合绘制线条的笔刷，并通过组合多个笔刷，实现与数字绘画软件相近的效果。

图层管理的缺失与画笔功能一起，构成了另一个需要解决的重大难题。虽然在使用油脂笔时信息的分层管理相对简单，但对于纹理绘制来说，情况却更为复杂，因为它没有内置图层系统。然而，数据的组织至关重要，尤其是在记录复杂的作品时，需要结合不同专家的解读。

因此，必须从零开始创建一个虚拟图层系统。最终的解决方案使用了节点，这是软件内部的一种可视化编程语言，主要用于创建纹理。

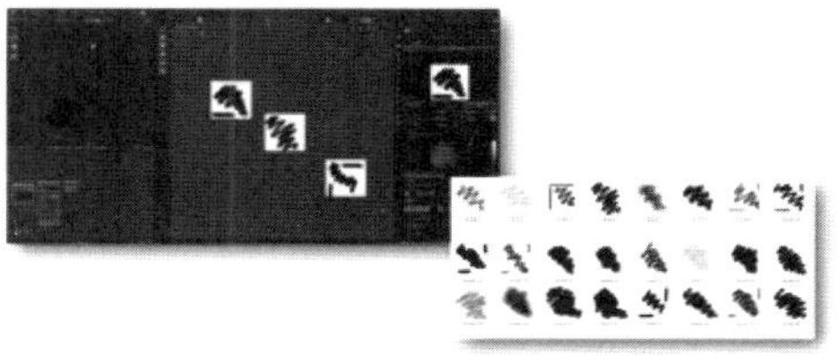

图5　创建用于描绘单色或多色绘画的笔刷形状库
文化部/国家史前史中心

这一功能看似复杂，但我们在研究中开发的结构经过简化，成为一个易于访问、快速且简单易用的工具。所有关于图层和信息管理的需求都通过少量易懂的节点得到满足，用户可以通过它们对数据进行分类、显示或隐藏，甚至通过生成插页或多种显示模式来提高可读性（图6）。

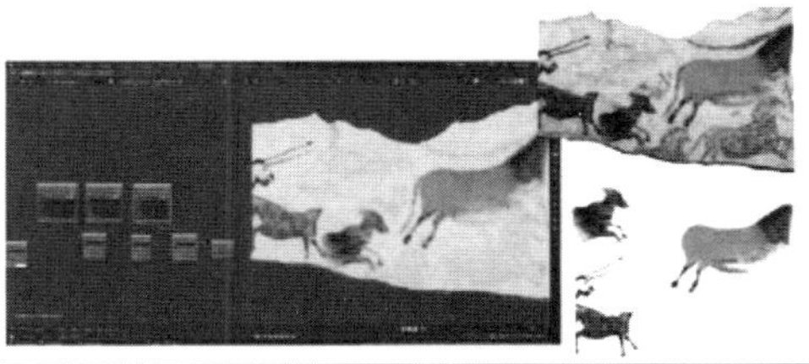

图6　使用Blender软件的节点系统进行图层的组织和管理
国家史前史中心（数字模型：佩拉齐奥工程公司；图片来源：文化部/国家史前史中心）

因此，纹理绘制是一个需要根据岩画记录特定需求进行调整的工具。尽管中间步骤繁多，实施起来比油脂笔更为耗时，但它仍然是一种能够生成完整记录的解决方案，得益于默认可用的选项以及后续添加的功能，该过程流畅、快速且易于访问。

Blender软件中的多模式：岩画记录的辅助文档

除了能够直接在三维模型上进行记录外，Blender还允许通过一套适合研究岩画的显示模式系统，对数字模型进行补充性研究。

这些显示模式以Blender生成或导入的纹理形式呈现（例如从DStretch[①]导入），然后应用到三维模型中，替代原始纹理，或像图层一样叠加在其上。这是一种动态切换不同模式的解决方案，允许快速从一个模式切换到另一个，同时保持非破坏性。

这种三维模型的多模式处理可以由考古学家在记录前的初步工作中加以利用。通过直接修改岩壁的视觉效果，这些模式（或显示模式）提供了独特的解读视角，能够丰富对岩石表面研究的初步分析。

① DStretch 是一个在 ImageJ 软件中的插件，由阿尔芒（J. Harman）开发（Le Quellec et al.，2013），用于研究岩画艺术。这个插件可以增强仍然存在的颜料颜色或使消退的线条更加清晰。

该系统的另一个优势在于可与考古记录同时显示。因此，不同的模式可以直接为记录工作提供帮助，为岩壁研究提供补充信息来源。

总共创建了五种模式[①]，这些模式被认为对分析特别有用。某些模式的设置比其他模式更为复杂，需要对三维物体进行操作，但所有模式都设计为可以快速且轻松地应用于模型。接下来，研究人员可以根据需求自定义可用参数（图7）。

数字高程模型是其中一种模式。它使用BlenderGIS插件提供的节点树。高程根据用户定义的原点自动计算。用户可以修改和添加调色板（图8）。

另一种补充模式是通过对原始纹理进行色度处理生成DStretch图像，然后应用于模型（图9）。

这些不同类型的显示方式可以构成共同背景的示例，但Blender节点系统的强大功能（完全可定制）为满足研究人员的需求开辟了许多其他可能性。

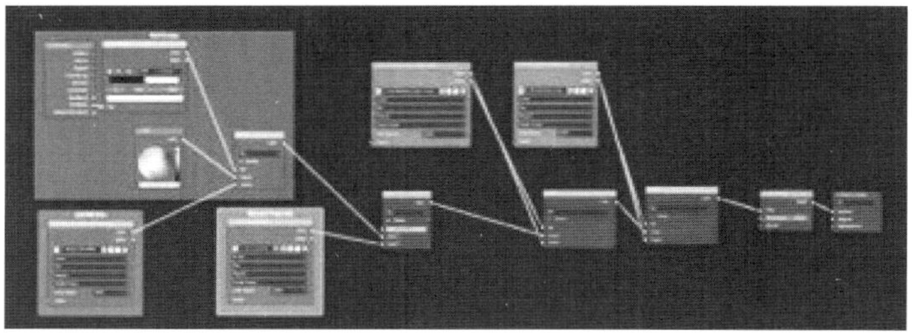

图7　节点树示例 包含与原始纹理相关的两种显示模式（尖锐度和DStretch）
国家史前史中心/文化部

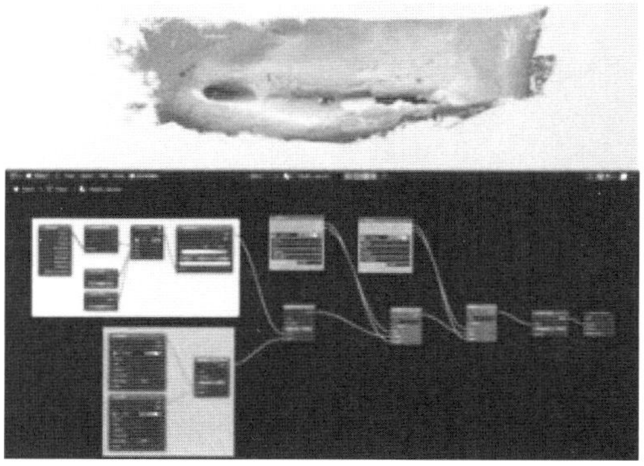

图 8　使用BlenderGIS插件通过显示数字高程模型突出岩壁地形
颜色代表岩壁相对于参考点的高程变化
国家史前史中心（数字模型：于阿尔（O. Huard）；图片来源：文化部/国家史前史中心）

图 9　通过处理摄影测量得出的纹理，应用DStretch渲染带有闪烁漆面的岩壁
国家史前史中心（数字模型：于阿尔；来源：文化部/国家史前史中心）

使用三维界面对岩画进行跨学科调查：应用实例

为了说明我们的观点，我们介绍两个使用Blender界面进行“动态三维测绘”的例子：

· 法属圭亚那马米利潘（Mamilihpan）岩棚测绘，作为计划考古行动的一部分，对岩壁状况进行评估和分析。

· 对拉斯科洞穴中的多色岩画进行记录，用以测试如何处理岩壁的凸起。

①其中的两种“模式”已在2019年发表，即“法线”和“尖锐度”（Fuentes，Lepelé，Pinçon，2019）。

在这两个实例中，我们使用了国家的三维数字资源。根据研究人员在前期提出的考古问题，我们选择了用于研究的表面区域，也是动态三维测绘所关注的区域。根据科学目标（选择性考古调查、埋藏学分析、状况评估），还可以确定考古调查的精确度。因此，研究所需的表面需与支持动态三维测绘的三维模型的质量相匹配。

马米利潘岩棚（法属圭亚那）

该岩棚朝南，位于法属圭亚那西南部的一个花岗岩体中部，形成了一个高约400米的孤山，处于亚马孙雨林环境中。岩棚的岩壁上绘有一系列图案，长度约20米，形成了一条红色的岩画带。虽然岩画群的确切创作时间尚不明确，但很可能是在前哥伦布时期的考古背景下创作的，在那里已经发现了大量居住痕迹。

国家史前史中心受法属圭亚那文化事务局（考古部门）的委托，执行了一项结合岩画测绘和保存状态诊断的任务。该任务于2018年10月进行，成功完成了对该岩棚的全面测绘工作（Fuentes，2018）。记录是在现场直接通过三维模型进行的，将绘制的图案融入其形态背景中（图10）。

这一图形实体的记录允许对其在洞壁环境中的位置进行动态和精确的解读。洞穴由一些小的凹陷组成，使得表面形成复杂的形态，装饰图案就分布在这些凹陷上。

该记录方法基于岩棚的完整模型，从壁面到岩石地面可以连续地在同一个记录中进行文档化（图11）。在岩壁和地面上识别出的这些特征有助于界定岩棚周围的活动区域。

在同一个模型上，我们使用了“纹理绘画”工具对绘画进行了图形记录，同时使用“油脂笔”工具对岩壁进行了制图记录（图12）。这些记录是可以叠加的。

图10　马米利潘岩棚及其岩画的摄影测量模型透视图
国家史前史中心（数字模型：于阿尔；图片来源：文化部/国家史前史中心）

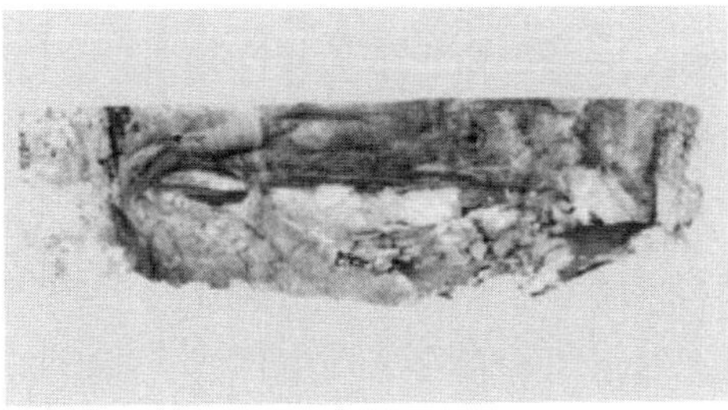

图 11　岩棚全貌及其岩画全景图，其中一些岩画位于岩壁的底部
国家史前史中心（数字模型：于阿尔；来源：文化部/国际史前史中心）

图12　在同一个三维模型中同时显示岩画记录和用于状态评估的表面元素
国家史前史中心（数字模型：于阿尔；来源：文化部/国家史前史中心）

这种方法可以对岩壁进行综合研究，将考古研究和保护方法相结合（作品分析与状态评估）。此外，该工作还通过从三维模型生成的文档（基于正射影像的制图记录）对岩棚进行全面的二维记录。

动态三维记录还可以通过多模态文档丰富内容，这些文件有助于完成记录并扩展对岩壁的理解。例如，对纹理进行DStretch处理有助于识别几乎被抹去的地面装饰（图13），而使用数字高程模型则能够绘制出岩棚的形态图（图14）。

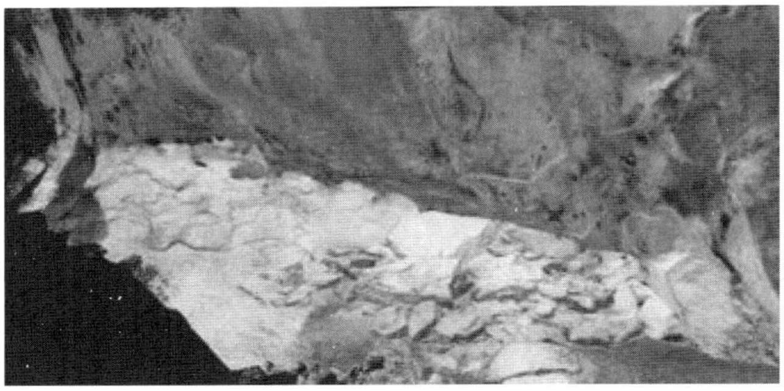

图13　通过DStretch处理揭示原始纹理中几乎无法看到的岩画
国家史前史中心（数字模型：于阿尔；来源：文化部/国家史前史中心）

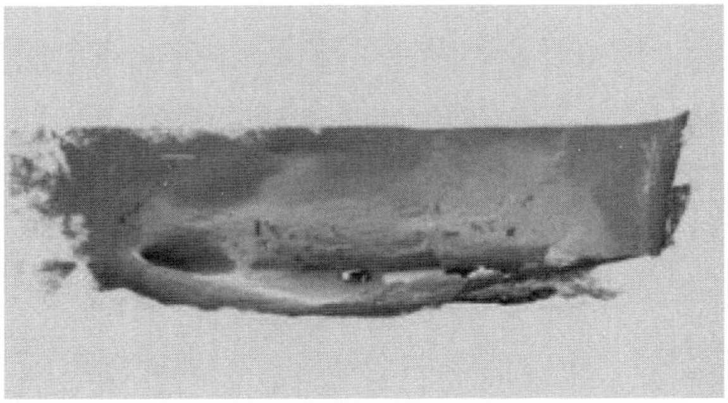

图 14　同时显示岩画记录和数字高程模型
国家史前史中心（数字模型：于阿尔；图片来源：文化部/国家史前史中心）

拉斯科洞穴艺术中的凸起处理

拉斯科洞穴（位于多尔多涅省的蒙蒂尼亚克）发现于1940年，是最具代表性的洞窟岩画之一，因此也是最受媒体关注的洞穴之一。它因多种展示结构（如拉斯科二期、三期和四期）而备受瞩目。然而，近年来对该洞穴的岩画艺术研究相对欠缺。除了1952年至1963年间由格洛里神父（Abbé Glory）进行的大规模调查、1989年费利克斯（T. Félix）的博士论文、托克斯（D. Tauxe）对符号的研究，以及奥茹拉（国家史前史中心）在20世纪90年代对岩画的研究外，拉斯科洞穴的全部岩画作品仍未得到充分研究。出于保护目的，洞穴的访问受限，这也是研究匮乏的部分原因。为了创建数字档案，并制作在拉斯科三期、托特博物馆以及拉斯科四期展示的仿制品，洞穴经历了多次三维数据采集（包括1966年完成的法国国家地理研究所的摄影测量、2007年由佩拉齐奥工程公司完成的激光测距，以及2014年完成的最新一次记录）。我们以这些国家资源为基础，启动了一项使用三维工具进行岩画艺术测绘的方法学实验。在我们看来，洞壁的复杂性、旧石器时代艺术家使用凸起表现图像以及制作彩绘图画所使用的多种技术，都有利于直接在三维模型上进行动态勘测试验，而不会对原始遗址造成任何风险，众所周知，原始遗址是极度脆弱的。

岩壁与表现形式的关系以及变形问题

为了在洞窟装饰墙的大面积表面上实施动态三维记录，我们选择了从大黑牛面板到倒马面板的整个区域，这段墙面大约长10米（图15）。

选择这一组岩画有如下几个原因。首先，它的表面展示了多种形态，我们能够探讨表现形式与表面复杂性之间的关系。正如奥茹拉所指出的，某些墙体区域似乎是平坦的（如赫米奥内面板）（Aujoulat，2004，112），而大多数岩画区域位于非常明显的凹面和凸面上，表现了旧石器时代艺术家对图像与其载体之间关系的巧妙利用。此外，这些面板已由奥茹拉（2004）记录，使我们能够将传统的二维记录结果与动态三维记录的成果和补充进行对比。

他的记录为拉斯科遗址的考古学研究及岩画和岩体的保护状态提供了宝贵的文献，能够记录岩壁表面状态并比较其随时间的演变而发生的变化。尽管奥茹拉推崇图像测绘制图方法，重视图像的图形元素和岩壁信息（自然凸起、表面状态），但最终得到的结果仍然是信息的变形平面展示。通过将三维模型的视角与奥茹拉的测绘位置进行对比（图16a），可以看出他如何通过马赛克拼接选择多重变形投影，即将多个点的正交投影组合在一起，来创建一个图像（图16b）。

如果比较“倒马”面板的二维与对同一面板的三维正交位置模拟所提供的视觉效果图，我们会发现两者之间存在差异和变形。为了进行测绘并确保获取所有图像，无论视角和岩壁形态如何，奥茹拉不得不绘制一幅完全变形的整体图像。其方法的科学意义显而易见：无论从哪个角度看，都能对所有图案进行正交记录。最终结果是对记录的图像进行平面展开。记录自然凸起的过程使我们能够分析旧石器时代艺术家如何处理图像与墙体形态间的紧密关系。这直接影响了随之而来的解释（如动物的移动、形式选择）。例如，“倒马”头部的一部分与岩壁中的一个自然凸起和凹形之间存在紧密的联系，奥茹拉记录了这种自然凸起并将其描绘出来。

那么，动态三维测绘能为我们了解拉斯科洞窟艺术，进而为科学研究提供哪些新见解呢？

三维测绘对拉斯科岩画研究的贡献

我们使用Blender对拉斯科岩画进行了勘测，使用“纹理绘制”工具对所选的整个表面进行了测量（图17）。

这种动态三维测绘尤其强调了图像与岩壁间的紧密关

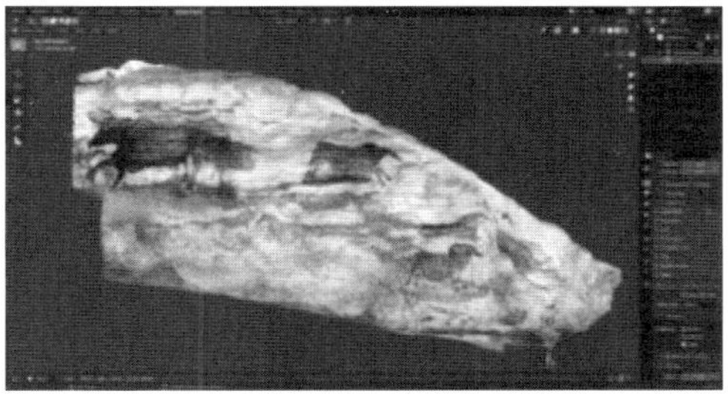

图15 将完整的纹理化岩壁导入Blender界面
国家史前史中心（数字模型：佩拉齐奥工程公司；图片来源：文化部/国家史前史中心）

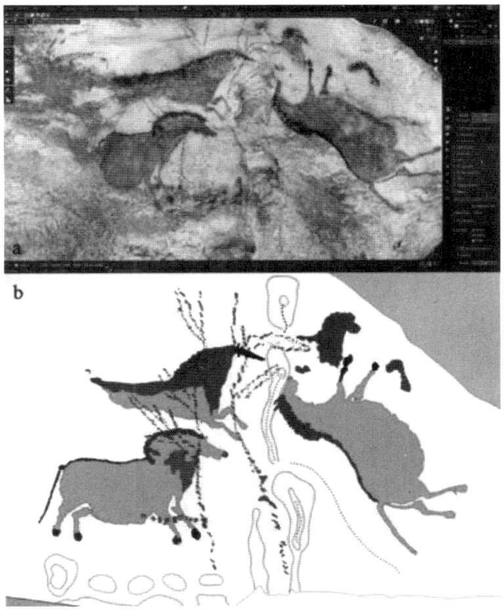

图16 三维模型与奥茹拉勘测结果对比
a. 三维界面中墙面的正投影视图；b. 奥茹拉通过正交投影点所进行的“倒马”位置记录
a. 国家史前史中心（数字模型：佩拉齐奥工程公司；图片来源：文化部/国家史前史中心）；b. 插图：奥茹拉；图片来源：文化部/国家史前史中心

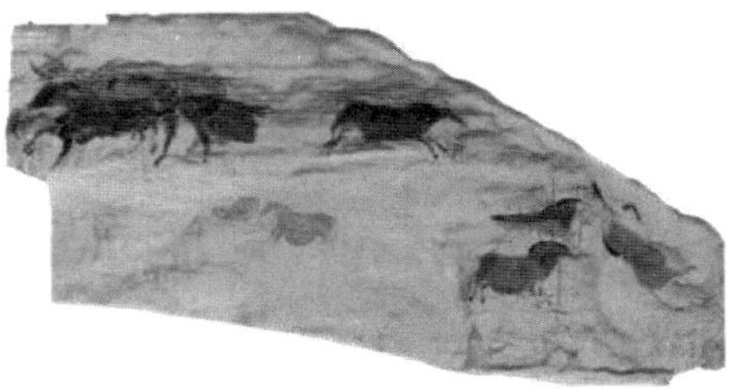

图17 拉斯科洞窟岩画的完整三维测绘：大黑牛和倒马面板
（为了便于阅读，原始纹理已被替换为白色背景）
国家史前史中心（数字模型：佩拉齐奥工程公司；图片来源：文化部/国家史前史中心）

图18　奥茹拉对大黑牛面板的测绘摘录
插图：奥茹拉；图片来源：文化部/国家史前史中心

系。它更容易显示出艺术家如何利用岩壁凸起来创作大黑牛。动物依托自然形态，其前肢的位置暗示着运动。二维效果图显示的是一只正在运动的动物，腿部是直的（图18）。然而，动态三维测量允许根据岩壁的形态直观地查看到这种运动的不同状态。从不同的角度观察墙面时，前肢的投影并不是笔直的。它们弯曲并环绕着自然形成的凸起（图19a和图19b）。后腿也是如此，二维视角看似乎是笔直的，而从三维视角看，我们可以看到艺术家如何巧妙地将后腿缠绕在岩石突出的部分上（图19c）。

这种将不规则墙面凸起融入腿部表现中以传达运动错觉的能力也出现在《奔马图》中（图20）。

二维效果图展示了一匹正在运动、跳跃的马，腿部伸直。动态三维效果图呈现出马的各种姿态，并展示了如何利

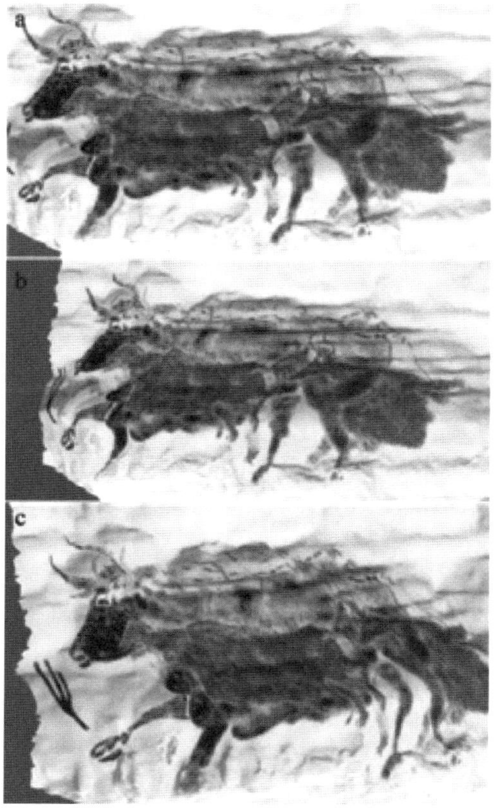

图19　使用Blender软件制作的大黑牛面板三维模型
a. 大黑牛面板三维测量正视图：黑牛的腿看起来是直的，与奥茹拉的测量结果相同；b. 从同一视角的三维透视图来看：前肢伸展以贴合岩壁的形状；c. 黑牛的后肢弯曲以顺应岩壁的凹陷部分
国家史前史中心（数字模型：佩拉齐奥工程公司；图片来源：文化部/国家史前史中心）

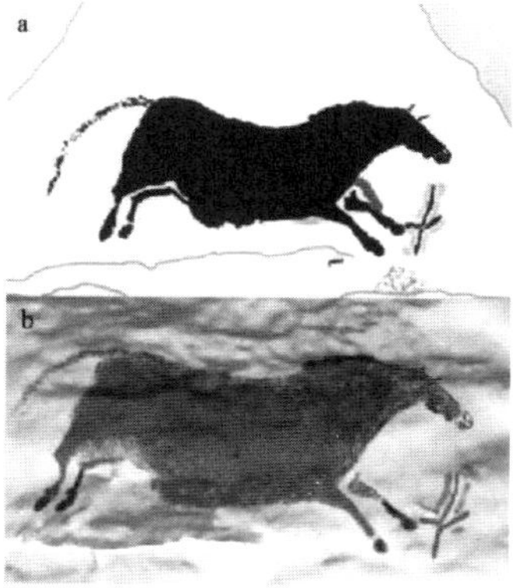

图20　大黑牛面板右侧的《奔马图》二维和三维视图比较
a. 奥茹拉记录的《奔马图》二维正视图；b. 同一图像的三维正视图
a. 插图：奥茹拉；图片来源：文化部/国家史前史中心；b. 国家史前史中心（数字模型：佩拉齐奥工程公司；图片来源：文化部/国家史前史中心）

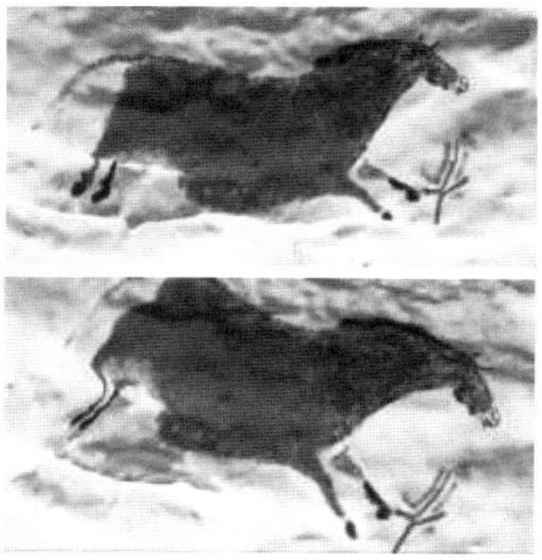

图 21　奔马图透视图，显示作品与岩壁间的紧密联系
国家史前史中心（数字模型：佩拉齐奥工程公司；来源：文化部/国家史前史中心）

用喙状凸起描绘动物的四肢（图21）。后肢依照自然凸起进行绘制，使其在观者的视角下呈现出绷直的效果。

最后，倒马面板上倒立马的姿态很好地说明了直接在三维模型中研究岩壁的优势（图22）。

二维效果图显示了一匹处于运动状态的马的直立和倒立姿势，而动态三维效果图则展示了该图如何根据岩壁的形态（尤其是背部线条处的岩石结构）来绘制。正如奥茹拉所指出的——现在可以直观地展示——艺术家使用这块岩石的形状，通过绕过凸起绘制马的背部线条。

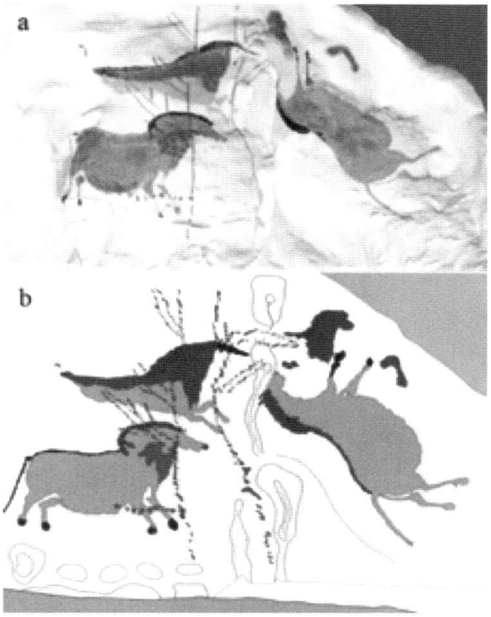

图22　倒马面板的三维正视图与奥茹拉的二维效果图

a. 倒马位置的三维正视图；b. 奥茹拉记录的相同图像的正视图

a. 国家史前史中心（数字模型：佩拉齐奥工程公司；图片来源：文化部/国家史前史中心）；b. 插图：奥茹拉；图片来源：文化部/国家史前史中心

使用Blender进行岩画三维测绘的局限性和贡献

Blender软件为我们完整记录岩画提供可能，也为更好地记录旧石器时代艺术提供了极好的机会，同时也能更好地呈现图像及其载体之间的关系，以及艺术家根据墙面表达其形式选择的能力。这种方法也可以帮助理解和说明可能影响岩壁的自然现象（状态评估）。

这里介绍的方法的局限性主要在技术层面。实际上，Blender并非专门用于三维物体绘图而设计的软件。一般而言，它不是一个“现成”的工具，设置合适的工作空间并执行某些任务所需的时间表明它缺乏一定的用户友好性。同样，某些功能仍需改进，特别是在图形质量方面（如纹理绘制中的笔刷质量）。但是，随着软件的更新，这些问题正在逐渐改善。

讨论方法的同时，也必须考虑技术和硬件方面的问题。高分辨率网格需要大量的多边形，因此模型会更为复杂和庞大。如果可以通过轻微简化来优化某些三维对象，且必须与先前设定的目标相一致，但这应该是最后的解决方案。实际上，轻度简化模型会导致微小凸起信息的丢失，而更大幅度的简化将严重影响对象的外观和精确性。所谓的“烘焙”技术，即将凸起的数据以纹理的形式投射到简化体积上的技术，通常不推荐使用。因为这种方法引起的变化通常与墙面体积的精确分析不兼容。

因此，需要仔细考虑硬件配置问题，以确保能够与处理的模型类型相兼容。建议最低配置为Intel Core i5处理器、8GB RAM以及Nvidia GTX 1080或同级显卡，这样的配置适用于本文中展示的最轻的模型。对于更高分辨率的对象，使用更高性能的处理器和显卡是必不可少的。

与图像处理软件类似，鼠标并不适合此类操作，建议使用数位板进行测量，或使用混合型电脑，这类设备尤其适合野外环境，且功能强大，可在Blender上运行小型模型。

尽管Blender的应用功能强大，且在不断发展中显示出极大的灵活性和响应性（该软件拥有一个庞大的用户社区），但技术上的局限性表明，在使用三维测绘前，必须考虑其目标和预期结果，以确保这些结果与软件功能相匹配。三维测绘是根据岩画测绘中遇到的问题而使用的工具，不应被视为通用解决方案。传统的二维测绘技术仍然是当前有效的方法。由于某些格式的互操作性，使用Blender并不排除二维技术的使用。

此外，动态三维测绘的精度取决于可用数字信息质量。分辨率过低或测量误差过大都会阻碍模型的合理使用。研究所依赖的数字对象的精度本身与获取过程以及技术实施条件密切相关，因此，在记录阶段前对方法和选择进行反思是至关重要的。这一反思应根据考古学家在岩画测绘中的科学问题进行，以便提供一个能够生成高质量文档的支持工具，符合研究目标的要求。

考虑到凸起的存在并能够实时[①]观察和记录图像及岩壁，是使用三维方法处理考古对象的主要优势。工具和功能的设置在测绘的执行和记录方面具有很大的灵活性。它们可以记录大多数绘画、凿刻或刻画的作品及岩壁状态，并简化数据管理，能够快速动态地交叉处理信息，通过清晰的层次结构保持可读性。

在三维模型上执行的测绘提出了结果可视化的问题。由于Blender是免费的，其原生格式为研究人员之间共享工作提供了一个良好的途径。通过软件的渲染功能，研究成果仍可以图像形式发布。摄像机位置自由，视角多样，但需选择投影方式。研究人员可以导出正交或透视视图，无失真但信息有限。这些二维导出图像将提供对测量表面的独特视角，能有效呈现研究所得，并促进方法的互操作性。

最后，在线可视化解决方案也是一个有趣的选择。以Sketchfab[②]为例，其模型可以嵌入网页，或以OBJ、FBX等软件格式连同所有关联资源（如纹理、图层等）一起下载。我们选择的研究案例展示了在访问受限的情况下，使用三维技术的优势。如今的技术能够生成高清数字复制品，尽管无法完全替代原始遗址，但其精度足以帮助克服与现场相关的困难。我们研究中使用的设备、流程和功能为研究人员提供了一个结构化的三维生态系统，使这些数字模型成为虚拟勘探工具，甚至成为实地考察的补充工具。在此背景下，法国国家史前史中心基于这些实验成果，编制了一本方法论指南，帮助研究人员逐步掌握使用Blender进行岩画测绘的方法（CNP，2022）。

结 论

虽然这项工作集中在洞穴艺术和特定工具的开发上，但他们展示了多种可能的前景。此种方法易于移植并应用于其他领域，如建筑考古或建筑学。它在研究旧石器时代的可移动艺术时也十分有效，如圆雕或装饰性圆柱形物

①通过软件提供的实时渲染引擎（EEVEE）。
② https：//sketchfab.com。

件，三维动态记录能够保证信息读取的连续性。

协作测绘也是一个值得关注的研究方向，本文未做详细说明。Blender软件的默认功能以及使用插件（通常是开源的），提供了越来越多的可能性，其开发方向也日益侧重于实时协作[①]。该软件提供了多种解决方案，可将多种测绘方法整合到一个系统中，通过共享参考库促进协同工作。

最后，这些研究促使我们提出在岩画测绘中使用虚拟现实的可能性。虚拟现实提供了一种模拟实地体验的方式。尽管一些工具尚不稳定，但它们已经为 Blender用户提供了在沉浸式虚拟界面中操作三维对象的可能性。然而，如游戏引擎等软件，当前展示出了更加有前景的发展方向。研究人员正在研究如何使用虚拟实验室来分析那些难以进入的岩画遗址，法国国家史前史中心也在利用这一技术研究一处洞穴。我们希望通过努力拓展研究人员的方法和技术手段，并向包括对洞窟岩画感兴趣的公众在内的更广泛的公众开放这些体验。

注：原文发表于《数字人文》（Humanités numériques）2023年第7期，本期主题为“遗产数字化与知识建模”。

参考文献：

1. Archambeau，Monique et Claude Archambeau. 1991. «Les figurations humaines de la grotte des Combarelles ». Gallia Préhistoire 33 ：53–81.

2. Aujoulat，Norbert. 1987. Le Relevé des œuvres pariétales paléolithiques. Enregistrement et traitement des données. Paris ：Éditions de la Maison des sciences de l’homme.

3. Aujoulat Norbert.，1993. « Techniques d’enregistrement ». Dans L’Art pariétal paléolithique. Techniques et méthodes d’étude，édité par Groupe de réflexion sur l’art pariétal paléolithique，339–346. Paris ：Éditions du Comité des travaux historiques et scientifiques.

4. Aujoulat，Norbert. 2004. Lascaux. Le geste，l’espace et le temps. Paris ：Éditions du Seuil.

5. Bourdier，Camille，Aurélie Abgrall，Olivier Huard，Éric Le Brun，Magalie Peyroux et Geneviève Pinçon. 2011. « Histoires de bisons et de chevaux ：regard sur l’évolution de la frise pariétale de Cap–Blanc（Marquay，Dordogne）à travers l’analyse du panneau de l’alcôve ». Paléo 21 ：17–38.

6. Capitan，Louis，Henri Breuil et Denis Peyrony. 1915. « Nouvelles grottes ornées de la vallée de la Beune ：la grotte de Comarque ». L’Anthropologie 26 ：505–514.

①育碧（Ubisoft）开发的Mixer等插件不断增加，表明人们对实时协作工作的日益关注。这些新工具拓宽了可能性的范围，展现更便捷高效协作的潜力。

7. Centre national de préhistoire. 2017. Description des métadonnées des acquisitions numériques et quelques préconisations. Livret méthodologique. Périgueux : Centre national de préhistoire.

8. Centre national de préhistoire. 2022. L' Écosystème 3D des grottes ornées. L' usage de Blender pour le relevé d' art pariétal. Livret méthodologique. Périgueux : Centre national de préhistoire.

9. Chabredier, Ludovic. 1966. «Étude méthodologique des relevés d' art pariétal préhistorique ». Bulletin de la Société préhistorique française 63 (3) : 501–512.

10. Chiron, Léopold. 1889. «La grotte Chabot, commune d' Aiguèze (Gard) ». Bulletin de la Société d' anthropologie de Lyon 8: 96–97. Daleau, François. 1897. « Les gravures sur rocher de la caverne de Pair–non–Pair ». Dans Actes de la Société archéologique de Bordeaux, 21: 235–250. Bordeaux: Y. Cadoret.

11. Delluc, Brigitte et Gilles Delluc. 1981. « La grotte ornée de Comarque à Sireuil (Dordogne) ». Gallia Préhistoire 24 (1) : 1–97.

12. Fritz, Carole, Mark Willis et Gilles Tosello. 2016. «Reconstructing Paleolithic Cave Art: the Example of Marsoulas Cave (France) ». Journal of Archaeological Science: Reports 10 : 910–916.

13. Fuentes, Oscar. 2017. « La 3D et l' étude de l' art pariétal, ses apports et ses limites. À quel moment le retour à l' original s' impose aux chercheurs? ». Rapport d' étude. Périgueux: Centre national de préhistoire.

14. Fuentes, Oscar. 2018. «L' abri de la Mamilihpan (Maripasoula, Guyane) ». Rapport final d' opération archéologique avec prospection d' art rupestre. Cayenne: DAC–Guyane.

15. Fuentes Oscar, Julie Lepelé et Geneviève Pinçon. 2019. « Transferts m é thodologiques 3D appliqués à l' étude de l' art paléolithique: une nouvelle dimension pour les relevés d' art préhistorique ». In Situ 39.

16. Iakovleva, Ludmila et Geneviève Pinçon. 1997. La Frise sculptée du Roc–aux–Sorciers (Angles–sur–l' Anglin, Vienne) . Paris: CTHS–RMN.

17. Le Quellec, Jean–Loïc, Jon Harman, Claudia Defrasne et Frédérique Duquesnoy. 2013.

18. « DStretch et l' amélioration des images numériques: applications à l' archéologie des images rupestres ». Cahiers de l' AARS 16 : 177–198.

19. Lorblanchet Michel. 1973. « La grotte de Sainte–Eulalie à Espagnac ». Gallia Préhistoire 16 (1) : 3–62.

20. Lemozi, Amédée. 1929. La Grotte–temple du Pech–Merle. Un nouveau

sanctuaire préhistorique. Paris: Picard.

21. Leroi-Gourhan, Arlette et Jacques Allain, éd. 1979. Lascaux inconnu. Paris: Éditions du CNRS.

22. Pales, Léon et Marie Tassin de Saint Péreuse. 1969. Les Gravures de la Marche. 1. Félins et ours. Bordeaux: Delmas.

23. Pinçon, Geneviève. 2010. « L' art pariétal de la Chaire-à-Calvin (Mouthiers-sur-Boëme) ». Dans Préhistoire entre Vienne et Charente. Hommes et sociétés du Paléolithique, édité par Jacques Buisson-Cattil et Jérôme Primault, 461-475. Chauvigny: Association des publications chauvinoises.

24. Rivière, Émile. 1901. « Les dessins gravés de la grotte de La Mouthe (Dordogne) ». Bulletins et mémoires de la Société d' anthropologie de Paris V (2): 509-517.

25. Sautuola (de), Marcelino. 1880. Breves apuntes sobre objetos prehist ó ricos de la provincia de Santander. Santander: Telesforo Martinez.

26. Seigneur, Mathilde. 2019. « Droit et numérique dans le domaine des grottes ornées. Améliorer la compréhension de la législation et sa mise en pratique ». Rapport d' étude. Périgueux: Centre national de préhistoire.

27. Tymula, Sophie. 2002. L' Art solutréen du Roc de Sers (Charente). Paris: Éditions de la Maison des sciences de l' homme.

28. Vialou, Denis. 1979. « Grottes de l' Aldène à Casseras (Hérault) ». Gallia Préhistoire 22 (1): 1-85.

The Interdisciplinary Survey of Palaeolithic Cave Art in Three Dimensions: Interest, Method, and First Results

Priscilia Barbuti, translated by Wu Dandan, proofreaded by Zhang Xiaoxia

Abstract: Since the first discoveries of Palaeolithic art in France in the late 19th century, surveying cave walls has remained the archaeological key element of the scientific process. From direct copy on tracing paper to photography and computer graphics, the methods and techniques of the archaeologists have always been related to the technological advances of their times. For the last 15 years or so, 3D has been applied to research projects in prehistoric archaeology and the study of decorated caves. From data acquisition to data processing and management, the field adapts, borrows and assimilates 3D digital ecosystems according to various research problems. What place does the archaeological survey have in it? What input in terms of understanding volumes and surface features can it provide? And what kind of knowledge modelling can 3D tools applied to the Human Sciences create? This is what this paper aims to address.

Key words: Prehistory; Archaeology; Image processing; Interoperability; Knowledge modelling

信息
Information

《人与石的对话——贺兰山岩画特展》展览介绍

2024年，为贯彻落实习近平文化思想和关于文物工作重要指示批示精神，讲好新时代岩画故事、全面展示贺兰山岩画价值魅力，宁夏文物保护中心（岩画研究中心）联合宁夏中卫市博物馆、内蒙古阿拉善博物馆，经过精心策划与筹备，共同推出“人与石的对话——贺兰山岩画特展”，该展览入选国家文物局、中央网信办2024年度“博物馆里读中国——弘扬中华优秀传统文化、培育社会主义核心价值观”主题展览推介项目，以闽宁合作为纽带，今年已在福建省三市（福州市、福清市、石狮市）进行了巡展，展览效果和社会反响良好。

本次展览以“人与石的对话”为主题，分为“山水自然　造化天成”“石上史书　镌刻时光”“匠心独运　巧夺天工”“远古岩画　再放异

图1　岩画文创展品

彩”“黄河之滨 卫宁石书”“北疆遗珍 美美与共”六个单元，分别对贺兰山自然与人文地理，贺兰山岩画，贺兰山岩画的发现、制作与特点，贺兰山岩画的研究、保护与利用等方面进行阐释，不仅为中卫岩画单设一个单元，着重突出其在宁夏贺兰山岩画中的重要地位，同时增设阿拉善岩画单元，既可以从宏观视野全面呈现贺兰山东麓、贺兰山西麓岩画整体风貌及内涵，凸显岩画之于中华文明多元一体格局形成的重要价值，又展示了地方特色的岩画，整个展览内容丰富、主次分明、详略得当。

值得一提的是，本次展览中还包括了中卫市博物馆近年陆续推出的岩画题材文创产品，品类包括纪念邮票、帆布包、拼图、雨伞、丝巾、保温杯、笔记本、艺术摆件、打卡章、徽章等，很多参观者表示有意愿购买收藏。同时，宁夏文化和旅游厅在今年特别推出《文旅宁夏》岩画专刊，作为巡展中的配套宣传出版物，效果显著。

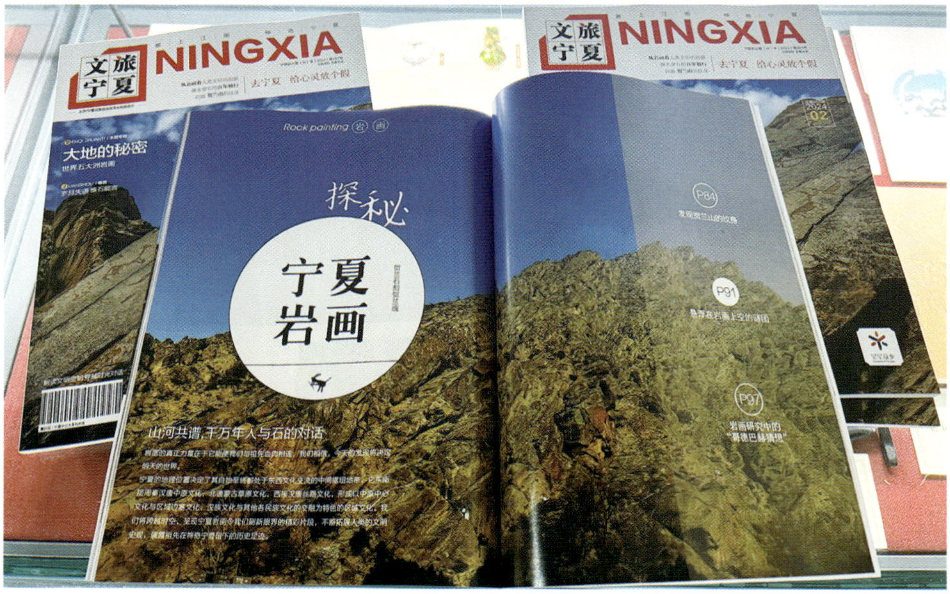

图2 《文旅宁夏》岩画专刊

巡展第一站为福州市林则徐纪念馆，展期为2024年7月3日—9月2日，该馆是全国重点文物保护单位，国家5A级旅游景区，坐落于历史文化名街“三坊七巷”附近，游客数量众多，在为期62天的展览中，参观量达到223129人次，参观者来自全国各地。开展当天，《福州晚报》、福州电视台等地方媒体资讯平台报道了展览讯息，对贺兰山岩画起到了非常好的宣传推广作用。

图3　展览宣传电子屏

图4　展览现场

图5　参观群众

图6　福州电视台报道展览讯息

图7　实物展品

图8　参观群众

图9　在万达金街艺术画廊展出

图10　在社区党建馆展出

巡展第二站来到福清市博物馆（福清侨乡博物馆），展期为2024年9月5日—11月16日，展厅面积将近800平方米，因此我们特地精选岩画拓片75幅、岩画石28块（珍贵原石4块、复制品24块）、多幅精美照片，以及创意十足、品类丰富的文创产品，以期能够用丰富的展陈内容让参观者有更深刻的参观体验。展览期间，福州市博物馆利用国庆假日，在福清市清昌万达金街艺术廊、福清市音西街道清华社党建馆举办了贺兰山岩画图片展，还以“流动博物馆”的形式在公园内展出，同时配套“岩画知识问答+手工艺制作”活动，让贺兰山岩画走进社区和公园、走进大众视野，让更多人看到此次展览，让更多人了解贺兰山岩画的文化魅力。

图11　“流动博物馆”进公园

图12　展览现场

图13　展览现场

图14　参观群众

巡展最后一站为石狮市博物馆，展期为2024年11月20日—2025年1月5日，截至发文，此次展览已顺利开展，并得到石狮市政府、文化和旅游局等相关单位的高度重视，将在接下来的一个半月的时间内，为前来参观的观众带来一场以岩画为主题的文化艺术盛宴！

本次的展览以闽宁合作为平台，通过国家文物局、中央网信办展览推介项目的推广宣传，相较以往的展览受到更多关注，也进一步让岩画走进社会、贴近生活，彰显岩画价值内涵。在后续的展览中，我们将总结经验、发挥特长，积极提升展陈质量、丰富展陈手段，为参观者提供更好的观展体验，进一步扩大、推广贺兰山岩画的知名度和影响力。

（图/文　刘思文）

“多学科背景中的中国岩画研究范式”研讨会纪要

2024年4月5日—8日，由河北师范大学历史文化学院主办，河北师范大学国际岩画断代中心和历史文化学院考古学系承办的“多学科背景中的中国岩画研究范式”研讨会在石家庄举行。来自世界岩画联合会、印度岩画协会、中国科学院古脊椎动物与古人类研究所、中央民族大学、南京大学、南京师范大学、西安交通大学、西北大学、西藏大学、河北师范大学、重庆市文物考古研究院、西藏自治区文物保护研究所、青海省文物考古研究院等国内外多家高校和科研院所的专家学者60余人参会，共同探讨中国岩画研究的最新进展和多学科合作的重要性。

此次研讨会的议题主要包括岩画研究的理论与方法；岩画新发现与区域性岩画研究，岩画的保护、展示与传播这三个方面。

一、岩画研究的理论与方法

Robert G.Bednarik强调岩画研究的“科学艺术”理念，主张岩画研究应注重多学科方法的采用，从而确保其科学性。他列举了6个方面的研究方法，主要从岩画术语、岩画记录手段、岩画痕迹的辨识等视角展开讨论。同时他说明了岩画研究涉及的多学科以及它们在岩画研究中的具体应用，如地质学、地貌学、化学、物理学等，强调了多学科方法的全面性和有效性。Robert所强调的“科学艺术”方法不仅有助于客观地理解岩画的形成过程、技术特征和环境背景，还能够提供更可靠的年代推断和文化解释。

Giriraj Kumar借助本土印度岩画研究经验提出建立岩画研究体系的计划性建议。他从岩画遗存的调查、岩画研究项目的建立以及岩画研究方法论三方面展开讨论，系统提出探索岩画的大致步骤，认为应将岩画遗存理解为早期文化活动的动态实体。同时Kumar呼吁中印澳合作研究亚洲早期史前艺术，以期为人类文明演进提供更多有力证据。

李永宪强调岩画研究的“关联性”问题。他认为目前岩画研究已取得一定成果，但仍存在部分瓶颈，究其主要原因是岩画同其他学科之间关联性不足，如岩画与年代学、与共时共地遗存的联系等，这些都有可能对岩画研究的深化产生影响。因而此后中国岩画研究应重视扩增和相关历史大类学科之间的关联性与兼及性，提升岩画资料的通用性与广普性。

张建林重点探讨了岩画调查方法与报告编写体例的科学化问题。其以《巴基斯坦北部考古学资料》和《通天河流域岩画》两部资料为例，通过分析中外学界岩画调查方法的异同，寻求如何更好地建立岩画资料系统。关于岩画调查方法，张建林认为应根据不同的调查对象，制定相应的调查方案，采取对应的记录手段，注重借助新兴技术。关于岩画报告的体例，可以秉承传统方法，但需更加细致与科学。既要完善基础信息，也应结合地域性、时代性展开初步分析。此外，报告插图需注重岩面的总体布局和岩石形状，关注“分幅”问题及其表现形式。

高启安综合多角度探析了岩画图像的研究路径。他以甘肃岩画为例，尝试将岩画研究与考古学文化相联系，结合出土彩陶图像与传统文献记载解读岩画信息。他认为岩画与考古学文化在时空上存在诸多联系，研究岩画应该关注附近遗址及其出土物情况，两者在时代、生业方式、种族乃至文化类型上，都可以相互参考。后续研究中要着重突破视角的多元性，提升岩画研究的认知水平。

高星探讨了中国旧石器时代岩画及其研究中的关注点，并对岩画断代提出了“层级”理念。其结合云南虎跳峡万人洞、重庆江津四面山灰千岩岩画等资料着重分析中国旧石器时代岩画的相关问题，总结出旧石器时代岩画研究有十项关注点，并重点分析了断代、艺术创作、宗教萌芽、生产生活与社会生活、环境背景与资源状况等内容。高星将岩画断代的“层级”理念分为五个层级，第一层级是直接对岩画进行测年，第二层级为间接对岩画做测年，第三层级为相关性分析，第四层级是比较法对岩画进行分析研究，第五层级是结合动物考古学、生物人类学进行分析。

徐峰从认知考古学的角度解读了岩画的动态研究。其从岩画地点、岩画图像、图像的解读、研究理论四个层面循序渐进展开分析。他认为岩画刻凿地点的选择受到认知选择的影响，在很大程度上寄托了早期先民的精神需求，而岩画图像释读的过程就是一种探索古人如何思考的过程。徐峰重点探讨了中程理论之于岩画研究的重要性，认为没有中程理论的“搭桥”，认知考古学便与猜测无异，是一种面对幻想之地的蹦极跳。为中层理论提供支撑的有民族学调查、人类学材料、实验考古、历史文献等，这也恰与“多学科”背景相呼应。

张海伟探讨了铀系定年方法在岩画研究中的应用。他介绍了同位素实验室及铀系定年方法的基本原理和应用，目前该方法已广泛应用于考古研究领域。而在岩画研究中，铀系定年已经应用于白云湾岩画与万人洞岩画，对于研究金沙江岩画具有重要意义，对后续岩画研究的测年问题也具有重要启示。

二、岩画新发现与区域性岩画研究

魏坚探讨了黄河大迴折区域内岩画的类型与年代问题。他通过运用考古类型学的方法，以阴山、贺兰山和桌子山岩画的分布区域与内涵的差异为切入点，分析岩画的区域类型特征并探讨其对应的生业模式，在此分析基础之上讨论年代学问题。研究发现，在桌子山、阴山西端的狼山一带发现的“太阳神”人面像岩画及少量磨痕较深的动物岩画，很可能是生活在距今

6500~6000年前的，以从事农业为主，兼营畜牧和狩猎业的先民们创作的带有深刻宗教崇拜意味的作品；在阴山、桌子山以动物为主题的岩画，则应当是由商周以来直至匈奴产生阶段的，活动在北方草原地带以畜牧和狩猎为主要生业模式的北方猎牧民创作的，描绘了其日常生活，企盼富足生活。这批岩画资料的相关研究有助于了解原始宗教信仰，解读原始艺术，进而深刻分析黄河文化与岩画内涵的关系，探讨农业和畜牧业的起源与发展。

汤惠生介绍了金沙江白云湾岩画的测年情况。为进一步科学确认白云湾岩画的年代问题，2020年河北师范大学国际岩画断代中心、云南省迪庆藏族自治州文物管理所、云南省迪庆文物保护学会等单位组成的联合岩画考察队再次对白云湾岩画进行了野外调查，并获得了碳十四与铀系测年样本。测年数据进一步推动了金沙江岩画的研究，同时也说明白云湾岩画中的狩猎场景可能为目前国内已知考古学材料中年代最早的。该岩画点所采取的测年方式也说明了铀系和碳十四双盲测验的科学范式。

白九江初步分析了巴阳的竖目岩画。其结合考古发现、古文献以及民族学材料，分析了竖目纹的形态特征，推测巴阳岩画丙的竖目时代应介于二里头文化一期至十二桥文化之间，提出竖目可能代表始祖神的观点，并认为独立的目纹应该与护佑功能有密切关系，而不是通常所说的象征光明、太阳等。通过竖目岩画的研究案例，白九江认为岩画可以而且应该与考古发现、历史文献、神话传说等信息进行整合研究，绝不能孤立看待岩画。同时，时间是岩画研究中的基本问题，后续研究可从两个维度展开，一是岩画自身的精确时间；二是相关元素、题材所处的时间序列，按照“结构—功能—事件”视角阐释。时空关系来自当时的社会，这决定了岩画的总体特点、规律，然后才是每一岩画的具体叙事。

夏格旺堆解读了西藏康马县姜若谷地咀查东岩画。其结合地理背景系统分析了该岩画点的具体情况。整理发现，该地点岩画内容有放牧、狩猎、骑行、骑射、动物、佛塔、雍仲符号、文字等，制作方法以点凿、磨划为主，与此前在该区域发现的聂叶、萨鲁普等地的敲凿技法和题材相近。初步分析发现，咀查东岩画是目前所知西藏中南部单一地点岩画中分布面积最大、题材最为丰富、时间延续最长。这一发现拓宽了西藏岩画的分布空间，为重新认识和理解西藏古代文化历史的记录与阐述方式的多样性和复杂性提供了“素材”，也为文化历史空间的分布特点，提供了极具“地域性”的重要证据。

尼玛江才分析了青海庚卓村岩画点中的“迷魂阵”图像。其用考察考古学、民俗学、语言学材料分析这一岩画图像的概念与形式、功能与传播、演绎与仪式，以及象征与表达，从建筑、舞美、平面三个维度深化分析该图像元素。他认为此幅岩画是创作者遵循特定的象征内涵，根据本土的视觉审美和信仰轨迹做出的心灵表达。这种图像在藏文化分布区域被继承和发展，并广泛用于各类仪式，成为一种古老的符号文化。尼玛江才推测这种图像象征了“重生”或“希望”。这一岩画图像的发现与研究有助于深化区域性文化交流与融合的相关研究。

张文静进一步分析了锡林郭勒岩画的区域特征。通过分析岩画特征，她将锡林郭勒岩画分为动物、人物、车辆、符号、几何形、人面、凹穴等类型。在对岩画数据整理的过程中，结合岩画类型特征以及锡林郭勒地区的地形地貌情况，张文静将锡林郭勒盟各岩画点分为四大区域。总体来看，锡林郭勒岩画的分布体现出古代先民在畜牧经济模式下的现实生活状态。

夏吾卡先与吴昊介绍了西藏林周县新发现两处彩绘岩画点的调查情况及初步研究。新发现的强普囊洞穴岩画和杂乌荣露天崖壁岩画是迄今为止西藏中部首次发现的两处古代彩绘岩画遗存。研究发现，这两处岩画点的岩画绘制形式为剪影式与轮廓式并存，题材主要为集体狩猎、征战、祭祀神灵、部族迁徙，画面周边带有一定的藏文题记，部分画面甚至绘制在藏文题记之上，画面中的部分神灵和鸟类的图像具有一定的地域特色。根据强普囊与杂乌荣岩画图像的构图布局、题材、绘画技法来看，其与藏北高原岩画有一定的关联；另从图像周围的题记内容分析，岩画的年代下限可能到宋元时期。

庞颖整合梳理了河西地区岩画中驯养家畜使役的状况。她将河西走廊的役畜根据其工作形式分为乘用畜、驮畜、耕畜三类，并结合岩画材料进行了展示分析。因岩画的时代特点，这些大型牲畜以及使役图像的出现，为学术界探讨其驯化（饲牧方式、骑乘驯化、使役驯化）时代、过程、传播路线乃至相关技术方式，提供了早期的图像证据。同时，这些图像对于诸种动物的驯化及传播史、丝绸之路的开通以及役畜在丝路交通和河西农业开发中的作用等，都具有一定参考意义。

肖波考察了广西左江岩画与老挝巴添岩画的关联性问题。肖波从自然环境、岩画颜料、表现形式等内容，介绍了老挝巴添岩画的概况。比较发现，两地岩画在环境、颜料、技法、岩画点名称、作画题材等五方面存在诸多相似性，暗示两处岩画点之间存在着密切的关系，可能有潜在传播路径，共享着某种精神观念，进一步推测岩画的作画民族之间可能也存在着某种联系。

李曼讲解了广西崇左猫形岩画的调查与研究情况。结合民族学、科技考古，其初步掌握了该岩画类型的地理位置、分布状况、图像数量、尺寸面积及制作技术等基本信息。研究表明，此岩画类型无论在图像内容和表现形式方面，均与左江流域的彩绘岩画有着明显的区别。测年结果表明，此类猫形岩画的制作年代为清乾隆年间。此岩画类型进一步完善和充实了广西地区岩画类型。

三、岩画的保护、展示与传承

杨惠玲基于“整体论”视角对中国岩画保护与传承路径进行了探讨。其从“整体论”视角出发，探索岩画保护与传承新路径，提出梳理学术谱系，扩大整合资料来源等建议，以期提升我国现行岩画保护与传承体系的存续力，实现保护与传承双向融入与良性互动。

殷洁介绍了多视角影像三维重建技术在岩画中的应用。多视角影像三维重建技术于近年在考古文博领域兴起和广泛应用，也为岩画的保护与研究带来了新机遇。其以将军崖岩画的三维建模为例，探讨基于该技术并利用Agisoft Metashape软件进行岩画的三维重建问题。实践表明，多视角影像三维建模技术不仅易操作、方便快捷，而且最终形成的三维模型、正射影像和二维线图均达到预期效果，证明该技术对岩画的三维模型重建等数字化任务具有较高的可行性和适用性。

在会议总结中，李永宪教授深入探讨了岩画研究的若干关键议题，并提出几点思考：第一，关于岩画调查方法的科学化提升，可以采用系统性的方法论、多元的学科视角以及精准的科学技术工具，以确保岩画调查的准确性和可靠性。第二，关于岩画信息应如何科学分类，以便更有效地组织、分析和解读不同类型的岩画内容。第三，关于如何科学研究岩画的题材与主题，从而深入理解其历史文化背景和艺术内涵，拓展岩画研究的深度和广度。第四，关于岩画研究可以开启哪些窗口，在充分考量岩画的相通性与不相通性的基础之上，充分考量岩画的研究角度。第五，关于岩画研究的关联性问题，尤其是年代学问题，必须加强跨学科合作，引入自然科学技术的支持，以实现对岩画年代的更准确推断。第六，如何在进一步提升岩画学术性研究的同时，推进岩画的社会性展示与宣传，以促进公众对岩画文化的认知和理解，实现岩画文化遗产的更广泛价值传承。

此次“多学科背景中的中国岩画研究范式”研讨会的成功举办，预示着中国岩画研究即将进入一个新的发展阶段，必将推动中国岩画研究更加深入、全面地发展，为探索中华文明形成与发展贡献力量。

（文/河北师范大学　沈婕）

云南沧源崖画及相关遗址考古工作

吴 沄

国家文物局重点调勘项目——“沧源崖画及相关遗址考古工作”，是一项主动性的综合调查研究课题，目标首先基于运用国际通行的岩画调查、记录方法与考古调查、勘探、发掘与多学科研究相结合的手段，全面掌握沧源崖画及岩画所在区域同时期遗址的分布状况、文化内涵、相互关系，人群族属、影响范围等情况。从而进一步探索崖画作画人群生活年代、生业模式、精神世界、迁移活动及与东南亚澜沧江—湄公河流域相关民族的关系与源流，整个研究也将为沧源崖画保护、开发、利用提供翔实的基础材料。

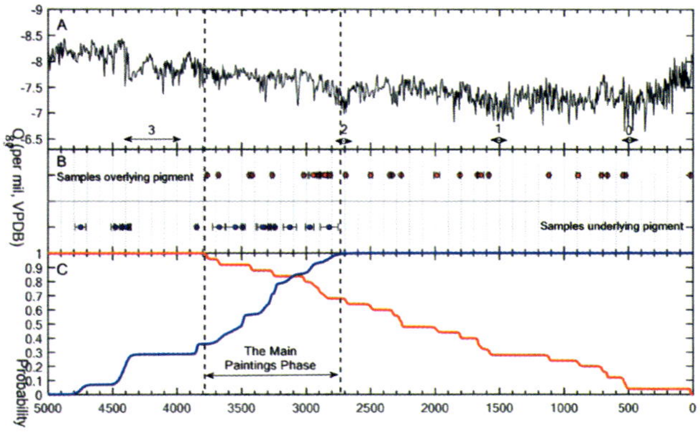

图1 崖画年代分布区间

作者简介：
吴沄，女，云南省文物考古研究所副研究馆员。研究方向：岩画及周边遗址研究及保护、东南亚考古、史前考古。

图2 民族学调查——采访翁丁老寨老村支书杨岩块

图3 崖画现场记录

分布于澜沧江及其支流流域的沧源崖画首次发现于1965年，至20世纪80年代由以汪宁生先生为主的老一代民族考古学家和当地干部群众陆续在沧源地区发现10处崖画地点，1985年汪宁生先生的《云南沧源崖画的发现与研究》[①]出版，至今仍然是沧源岩画研究领域的经典之作，同时他的“*Rock Paintings in Yunnan，China*”（《中国云南彩绘岩画》）发表于澳大利亚*Rock Art Research*（《岩画研究》）杂志[②]，使沧源崖画第一次为世界所知。随后几十年间，陆续有新的崖画点被发现，其研究的不断深入使沧源崖画为世界所知，被认为是中国岩画家族中极具特色的重要成员，崖画内容以人物叙事为主，涵

①汪宁生：《云南沧源崖画的发现与研究》，北京：文物出版社，1985 年。
② Ningsheng Wang，Rock Paintings in Yunnan，China Rock Art Research，Vol27，No.1。

图4　沧源崖画1号点扫描点云

盖图像、内容、场景众多，反映了崖画人群的精神、物质生活等各个方面，可研究范围及其广阔。

基于国际岩画调查研究理念的飞速发展，为更加有效研究、保护沧源崖画及相关遗址，时隔多年，在国家文物局和云南省文物局的支持下，由云南省文物考古研究所牵头，联合市、县文物管理部门再次将沧源崖画群作为一个系统的调查、研究对象。该项目将国际视野多学科研究理念、现代科技支撑理念、现场规范保护原则及最小干预原则贯穿项目始终，不同区域和掌握的不同的考古学材料决定了研究方法的多样性和复杂性，根据云南省西南沧源崖画所在区位和自然、人文生态环境及与中南半岛文化的

图5　沧源崖画6号点画面

图6　无人机航拍小黑江流域部分崖画点与遗址地点

密切联系，以及前人丰富的民族学、人类学研究成果结合近年来考古调查发掘成果，联合了包括武汉大学、南京师范大学、中央民族大学、云南大学、中国科学院昆明动物研究所、澳大利亚格里菲斯大学等国内外十余所高校及科研单位参与的国际多学科合作研究团队，自2018年启动历时5年，已完成对沧源崖画的全面调查记录工作。

该项目获得沧源崖画基础数据和全景三维扫描成果；采用2000国家大地坐标系进行控制测量，完成沧源崖画及相关遗址分布地形图制作；通过高精度铀系测年获得沧源崖画可靠最小和最大年龄分布在距今3800 至2700之间；对崖画颜料及相关遗址明确文化层中出土的颜料、赤铁矿矿石进行采样，利用扫描电镜能谱仪（SEM-EDX）、X射线衍射仪（XRD）、傅里叶变换红外光谱分析仪（FT-IR）、激光拉曼光谱仪等仪器分析了颜料层的分布情况和层次、主要成分、微观结构、岩画依托岩石样品的岩相来了解岩画微观结构，首次科学系统地了解岩画颜料成分与其在微观环境中的变化，获得初步成分分析结果；对沧源县和耿马、永德县境内的部分小黑江及其支流流域新发现的岩画点和周边考古遗址进行调勘同时，对当地少数民族口述史做调查记录。由于滇西地区独特的区位因素，该项目还涉及对澜沧江—湄公河流域与沧源崖画同时期岩画遗存对比研究，为该流域古代人群的文化交流、迁移扩散提供新证据。至2024年项目研究相关成果已在*Journal of Archaeological Science*：*Reports*（《考古科学杂志：报告》）、*Quaternary Geochronology*（《第四纪地质年代学》）、*L'Anthropologie*（《人类学》）、《南方文物》等国内外期刊发表，下一步将在云南省文物考古研究所的主持下，计划完成该项目整理及报告编制工作。

《阴山中段　大青山岩画》

吴甲才　编著

内蒙古大学出版社出版

阴山中段大青山岩画系阴山山脉呼和浩特市管辖范围内的大青山古代岩画，《阴山中段　大青山岩画》一书搜集整理的岩画范围宽泛，既包括岩刻（在不可移动的岩石平面凿刻、划刻、磨刻、錾刻出的平整的画面），也包括岩雕（在不可移动的岩石上制作出有凸凹立体感的画面）；既有石刻（在可移动的石面上凿刻出的字符和画面），也有墨迹（在岩面或古建筑墙体上用笔墨书写的字符和绘制的图画）。本书由吴甲才编著，内蒙古大学出版社出版，列入首批“亮丽内蒙古重点图书出版工程”，并获得“内蒙古社会科学基金项目”资助出版。

阴山大青山段岩画反映了中华民族多元一体、中华民族共同体意识逐渐形成的轨迹，通过整理出版这些不可移动的历史文物遗存，其意义在于，为高校和科研院所深入研究该区域的历史提供第一手资料，为防损提供数字化保护，为有序打造历史文化景观提供原汁原味的基础资料，填补阴山中段无岩画专著图录的空白。